고3보다 **까칠한**
중학생 아들 키우기

고3보다 까칠한
중학생 아들 키우기

초판 1쇄 발행 | 2017년 4월 11일
초판 2쇄 발행 | 2017년 6월 26일

지은이 | 손석한
펴낸이 | 박영욱
펴낸곳 | 깊은나무

편   집 | 허현자·김상진
마케팅 | 최석진
디자인 | 서정희·민영선

주   소 | 서울시 마포구 월드컵로 14길 62
이메일 | bookrose@naver.com
페이스북 | facebook.com/bookocean21
블로그 | blog.naver.com/bookocean
전   화 | 편집문의: 02-325-9172   영업문의: 02-322-6709
팩   스 | 02-3143-3964

출판신고번호 | 제313-2007-000197호

ISBN 978-89-98822-35-4 (13370)

이 도서의 국립중앙도서관 출판예정도서목록(CIP)은 서지정보유통지원시스템
홈페이지(http://seoji.nl.go.kr)와 국가자료공동목록시스템
(http://www.nl.go.kr/kolisnet)에서 이용하실 수 있습니다.
(CIP제어번호: CIP2017006738)

*이 책은 깊은나무가 저작권자와의 계약에 따라 발행한 것이므로 내용의 일부 또는 전부를
이용하려면 반드시 깊은나무의 서면 동의를 받아야 합니다.
*책값은 뒤표지에 있습니다.
*잘못 만들어진 책은 구입하신 서점에서 교환해 드립니다.

고3보다 까칠한 중학생 아들 키우기

손석한 지음

머리말

얼마 전에 아들을 데리고 필자의 진료실을 찾아온 어떤 부모님이 있었다. 그들은 진료실에 들어오자마자 다짜고짜 이렇게 말했다.
"선생님, 얘가 중학교 2학년이거든요. 좀 고쳐 주세요."
그 순간 필자는 당황했고, 다시 생각을 가다듬은 다음에 말했다.
"무슨 문제들이 있는지 들어보면 좋겠습니다."
그러자 아이의 부모님은 "방금 전에 말씀드렸잖아요. 이 아이가 중2여서 중2병에 걸렸다고요."라는 말을 하지 않는가.

도대체 중2병이란 무엇을 말하는가?
소아 청소년 정신의학 교과서를 아무리 뒤져봐도 나오지 않는 중2병이란 용어를 부모님들이 아무렇지도 않게 사용을 하고, 심지어 전문의의 진료를 받기도 전에 마치 진단된 병명처럼 여기는 것이 중2병이다.

필자도 이미 중2병에 대해서는 무척 많이 들어봤고, 사실 이와 같은 말씀을 하시는 부모를 처음 본 것도 아니다. 그런데 많은 경우 딸들보다는 아들의 문제를 보다 심각하게 들고 오신다. 심지어 어떤 부모는 "이럴 줄 알았으면 아들 낳았다고 좋아할 것이 아니라 딸을 낳을 것을 그랬어요."라는 말씀도 하신다. 마치 자신의 의지대로 아들과 딸을 선별적으로 낳을 수 있었던 것처럼 말이다.

물론, 과거로 돌아가는 것이 불가능하고 현재의 아들을 딸로 바꿀 수 없다는 사실도 잘 알고 있지만, 한편으로는 아들들이 억울하기도 하다. 어쩌다가 대한민국의 중학생 아들들이 이처럼 푸대접을 받고 이미지도 전락했는가?

사춘기로 진입하는 아들과 딸을 키우는 부모는 성별 차이에 따라서 어떻게 키워야 할까? 우선, 아들의 사춘기를 살펴보자.

아들은 자신과 타인과의 관계를 새롭게 정립한다. 이때, 대개 비슷한 성향, 취미, 사고방식을 가진 아이들끼리 또래 그룹을 형성한다.

남자아이들은 그룹 내에서 서열이 매겨지는 경우가 많고, 친구들끼리는 무조건 신뢰하는 경향이 있다. 또한, 감정을 억누르려는 경향이 있다.

감정 인지는 자신과 타인의 감정을 인식하는 능력이다. 이 능력은 청소년기를 지나면서 확장되고 정교해진다. 상대적으로 남아는 여아와 비교했을 때, 감정 인지 능력이 부족하다. 남자다움은 감정을 억누르는 것이라는 사회적 인식과 생물학적 특성이 영향을 미친 까닭이다. 그리고 거칠고 과격한 행동을 한다. 남성호르몬인 '테스토스테론(또는 안드로겐)'이 많이 분비되기 때문이다.

청소년기에는 충동 조절 능력이 미숙하기 때문에 감정을 행동으로 표출하기도 한다. 성적 욕구와 이성에 대한 관심이 높아진다. 이는 여자아이들도 마찬가지지만, 성적 욕구에 대한 느낌은 훨씬 더 높다. 그리고 성취욕을 갖기 시작한다.

여자아이도 성취욕을 갖고 있지만, 남자아이는 남들과 경쟁하는 호전적 성향을 보인다. 또한, 또래가 중요하게 여기는 일이나 가치를 추구한다. 그것은 공부, 게임, 운동할 때 흔히 볼 수 있다. 따라서 자신이 잘할 수 있고 두각을 드러낼 수 있는 분야에 몰입하는 경향이 강하다.

딸의 사춘기는 어떠할까.

딸은 친구 관계에 매우 민감하다. 여자아이들의 친구 관계는 다양한 감정이 뒤섞여 형성된다. 친밀감과 배려, 질투 등이 그것이다. 따라서 그룹을 형성한 친구들 간에도 반목(反目)이 일어난다. 그리고 반항심을 갖는다. 스스로가 주체로 인정받기를 원하기 때문에 가정과 학교에서 자기 생각이 무시된다고 느껴질 때, 반항이 더욱 심해진다. 이 또한 남자아이들도 마찬가지지만, 여자아이들은 거칠고 과격한 행동보다는 쏘아붙이거나 신경질적인 말투로 나타낸다.

특히 자신이 사랑과 존중을 받고 싶어 하는 욕구는 여자아이들에게서 훨씬 더 분명하고 강렬하게 보인다. 비밀을 간직하고 싶어 한다.

또, 여자아이들은 갑작스러운 신체 변화를 감추고 싶어 한다. 아이에서 성인으로 변하는 과정이 당황스럽고, 수치스럽기 때문이다.

이런 신체적인 변화 외에 감수성이 예민해진다. 여자아이들은 자신의 감정을 표현하는 데 능숙하다. 감성적이고, 상대방의 기분을 알아차려 배려하는 반면, 감정에 휘둘려 마음의 병을 얻기도 한다. '슬픔'에 약한 것이다. 눈에 보이는 화려함에 열광한다. 청소년기에는 시각 정보를 처리하는 '후두엽' 기능이 발달한다. 여자아이들이 아이돌 스타에 열광하고 관심을 갖는 것도 이 때문이다. 이렇듯 성별에 따른 차이를 고려해야 한다. 이와 더불어서 아이 개개인의 특성을 이해한다면, 부모는 사춘기 아이의 가장 큰 조력자가 될 수 있을 것이다.

이 책은 크게 다섯 개의 장으로 구성되어 있다.
제1장은 '중2가 겪는 통과의례'다.
이제까지 부모의 말을 잘 들었고, 부모에게 애교도 부리고, 부모의 훈육에 잘 따랐던 우리 아들이 어느 날 갑자기 달라진 모습으로 부모 앞에 서 있을 때의 부모의 심정이란 아마 경험하지 못한 사람들은 상상하기 어려울 수 있다.

오래 전에 사춘기 아들을 키워냈던 선배 부모들은 "그때는 그랬었지!"라고 말하면서 저 멀리 사라진 과거의 기억을 어렴풋이 떠올릴 테고, 어린이집에 다니는 아이를 키우는 후배 부모들은 "우리 아들은 사춘기 없이 잘 지내게 될 것이야."라는 막연한 희망 속에서 혹시 닥칠 수 있는 두려운 상황을 상상하려고 하지 않을 것이다. 부모로서 이 시기의 아들과 관계를 맺는다는 것은 새로운 도전이다. 아이가 어떻게 변화를 시작하는지, 그리고 무엇이 달라지는지에 대한 내용이 담겨 있다.

제2장은 '소년에서 청년으로'다.

소년에서 청년이 되는 것은 피할 수 없는 과정이다. 이런 과정에서 아이는 부모에게 무엇을 알리려고 하는 것인가? 또한, 부모는 이미 시작된 아들의 변화를 어떻게 이해하고 해석할 것인가? 보다 더 자세한 아들의 특성들이 설명될 것이다.

제3장은 '아들의 고민'이다.

변화는 필연적으로 고민을 수반한다. 변화는 아이에게도 적응 능력을 요구하고, 그것 자체가 스트레스 요인으로 작용하기 때문이다. 그래서 공부, 폭력, 부모와의 관계, 친구, 스마트폰, 성, 성격 등의 다양한 문제들이 아이를 괴롭힐 수 있다. 그러나 아이가 이러한 문제들을 슬기롭게 잘 헤쳐 나갈 수 있게끔 도와주는 사람은 부모다. 아이 스스로 잘 극복할 수 있다고 믿으면서 조용히, 그러나 주의 깊게 살펴보고 지지해 줘야 할 사람은 바로 부모다.

제4장은 '부모의 걱정들'이다.

아들만 고민하랴! 이를 지켜보는 부모의 걱정들이야말로 더 큰 강도로 다가온다. '우리 아들이 제발 이 힘난한 시기를 잘 견뎌내면 좋으련만! 그래서 행복해진다면 그리고 웃을 수 있다면 얼마나 좋을까?'

라는 마음가짐이 다름 아닌 부모의 심정이다. 따라서 부모 역시 공부, 성격, 이성 친구, 성적 일탈과 자위, 우울증, 인터넷·스마트미디어, 도덕 문제에 대한 걱정을 할 수밖에 없다. 특히 남자인 아들과 여자인 엄마 간의 관계 설정에 대한 설명은 많은 엄마들에게 도움이 될 것으로 기대한다.

제5장은 '아들과 부모의 화해, 용서, 그리고 하나 되기'다. 이제 드디어 해법이다. 그러기 위해서 부모인 나는 무엇을 해야 하는가?

먼저 자신에 대한 최초의 기억을 떠올려 보라. 부모가 되기 전의 나를 이해할 수 있을 것이다. 모든 부모들이 사춘기 시절을 거쳤다. 그러나 살아가면서 그때 느꼈던 감정과 생각들을 모두 잊는다. 필자 또한, 그러했다. 하지만 필자는 다행히 정신의학과 심리학을 공부하면서 나의 유년 시절을 많이 복원시킬 수 있었다. 이것이 내게는 정말 커다란 마음의 자산이다. 바로 나의 과거를 이해하는 것이 다른 사람을 이해하는 첫걸음이기 때문이다.

아이들을 상담하다 보면 부모도 상담을 같이하는 경우가 많은데, 그때 반드시 부모의 어린 시절을 회상하게 한다. 그 시절 자신과 부모의 관계를 떠올리게 하는 것이다.

이 과정을 끝내면 많은 부모가 눈물을 흘리거나 감회에 젖는다. 그리고 옛날 자신과 부모와의 관계에서 일어났던 일들이 현재 나와 아이 사이에서도 그대로 일어나고 있다는 것을 깨닫는다. 이것이 부모와 아이의 관계가 달라지는 최초의 치료 과정이다. 그런 다음에 나의 정신건강을 증진시키자. 나의 정신건강을 확립해야 아들의 정신건강도 확보할 수 있다.

부모인 나를 나 스스로 위로하라. 아들을 이만큼 키워냈고, 또 여태까지 애를 썼던 나는 충분히 위로받을 자격이 있다.

화를 잘 표현하는 것이 중요하다. 인간의 감정 중에서 제일 다스리기 힘든 것이 '분노'다. 부모인 나는 이러한 분노 감정을 잘 다스리고 표현해야 아들과의 관계가 좋아지고, 아들에게도 좋은 본보기를 심어 줄 수 있다.

이제부터 대화법이다. 먼저 아들의 말을 경청하라. 내가 아들에게 무엇인가를 말하는 것보다 훨씬 더 중요한 것이 아들로부터 무엇인가를 듣는 것임을 명심하라. 또한, 아들에게 물어보라. 물어봐야 아들의 마음을 알 수 있다. 물어보지도 않고 아들의 마음을 안다는 것은 나 혼자만의 생각이요, 오류의 가능성도 커진다. 그리고 비언어적 메시지를 잘 활용하라. 단지 말로 주고받는 대화뿐 아니라 표정과 몸짓을 잘 활용할 때 아들과 나는 서로 이해의 폭을 넓힐 수 있다. 때로는 보다 더 강력한 심리 커뮤니케이션으로 작용하기도 한다.

이 장에서는 특히 아빠도 육아하라고 강조하고 있다. 아빠 육아의 중요성이다. 부모가 분명히 아빠와 엄마인데 엄마 혼자만 노력하는 것보다는 아빠와 엄마가 모두 다 노력할 때 훨씬 더 아이에게 긍정적인 영향을 줄 수 있다.

마지막은 그래도 가족이다. 아들과 나, 그리고 배우자, 또한 다른 자녀(딸) 우리 모두는 가족이다. 그래서 서로 사랑하고 이해하며 행복해질 수 있다.

아이들은 어른이 되면 무엇이든지 할 수 있고 지금의 고민에서 벗어날 수 있다고 생각한다. 어른처럼 행동하려고 하고 어른의 행동을 따라 하려고 하는 아이들. 그러나 결코 어른이 아니기에 그 모습이 어울리지 않는 아이들. 아이들이 하는 고민과 어른들이 하는 고민이 따로 있다는 것을 아이들이 알게 된다면 그들은 자신의 청소년기를 받아들일 수 있을 것이다. 빨리 어른이 되는 것이 능사가 아니고 천천히 그리고 여유롭게 이 시기를 보낼 수 있도록 부모가 도와주기를 기대하면서 얘기를 풀어 나가고자 한다.

2017년 3월
방배동의 작은 진료실에서
손 석 한

머리말

1 중2가 겪는 통과의례
"우리 아이에게 그분이 오셨나봐요"

'통과의례'의 시작인가 절정인가?   18
양극적 변화   24
퇴보적 현상의 의미   29
예측 불허가 가져다주는 이득   35
뇌의 변화   40
발달적 과제   45
자아도취   50
어른 흉내내기   54
권력 쟁취하기   60
자의식 갖기   64

2 소년에서 청년으로
"어른 다 된 양 우쭐하죠"

넘쳐 나는 신체적 에너지　70
테스토스테론 생산을 하는 공장　75
도덕군자가 되려고 하기　80
어른들 감시하기　85
스포츠에 열광하기　89
리더, 비서, 총무, 추종자　93
야동과 게임 사이　98

3 아들의 고민
"말할 수 없는 비밀이 있다고요"

공부 스트레스　106
학교폭력　112
부모와의 관계　119
친구　125
스마트폰　131
성(性)　137
성격　143
일탈　148
죽음　154
미래　161

4 부모의 걱정들
"잘못되지 않을까 전전긍긍해요"

공부　172
성격　175
이성 친구　184
성적 일탈과 자위　190
남자인 아들과 여자인 엄마　198
청소년 우울증　208
인터넷·스마트미디어　216
도덕　223

5 아들과 부모의 화해, 용서, 그리고 하나 되기
"서로 존중하고 쿨하게 인정해요"

최초의 기억을 떠올려 보라　　230
정신건강을 증진시키자　　234
스스로 위로하라　　245
화를 잘 표현하라　　250
아들의 말을 경청하라　　255
아들에게 물어보라　　261
비언어적 메시지를 잘 활용하라　　270
아빠도 육아하라(아빠 육아의 중요성)　　280
그래도 가족이다　　292

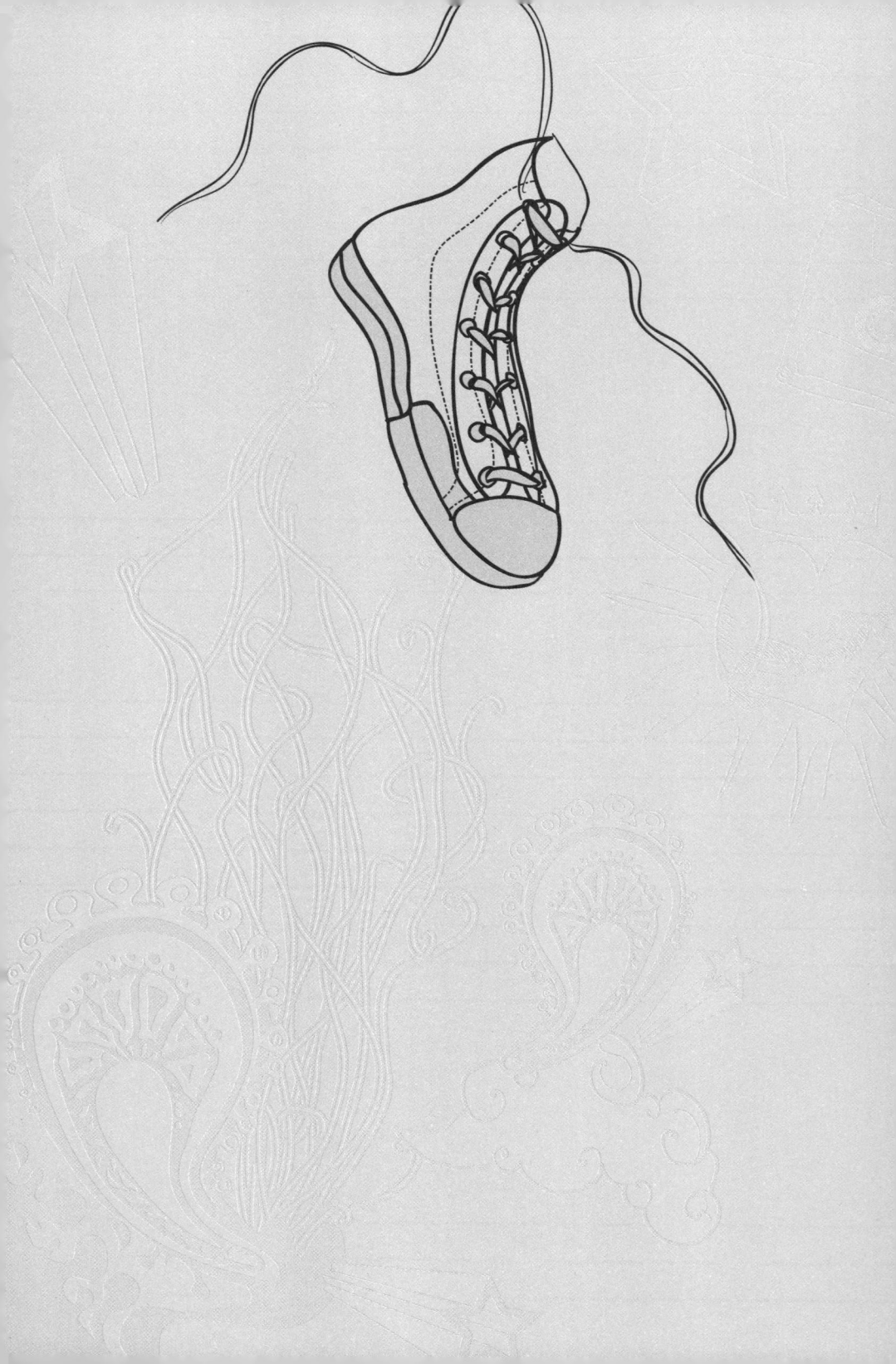

중2가 겪는
통과의례

"우리 아이에게 그분이 오셨나봐요"

통과의례의 시작인가 절정인가?

철수(가명)는 지금 2년째 공부와 담을 쌓고 있다. 그가 공부를 게을리하기 시작한 시점은 초등학교 6학년 가을 무렵이다.

엄마가 갑자기 몸이 아파서 병원에 입원했고, 수술을 받게 되었다.

그전까지 철수는 엄마와 거의 하루 종일 함께 지냈다. 엄마는 아침에 아이를 깨워서 씻기고, 밥 차려 주고, 학교 준비물을 최종적으로 점검한 후 그날의 일정을 말해주곤 했다.

하교 후에는 정해진 일정에 따라서 학원을 갔고, 학원 숙제를 엄마의 지도와 감독 하에 마쳤다. 이 과정에서 게으름을 피우거나 혹은 숙제를 다 마치지 못하는 상황이 발생하면 엄마는 아이를 닦달해서 숙제를 다 하게끔 했다.

그랬던 엄마의 부재는 뜻하지 않은 상황을 발생시켰다. 다급하게 할머니와 이모가 집에 들러서 식사와 빨래 등을 해결해주었지만, 엄마가 시켰던 '공부하기'는 사라졌다. 갑자기 누리게 된 자유라고나 할까?

철수는 신나게 인터넷 게임에 몰두하기 시작했다. 그전에는 학원에서 쉬는 시간에야 잠깐 했던 게임이었고, 엄마의 눈치 아래 간헐적으로 보상 차원에서 즐겼던 게임이었다. 그러나 엄마의 부재는 무한한 게임 즐기기를 허용해 줬다.

물론 엄마가 아픈 와중에도 전화로 아이에게 이것저것 과제를 지시했고, 생활을 통제하려고 했으나 역부족이었다. 아빠도 엄마의 간병과 치료를 우선으로 했고, 아들의 행동을 조정하려고 했으나 직장 생활을 하는지라 절대적 시간은 아들의 편이었다.

그래서 그랬던 것일까? 마치 고삐 풀린 망아지처럼 철수는 행동했고, 때마침 이차성징이 동반되어 몸도 커져만 갔다. 불과 3주 정도의 길지 않은 입원 기간이었지만 엄마가 퇴원한 다음에는 모든 것이 달라져 있었다. 엄마는 그때를 다음과 같이 회상한다.

"아들의 눈빛이 달라져 있었어요. 아팠던 엄마에 대한 연민이나 오랜만에 만나는 것에 대한 반가움은 없었어요. 오히려 조금 더 입원하기를 원했던 아이처럼 보였어요. 그리고 가장 크게 느꼈던 점은 '이제 엄마가 시키는 대로 하지는 않을 것이에요'라고 마음속으로 여러 번 다짐했던 것과 같은 태도였지요."

상황을 돌리기 위한 엄마의 노력은 처절했다. 아이를 살살 구슬리기도 했고 때론 심하게 야단치기도 했다. 그러나 아이는 자기에게 지시하는 엄마의 말씀에 "알았어요."라고 대답만 할 뿐 실제 행동으로 옮기지는 않았다. 가령 "빨리 게임을 끝내. 곧 학원 갈 시간이야."라는 말에 "알았어요."라는 대답을 했지만, 그의 눈과 손은 여전히 컴퓨터에 머물러 있었다. 화가 난 엄마의 짜증과 고성에 아이는 "학원 안 가요!"라고 더 큰 소리로 대들었고, 둘의 관계는 최악으로 치달았다.

엄마의 잔소리가 계속되니 아이는 의자를 집어 던지거나 물건을 부수는 등의 행동을 보였다.

처음에는 엄마가 아빠에게 아이의 폭력적 행동에 대해서 알리지 않았다. 그러나 아이가 달라지지 않는다고 판단한 엄마는 아빠에게 도움을 요청했다. 아빠는 흥분했다. 어떻게 감히 자식이 엄마에게 그런 패륜적인 행동을 할 수 있단 말인가! 그래서 아빠는 아이를 때렸다. 아이는 울부짖었다.

"아빠는 아무것도 알지 못하면서 왜 나서요? 나도 힘들단 말이에요!"

아빠는 타일렀다.

"지난 과거는 다 잊자. 앞으로 잘하면 돼."

고개를 끄덕였던 아이는 그날 이후 컴퓨터도 구석으로 치웠고, 게임을 아예 하지 않은 채 공부를 다시 시작했다. 그러나 작심삼일(作心三日)이라는 표현이 정확하다는 것을 증명이라도 하듯이 아이는 어느새 게임만 하고 공부를 하지 않으며 엄마에게 대드는 아이로 돌아갔다.

잔뜩 화가 난 아빠가 아이를 야단치려고 하자 아이는 이제 아빠에게 대들었다. 결국, 아빠와 아들은 난투극을 벌였다. 아빠에게 힘으로 제압당한 아들은 흥분을 가라앉히지 못한 채 베란다 창문으로 뛰어내리려고 했고, 엄마는 눈물로 아들을 말렸다. 깜짝 놀란 아빠마저 온몸으로 아이를 잡고 나서야 겨우 비극적 상황을 마무리 지을 수 있었다.

중학교 2학년인 현재 아이는 여전히 게임을 많이 하고 있고, 부모와 도통 대화를 나누려고 하지 않는다. 딱 한 가지 달라진 점은 간혹 기분이 좋을 때 혹은 좋아하는 과목에 대해서는 자발적으로 공부한다는 것이다. 마치 취미로 공부하듯이 말이다. 남들보다 사춘기가 빨리 온 것 같다고 여기는 그의 부모는 언제 아이의 방황이 끝날까 몹시 불안한 나날을 보내고 있다.

민수(가명)는 지금 동네 공원에 앉아 있다. 그의 옆에는 초등학교 후배이자 동네 동생인 희정(가명)이가 함께 앉아 있다. 간혹 행인들이 그들을 힐끔힐끔 쳐다보지만, 그들은 가끔 사람들 눈치만 볼 뿐 사랑에 빠진 황홀한 표정을 숨기지 않는다. 그래서 주변 사람들을 전혀 의식하지 않는 민수와 그의 여자친구 희정은 지금 사랑과 설렘이라는 황홀한 감정에 사로잡혀 있다.

오늘은 그들이 사귄 지 100일째 되는 날이기도 하다. 민수는 그녀에게 키스했고, 희정이는 그런 오빠의 키스를 거부하지 않았다.

민수네 엄마는 어릴 적 그렇게 착하고 말 잘 들었던 아이가 벌써 연애 감정에 빠져서 공부보다는 옷차림에 신경을 쓰고, 학교에 수업 들으러 가는 것보다는 방과 후 여자친구를 만나는 것을 중요하게 여긴다는 사실이 아직도 받아들이기 힘들다.

 어릴 적 또래보다 다소 느린 것 같다는 걱정은 이제 괜한 일이 되었다. 다소 여자 같은 특성이 있어서 조금 더 남성스러우면 좋겠다는 바람을 가진 적도 있었고, 초등학생들도 이성을 사귄다는 말을 듣고 아이에게 물어봤을 때만 해도 별다른 관심을 보이지 않아서 안심했던 시절이 그립다.

 2학년 1학기 중간고사를 망친 민수에게 좋아하는 여학생이 생겼다. 민수는 희정이에게 항상 SNS를 하고, 학교 끝나자마자 그녀를 기다려서 만났으며, 마치 자신이 남편이라도 되는 양 어른스런 몸짓으로 그녀를 어깨동무하고 감싸 안는 자세가 어느 틈에 그의 모습이 되었다.

 엄마는 지금 아이의 느끼한 눈웃음과 변성된 음성이 제일 싫다. 아빠는 '그래도 좋아하는 여학생과 사귀고 있으니 그쪽으로는 능력 있네!'라고 애써 엄마를 위로한다. 과거의 아빠들도 여학생을 사귀게 허용했을까 싶은데, 일부러 쿨한 척 구는 남편도 얄밉다. 엄마의 가장 큰 고민은 아이에게 성관계를 어떻게 예방할 것인가의 문제다.

 어쩌면 이미 성관계가 이루어졌을 수도 있다. 그러면 임신 예방에 관한 교육을 해야 하나? 이웃 아줌마들이 아들을 목격했다는 이야기를 할 때마다 쥐구멍에라도 들어가고 싶은 심정이다.

 만일 우리 아들이 누군가를 임신시킨다는 생각을 한다면, 이건 상상만 해도 끔찍한 일이다. 이제 겨우 열다섯 살 어린아이가 아빠가 된다는 말인가? 아이 엄마는 그보다 더 어린 열세 살 정도? 그저 황당할 뿐이다.

물론 임신이 된다손 치더라도 그런 일은 없을 것이다. 아이를 낳게 내버려 둘 수는 없으니 말이다. 하지만 그렇게 되면 새로운 생명을 없애는 나쁜 짓을 저지르는 것일 테고. 아이를 낳은 다음에 입양시키거나 혹은 보육 시설로 보내야 하는가? 여하튼 머리가 복잡하고 가슴이 답답하다.

어제는 큰맘 먹고 아이에게 충고했다. "여자 친구는 대학 들어가서 얼마든지 좋은 사람 사귈 수 있어. 지금은 학교 열심히 다니고 공부를 할 때야." 아이는 엄마를 노려봤다. "엄마! 내가 여자 친구 사귀는 것이 그렇게 큰 잘못이에요? 요새는 초딩도 다 사귀어요. 내가 알아서 한다고요. 제발 나 좀 신경 쓰지 말아요."

"너! 그게 엄마에게 할 말이야? 너 잘되라고 하는 말이야."

이렇게 서로 대립각을 세운 관계에서 어떻게 하면 아이와 가슴 터놓고 진지한 대화를 나눌 수 있을까 고민하는 엄마지만 오늘도 그렇게 아이와 옥신각신 말다툼만 한 채 하루가 지나간다.

이럴 때 아빠가 나서서 아이에게 성교육을 해 주면 좋으련만, 무심한 아빠는 "그냥 내버려 둬! 자기가 알아서 할 거야."라고 얼버무린다.

중2! 아동에서 성인으로 바뀌어 가는 중간 과정인 청소년의 대표적인 시기다. 탈바꿈과 변화에는 고통이 뒤따르는 법이다.

중2는 통과의례의 시작인가 절정인가? 둘 다 해당된다. 개인별 발달 속도가 다 다르고, 인생의 경험적 사건이 다양하기에 아이들마다 다를 수밖에 없다. 그러나 한 가지 공통점은 '통과의례' 라는 것이다.

양극적 변화

양극성 장애라는 정신의학적 질병이 있다. 흔히 '조울증'으로 잘 알려진 병이다. 조울증이란 조증과 울증이 번갈아가면서 나타나는 병으로 조증은 지나치게 기분이 들뜨거나 확장된 상태를 말하고, 울증은 우울하고 기분이 가라앉은 상태를 말한다. 그러니까 우울증이라는 병과는 다르다.

둘 다 기분에 관련된 병이기는 하지만 우울한 증상만 있는 우울증과는 다르게 조울증은 냉탕과 온탕을 반복해서 오가는 병이라고 할 수 있다. 양쪽 극단, 즉 최저의 기분과 최고의 기분을 다 경험한다고 해서 양극성 장애라는 명칭이 생겼다.

병적인 현상은 아니어도 우리는 간혹 일상생활 중에 양극을 왔다 갔다 하는 경험을 하곤 한다. 오전에 크고 중요한 사업적 계약을 체결한 후 기쁨에 들떠 있다가 오후에 그만 교통사고를 당하여 갑작스러운 실의에 빠질 수도 있다.

물론 자주 경험하는 일은 아닐 것이다. 하지만 이러한 일들이 지속하거나 자주 반복된다면? 생각만 해도 끔찍할 것이고, 심장이 약한 사람은 오래 살지 못할 것이라고 예상된다.

영수(가명)는 학교와 집에서의 기분이 판이하다. 학교에 있을 때는 기분이 매우 좋지만, 집에만 들어가면 기분이 완전히 저하된 상태로 달라진다고 한다. 왜 그럴까?

학교에는 좋아하는 친구들이 있고, 선생님들도 그렇게 싫지 않으며 무엇보다도 친구들과 가끔 농구나 축구를 하는 것이 너무 좋다. 하지만 집에 들어오는 순간 엄마의 잔소리가 기다리고 있고, 가기 싫은 학원도 가야 되며, 밤에는 자주 다투는 부모의 모습이 너무 싫다.

"집에만 있으면 기분이 안 좋아져요."라는 아이의 말은 필자의 귀를 맴돌아 온종일 마음에 걸렸다. 더 안타까웠던 것은 아이의 말을 부모에게 전달하는 순간 표정이 일그러지면서 순간적인 충격에 할 말을 잃은 부모의 모습이다. 나도 그들과 같은 부모의 입장인데, 집을 그렇게 싫어하는 자식의 마음에 부모는 얼마나 속이 상했을까?

하지만 부모는 알아야 한다. 현실을 직시해야 한다. 내가 십수 년간 애지중지하면서 키워왔던 아이가 나에 대해서 고마워하기는커녕 싫은 감정으로 가득 차 있다는 현실을 인정하지 않고서는 변화가 이루어질 수 없다.

객관적으로 가정불화가 확실하고, 부모가 제대로 역할을 잘하지 못하는 경우가 아닌 그저 평범한 가정에서도 아이들은 "집에서는 기분이 안 좋아요."라는 말을 자주 하곤 한다. 필자는 왜 그런 느낌이 들까 늘 궁금했다. 물론 여러 이유가 있지만, 가장 핵심적이고도 공통적인 이유는 '통제'라고 본다.

아이들은 다양한 표현을 하지만, 결국 통제와 관련된 말들이다. "저를 좀 내버려 두면 좋겠어요.", "저한테 관심 좀 덜 가지면 좋겠어요.", "제가 하고 싶은 대로 허락해 주는 것이요.", "제발 간섭 좀 그만하면 좋을 텐데요." 등이다.

아이들은 통제받기 싫어하는데, 부모는 자꾸 아이를 통제하려고 한다. 그렇다면 우리 부모들은 이제부터 아이들을 통제하지 않아야 하는가? 아이가 무엇을 하든지 간에 내버려 두고 알아서 하라고 한다면, 아이들은 집을 편안하게 여기고 부모를 다시 좋아하게 될 것인가?

결론적으로는 그렇다고 할 수 있다. "그럼 아이가 나쁜 짓을 해도 부모가 되어서 그냥 두고 보기만 해야 하나요? 아이가 바른길로 갈 수 있게끔 키우는 것이 부모의 역할 아닌가요?", "잘못된 행동을 하면 매를 들고 때려서라도 고쳐야 하지요. 그래야 참다운 부모라고 할 수 있지요." 라고 많은 부모님은 항변한다. 그리고 내가 뭘 그리 잘못해서 아이들 비위를 맞추고, 아이가 뭐 그리 대단하기에 아이 기분만 중요한가를 반문한다. 자식이 부모에게 맞춰야지 어떻게 부모가 자식에게 맞춰야 하는가? 집이 싫으면 자기가 노력해서 집을 좋아할 수 있게끔 바꾸든지 아니면 부모가 좋아할 만한 말과 행동을 보이면 되지 않는가?

부모의 말씀들은 매우 원론적이다. 틀린 말들이 아니다. 그러나 지금 이 순간에도 벌어지는 수많은 부모-자녀의 갈등은 왜 해결되지 않는가? 변화의 주체를 아이에게 두는 순간 해결의 길은 길고 험난해질 수밖에 없는 것이 현실이다. 기분의 냉·온탕을 오르락내리락하는 양극적 변화를 겪는 아이가 항상 집을 싫어하는 것은 아니다.

반대의 경우도 간혹 있다. 집에서는 너무 편안하고 좋은데, 학교만 가면 기분이 불안해지고 답답해진다는 아이들도 생각보다 꽤 많다. 아이는 학교에 가는 것 자체가 두려움이고 혐오다. 그렇기에 어떤 아이들은 등교해서 출석 점검만 받은 다음에 곧바로 집에 들어오기도 한다. 점차 1교시, 2교시, 오전 수업 등 학교에 머무는 시간을 늘려가기 위해 노력하지만, 생각만큼 쉽지 않다.

학교 보건실에 머물러 출석 일수를 채우기 위해 애를 쓰는 학생들도 있다. 그나마 성공하면 졸업이지만, 이처럼 제한된 등교도 어려워한 채 결국 중도 포기하여 학교를 떠나기도 한다.

하루 종일 집에 틀어박혀 게임이나 인터넷 검색을 하고, 가끔 좋아하는 영화를 다운로드받아서 보며, 외출이라고는 좋아하는 음식을 먹기 위한 외식밖에 없는 아이들은 또 다른 형태의 양극적 변화다.

사춘기의 특성 중 하나인 정서적 불안정성은 때로 심각한 정신병리 증상으로 발전하거나 부모-자녀의 관계를 파국으로 이끌거나 아이 자신의 인격을 황폐화시킬 수 있는 엄청난 복병이다.

양극적 변화를 예방하고 치유할 수 있는 사람은 다름 아닌 부모다. 부모의 정서적 안정이 제일 중요하다. 아이의 양극적 변화에 말려들지 않으면서 아이의 감정을 최대한 정상 범위 안에 머물 수 있게끔 해줘야 한다. 그것은 단지 '내가 부족하게 한 것이 무엇이야?'라는 반문만으로는 절대 이루어 낼 수 없고, '우리 아이의 기분을 어떻게 하면 안정화시킬 수 있을까?'라는 심각하고도 진지한 고민으로부터 시작해야 한다. 그런 다음에 '내가 무엇을 해야지?'와 '내가 무엇을 멈춰야지?' 두 가지 방법론으로 넘어갈 수 있다. 아이의 양극적 변화에 부모는 적극적으로 대처할 필요가 있다.

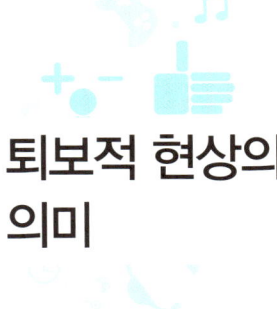

퇴보적 현상의 의미

퇴보란 무엇을 의미하는가?

퇴보란 말 그대로 뒤로 물러서고 지금보다 더 못해지는 것을 의미한다. 우리는 보통 발전(앞으로 나아가기)을 원한다. 지금보다 더 나아지는 삶을 꿈꾸고, 현재의 삶이 비교적 만족스럽다면 최소한 유지되기를 원한다. 그것이 인지상정이다. 그러나 인생은 항상 우리의 뜻대로만 되지는 않는다. 나의 바람과 상관없이 퇴보될 수 있다. 예컨대 사업이 번창하여 돈을 많이 벌다가도 어떠한 요인에 의해서건 사업이 잘 되지 않아서 망하기도 하고 경제적으로 쪼들리기도 한다. 실직과 감봉 혹은 좌천 같은 일도 심심치 않게 우리 주변에서 벌어지는 현상이다. 경제적 측면뿐만 아니라 관계적 측면에서도 마찬가지다. 열렬하게 사랑해서 결혼했지만, 시간이 지나면 어느 틈에 부부가 원수지간처럼 변하는 사람도 있다. 원수지간으로 변한 관계는 상호 협력적 관계로 발전하기는커녕 파국적 관계로 퇴보한 것이다.

지식의 퇴보도 있다. 학교를 졸업할 때까지만 해도 혹은 입사 당시에는 최고의 전문적 지식과 기술로 무장했던 내가 그만 노력을 게을리했던 탓에 20년이 지난 지금은 낡은 지식과 평범한 기술을 가진 그렇고 그런 직업인으로 퇴보했을 수도 있다.

퇴보와 비슷한 말로 퇴행이라는 말이 있다. 퇴행은 보다 더 심리학적 의미가 가미된 말로 현재보다 더 미성숙한 발달 단계로 돌아가는 것을 뜻한다. 대표적인 퇴행 현상으로는 둘째를 맞게 된 첫째가 보이는 모습이다.

동생이 드러누워서 엄마가 주는 우유를 먹는 모습을 본 형이나 언니는 자신도 드러누워 우유병으로 먹겠다는 시늉을 한다. 하루 종일 자신보다 동생을 더 많이 돌봐주는 느낌이 든 첫째는 동생처럼 아기짓을 하고 아기 말투로 말하기 시작한다. 때로는 잘 가렸던 대소변마저 갑자기 가리지 못하는 경우도 생기곤 한다. 앞에서 말한 퇴보는 어쩔 수 없는 경우이지만 퇴행은 이유가 좀 다르다. 엄마가 자신을 동생처럼 더 예뻐해 주기를 바라거나 혹은 엄마의 관심을 더 끌기 위해서 퇴행을 하는 것이므로 다소 의도적이다. 의식적 및 무의식적 차원 모두에서 일어날 수 있다. 그렇다면 중2가 보이는 퇴보적 현상은 무엇을 의미하는가?

영재(가명)는 규칙 지키는 것을 좋아하지 않는다. 그래서 빨간 불이 켜져 있을 때 횡단보도를 건너고, 수업 시작 벨이 울린 후 교실에 들어오는 것을 좋아하며 줄을 설 때 새치기도 종종 한다.

처음부터 영재가 그랬던 것은 아니다. 초등학교 시절 그는 손을 번쩍 들어서 횡단보도를 건넜고, 휴지는 반드시 휴지통에 버렸으며, 얌전하고 침착하게 줄을 잘 섰던 아이였다. 따라서 영수가 보이는 현재의 모습은 도덕적 퇴보라고 할 수 있다. 몰라서 규칙을 지키지 않는 것이 아니라 분명히 머리로는 알면서도 규칙을 지키지 않는 것이다. 이러한 변화를 어떻게 이해해야 할까?

한 가지 더 흥미로운 예를 들고자 한다. 아이들의 지능을 검사하는 항목 중에 '이해' 부문이 있다. 이는 사회적 상황을 얼마만큼 이해하는가를 알아보기 위한 검사다. 즉 사회적 관습, 보편적 대인관계, 도덕적 개념 등을 잘 알고 있는지를 측정한다. 예컨대 "길에서 남의 지갑을 주우면 어떻게 할 것인가?"라는 질문에 대해서 아이들의 대답을 들을 수 있다. "경찰서에 가져다줘요."라는 대답이 정답이다.

어떤 아이는 한술 더 떠서 "절대로 돈을 함부로 꺼내면 안 돼요. 남의 지갑을 열어서도 안 돼요."라는 착한 말을 덧붙인다. 바로 그렇게 대답했던 그 아이가 중2가 되어서는 "일단 지갑 안을 열어 보고 현금은 제가 좀 갖고, 빈 지갑만 우체통에 넣어줘요."라는 대답을 아무렇지도 않게 한다.

심지어 어떤 아이는 "일단 주변에 CCTV가 있는지 살펴보고 없으면 돈을 빼낸 다음에 지갑은 쓰레기통에 버려요."라는 대답을 하기도 한다.

기가 찰 일이다. 아무리 황금만능주의에 빠진 사회라지만 순수해야 할 아이들마저 이와 같은 의식 수준을 보이니 말이다.

　아이의 대답에 대해서 추가적인 질문을 한다. "혹시 점수를 얻기 위한 정답은 알고 있니?" 여기에 대해서 아이는 다음과 같이 말한다. "아! 경찰서에 가져다주거나 우체통에 집어넣는 것이요? 그거야 초등학생들이 하는 말이죠. 실제 어떻게 할 것인가 솔직하게 대답한 것이에요."

　가슴이 답답해진 필자는 "그래? 다 아는구나. 그래도 누가 물으면 정답을 얘기해야 하는 것 아니야?"라는 질문으로 이어간다. 아이는 그제야 "그럴 걸 그랬나요? 아! 솔직해도 탈이구나. 하긴. 지갑 속의 돈을 진짜 가져가야 할지 아닌지는 액수를 보고 결정해야죠."라는 대답을 한다.

　중2 아이들은 다르다. 아이들의 대답 이면에는 '어른들도 정의롭지 못한 사회에 사는 내가 정의로울 필요가 있나요?', '지갑 속의 돈을 훔쳐도 걸리지 않으면 괜찮잖아요. 솔직히 잘못한다고 다 처벌받는 것도 아니잖아요.', '가식적인 대답을 하느니 차라리 솔직하게 대답하겠어요. 길에 떨어진 돈 좀 줍는다고 큰 잘못은 아니잖아요.' 등의 마음이 숨어 있다. 오싹해지는 마음들이다.

　우리 어른들이 모범을 보이지 못하는 현재의 사회에서는 진심으로 우러나오고 실천할 수 있는 아이의 도덕성을 기대하기 어렵다. 줄을 지키지 않는 아이도, 무단 횡단을 하는 아이도, 유치원과 초등학교 저학년 때 배웠던 금과옥조 같은 사회적 규칙들이 지켜지지 않는 광경을 무수히 많이 목격했을 테고, 그리고 규칙을 지키지 않는 사람들에게 별다른 일이 벌어지지 않음도 여러 차례 체험했을 것이다. 또 한 가지 중요한 이유는 '권위에 대한 도전'이다.

아이들은 사회적 규칙을 부모와 같은 어른들이 만들었다고 생각하고 있다. 사실은 틀린 생각이다. 비록 어른들이 만들었지만, 그 어른들은 현재의 부모 세대의 정도가 아니라 할아버지 할머니, 아니 그 이전의 선조들이 오랫동안 만들고 지켜왔던 것들이다.

아이들은 '부모의 말을 왜 꼭 들어야지?'라는 의문을 품기 시작한다. 더 나아가 '사회가 만들어 놓은 규칙을 왜 꼭 따라야 하지?'라는 의문으로 발전한다. 학교를 꼭 다녀야 한다는 생각을 부정하기 시작하고, 술과 담배는 성인이 되고 난 다음 해야 한다는 규칙에 대해서도 도전을 하고 싶어 한다. 자신이 생각했던 도전을 실제 행동으로 옮기는 순간 아이들은 자신이 대단한 존재가 된 것 같은 느낌을 받는다.

'별것 아니네?' '그냥 하면 되는구나.' '내가 하겠다는데 누가 어쩔 건데?' 등의 건방진 생각에 우쭐해지고 자신이 마냥 커진 것 같은 착각에 빠지며 부모나 다른 어른들과 거의 대등해진 것 같은 느낌을 즐긴다. 자신들이 반항하고자 하는 대상에 사실은 점차 더 가까워진다는 것도 모르는 채 말이다.

중2 아이들의 퇴보적 현상은 아이러니하게도 어른들과 더 비슷해지려는 시도라고도 볼 수 있다.

우리 어른들이 이 시점에서 가슴에 손을 얹고 생각해 보자. 어른인

나는 초등학교 시절의 어린 나와 비교해 볼 때 도덕성이 더 발전했는가? 대답은 누구보다도 더 자기 자신이 잘 알 것이다.

  다시 강조한다. 아이가 퇴보적 현상을 보일 때 부모는 흔들림 없이 모범적인 모습을 보여야 한다. 아이의 현재 모습이 과도기적 현상임을 이해하라. 지금 당장 부모를 본받지 않고 오히려 정반대의 모습을 보이려고 할지언정 언젠가는 무수히 봤던 부모의 선한 행동과 도덕성을 그대로 따라 할 것이기 때문이다.

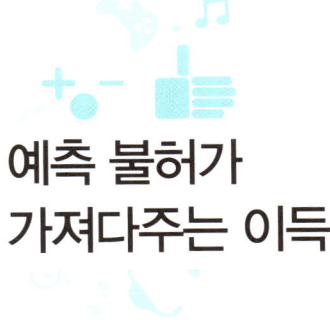

예측 불허가
가져다주는 이득

많은 부모가 필자에게 말한다. "우리 아이는 예측 불허에요. 아이의 행동을 종잡을 수가 없습니다." 조금 더 자세하게 설명해보라는 필자의 주문에 한 부모는 다음과 같은 설명을 덧붙인다.

"얼마 전에 아이에게 친절하게 말하라는 선생님의 지적에 그렇게 해 봤어요. 그랬더니 아이가 갑자기 눈을 부라리면서 "왜 그렇게 말해요? 그러니까 더 싫어요. 그냥 하던 대로 얘기하세요!"라고 합니다. 너무 기가 막히더라고요. 그래서 "알았어! 하던 대로 말할게!"라고 방에서 나와 버렸어요.

그날 저녁에 다시 아이에게 소리를 높여서 "이제 그만 자자!"고 말했더니 "엄마는 왜 맨날 그런 식으로밖에 말하지 못해?"라면서 또 화를 내는 거예요. 그래서 "목소리 부드럽게 하니까 더 싫다면서?"라고 쏘아붙였지요. 그랬더니 아예 방문을 쾅 잠그고 대꾸도 하지 않습니다. 도대체 나보고 어떻게 하라는 것인지 도무지 알 수가 없어요."

엄마는 자기 아이가 예측 불허라고 표현했지만, 필자는 아이와 엄마의 벌어진 틈이 무척 크다는 생각을 지울 수가 없었다. 아이는 잠시 잠깐 엄마의 친절한 목소리에 기분이 나아질 수가 없었기 때문이다. 이것은 예측 불허가 아니라 예측 가능한 상황이었다.

엄마는 왜 예측 불허라고 아이를 표현했을까? 그것은 다름 아닌 엄마의 기대 때문이었다. '내가 이렇게 아이에게 잘 대해주면 아이도 내게 잘 대해 주겠지.' 그러나 이러한 부모의 기대는 아이로부터 무참하게 깨어지게 마련이다. 참으로 서글픈 상황이다. 어쩌면 중2 자녀를 둔 대한민국 부모들의 슬픈 자화상이기도 하다.

일반적인 대인관계에서는 지극히 당연한 기대요, 일반적으로 잘 들어맞는 공식인 '내가 잘해 주면 상대방도 잘해 준다.'가 부모와 아이 사이에서는 통용되지 않는 현실이 아쉽다.

'가는 말이 고와야 오는 말이 곱다.'라는 속담 역시 중2 학생들 앞에서는 '글쎄. 그게 참 잘 안 맞네.'가 된다.

예측 불허의 아이 앞에서 부모는 아이의 눈치를 살피게 된다. 어떻게 아이에게 말하고 행동을 해야 아이가 화를 내지 않을까 한 번 더 생각하게 된다. 결과적으로 부모는 아이를 더욱더 열심히 관찰할 수밖에 없다. 비록 '내버려 두자!' '간섭하지 말자!'라는 말을 수없이 되뇌어도 틈만 나면 아이를 몰래 쳐다보고 아이 방 안의 분위기를 감지하려고 애를 쓴다. 바로 이러한 점이 아이가 얻을 수 있는 이득이다. 자신이 대단한 사람이 된 것 같은 착각을 얻음과 동시에 한편으로는 부모의 관심이 더욱더 증대되는 효과를 얻기 때문이다. 이것은 마치 아름다운 여성을 쫓아다니는 남성과도 비유할 수 있다.

여자가 남자에게 새침데기마냥 다소 냉랭하고 거만한 태도를 보일 때 애가 끓고 마음이 조급한 그는 여자에게 잘 보이기 위해서 노력을 하고 다른 생각도 하지 않는다. 오로지 그녀의 관심을 얻고 구애에 성공하기 위한 마음으로 가득하다. 멋진 남자에게 마음이 있는 여자 역시 남자의 무관심이나 혹은 뻣뻣한 태도에 더욱 매력을 느끼는 것처럼 사춘기 자녀를 둔 부모는 속상하면서도 한편으로는 잘해 주려는 마음이 생겨난다는 뜻이다.

이러한 현상의 절정은 예상하지 못한 아이의 부드러움 또는 애교 장면에서 이루어진다. 즉 늘 화가 나 있고 짜증스런 목소리와 표정을 보였던 아이가 어느 날 갑자기 엄마에게 웃는 표정으로 부드럽게 말을 할 때 엄마는 순간적으로 봄눈 녹듯이 무너진다. '맞아. 이 모습이 원래 우리 아이의 진짜 모습이야.'라는 믿음이 순간적으로 증폭되면서 말이다. 물론 이러한 믿음이 얼마 가지 않아서 깨지곤 하지만.

아이가 애교를 피우면서 엄마에게 맛있는 음식을 해 달라고 할 때는 또 어떠한가? 유치원이나 초등학교 때 아이의 모습들이 떠오르면서 마치 행복했던 그 시절에 가 있는 것처럼 "그래? 알았어. 엄마가 금방 해 줄게."라고 저절로 대답이 튀어나온다.

어떤 엄마는 아이가 그럴 때 감격하기도 한다고 했다. 가뜩이나 감정의 기복을 보이는 중2 아이들에게 자신의 예측 불허가 가져다주는 이득을 깨달았을 때 쉽사리 그러한 모습을 멈추지 않을 것이다.

어느 때는 일부러 보다 더 화내기도 하고 또 어느 때는 작전상 애교를 피우기도 한다. 그러나 이 모든 것들은 분명히 통과 의례적인 현상이다.

사실 그 전에는 분명히 아이가 부모의 눈치를 살폈을 것이다. 엄마와 아빠의 기분을 살핀 다음에 무엇을 사달라고 요구를 했을 것이고, 잘못한 행동 뒤에는 부모의 기분 상태를 열심히 파악했을 것이다. 부모의 기분이 저기압일 때는 자신의 잘못을 감추려고 애를 썼을 것이고, 부모의 기분이 화창할 때는 잔뜩 애교를 피우면서 맛있는 음식이나 장난감 얘기를 꺼냈을 것이다. 그러나 지금 아이에게는 장난감과 맛난 음식이 필요 없고, 자신의 잘못을 부모가 지적하는 것에 대해서 순순히 인정하지 않은 채 반항할 준비를 하고 있기에 상황이 급변한 것이다.

과연 아이가 언제까지 이러한 호기를 부릴 수 있겠는가?

잠깐 자신이 대단해진 양 착각하는 시기는 그리 길지 않다. 보통 2~3년이고 길면 4~5년이다. 그러니 부모는 이 대목에서 마음의 여유를 가질 필요가 있다.

빨리 현실을 직시하지 못하고 갑작스레 얻은 권력을 마구 휘둘러대는 아이에게 오히려 연민의 정을 느껴보자. 그도 그러할 것이 아이가 집안에서나 자기 마음대로 감정 표출을 하지 어디 집 밖에서 그렇게 할 수 있겠는가?

내공이 보다 더 강한 또래 중2들과 어울리고 때로는 힘을 겨루고 때로는 갈등을 겪는 것이 그리 쉽지 않다. 집안에서라도 아이의 예측 불허를 받아 줄 필요가 있다. 단, 부모가 먼저 알고 아이의 예측 불허를 예측해야 한다.

아이의 예측 불허 행동에 놀라거나 당황하지 않고 그럴 줄 알았다는 듯이 여유 있게 응하라. 그리고 아이가 친절하게 말할 때의 기회를 놓치지 말라. "너는 네가 아쉽고 필요할 때만 엄마에게 좋게 말하느냐?" 등의 지적이나 '너도 한번 당해봐라'라는 약 올리기 식의 태도로 아이의 말을 무시하지 말라.

우리가 왜 어른인가? 정신적으로 성숙하고 누군가를 포용할 줄 알며 가족을 감싸줄 줄 알기에 어른이라는 자격이 주어진 것이다. 자녀 앞에서 통 큰 모습을 보여주고 '그래도 널 사랑하기에 부모는 항상 너의 긍정적으로 달라진 모습을 바라고 있다'는 믿음을 성공적으로 전달했을 때 아이의 마음속에서 서서히 현재의 과도기적 혼란스러움에서 벗어나고 싶은 혹은 이제 그만 끝내고 싶은 마음이 생길 것이다. 예측 불허는 이 시기 아이들이 부모에게 주는 또 하나의 매력이다.

뇌의 변화

 십 대의 시기에 우리가 잘 보지 못하는 현상이 하나 있다. 그것은 바로 뇌의 변화다. 뇌는 우리 눈에 보이지 않는다. 그러나 중2 아이들의 뇌에서는 지금도 많은 일이 일어나고 있다. 호르몬 변화 역시 그것 자체는 우리 눈에 보이지는 않지만, 코 밑에 수염이 나고 목소리가 굵어지면 가슴이 솟아오르고 골반이 커지는 것을 보면서 우리는 자녀들의 몸속에서 성호르몬이 왕성하게 분비되고 있음을 직감한다. 즉 그동안 호르몬 변화에만 너무 신경을 써 왔던 나머지 정작 사람의 생각, 감정, 행동을 아우르는 기관인 뇌에 대해서는 별로 관심을 두지 않아 왔다. 하지만 과학의 눈부신 발전으로 인하여 우리는 사람의 뇌를 들여다볼 수 있게 되었다. 그 결과 베일에 싸여왔던 십 대들의 뇌가 우리의 눈앞에 정체를 드러내기 시작했다.

 결론을 미리 말하자면, 십 대들의 뇌는 양적 성장이 최고조에 도달했다가 서서히 질적 성장이 이루어지는 과정에 놓여 있다고 할 수 있다. 특히 대뇌 피질의 가장 바깥쪽에 있는 회백질 부위의 양이 점차 발달하여 최고조에 도달했다가 성인이 되어서 점차 감소하는데, 이는 역으로 말하면 보다 더 정교화되고 필수적인 질적 성장을 이룬다는 뜻이다. 수많은 신경세포가 생성되어 서로 연결되다가 불필요한 것들을 없애는 이른바 '가지치기'의 활동이 아이들의 뇌 속에서 벌어지고 있다.

가지치기란 말이 의미하듯이 무엇인가 엄청나고 파괴적인 일들이 우리 아이의 뇌 한복판에서 일어나고 있다니 그야말로 속에서 몸살을 앓고 있다는 뜻이다. 어른이 되어서야 가지치기가 끝난 뇌, 안정된 뇌 기능을 갖출 수 있으니 십 대들의 돌발적 행동과 불안정한 감정 상태가 한편으로는 이해되지 않는가?

신체 발달은 거의 어른에 육박하여 부모들의 키를 훌쩍 넘긴 아이들이 우리의 눈에 보이지 않는 뇌에서는 거대한 지각 변동이 일어나고 있으니 알고 보면 아이들이 딱하다. 하지만 어른이 되기 위해서 꼭 거쳐야 하는 과정이므로 마치 번데기가 탈바꿈을 통해서 성충이 되듯이 극복해야 마땅하다.

여러 대뇌피질 중에서도 가장 취약한 부위가 전두엽이다. 말 그대로 뇌의 앞쪽에 위치한 전두엽이야말로 인간의 고위 기능을 가장 많이 담당하고 있는 영역이다. 이 전두엽은 이성적 판단, 합리적 결정, 적절한 예측, 남을 위한 배려, 타인의 감정에 대한 공감, 충동과 욕구의 조절 또는 억제 등 우리 인간의 존엄성을 유지하는 최고의 기능들을 수행한다.

특히 앞쪽, 즉, 이마 부위에 위치한 전전두엽 혹은, 이마 전두엽이야말로 최고 지휘관 또는 최고 경영자라고 할 수 있다. 최고 리더가 되기 위해서는 끝없는 시련과 반복적인 훈련의 과정을 거쳐야 하듯이 아직 미숙할 수밖에 없는 십 대들의 전전두엽은 늘 좌충우돌하고 우왕좌왕한다. 그러니 그 부족한 기능을 대신 해 주거나 도와줄 수 있는 사람이 필요하다. 그 사람은 다름 아닌 부모다. 그런데 그 부모가 아이를 지적하고 비난만 할 뿐 아이를 어떻게 도와줘야 할지 모르거나 혹은 적절한 해결방법을 제시하지 않게 되면 혼란 상태는 더욱 가중될 것이다.

사춘기 때 가장 더디게 성숙하는 전두엽과는 다르게 후두엽은 비교적 빠르게 성숙하는 것으로 알려져 있다. 뇌의 뒤쪽에 있는 후두엽은 주로 보는 기능, 즉 시각을 담당한다. 그러므로 아이들은 일찍부터 '보는 것'에 열광한다. 연예인의 준수한 외모, 빼어난 몸매, 화려한 몸짓 등에 빠지게 되는 것이다.

어디 그뿐이랴. 각종 장신구나 액세서리, 특이한 염색, 눈에 튀는 옷, 귀와 코 뚫기, 문신 등은 그들의 보고자 하는 욕구 등이 달콤한 쾌감을 준다.

문신을 새겨서 자신의 몸이 화려해짐을 추구하는 후두엽의 기능한테 나중에 문신 때문에 불이익이 생길지도 모른다는 전두엽의 미래

예측 기능이 밀리게 되면, 내일 당장 문신을 새기러 간다. 물론 모든 아이가 그러한 것은 아니다. 전두엽의 기능이 비교적 잘 발달하여 있는 아이들은 문신을 새기지 않거나 혹은 새기더라도 남이 보지 않는 신체 부위에 작은 크기로 새겨놓는 행동을 선택할 것이다. 혹은 부모에게 의논하는 행동 역시 전두엽의 기능이다. 내가 과연 합리적 판단과 올바른 결정을 하는지 안 하는지를 부모에게 물어보게 되어 자문한다. 이때 부모는 아이의 최종 결정, 즉 문신을 포기하는 것에 큰 공헌을 하게 된다. 그것이 아이의 전두엽 기능을 극대화시키는 방법이다.

만일 아이의 전두엽 기능을 돕는 것이 아니라 강압과 힘으로 아이의 행동을 억제한다면 결과적으로는 동일한 효과를 얻을 수 있다. 하지만 잠시 쿠데타를 진압한 효과에 그칠 뿐 세력이 커진 아이의 욕구가 언제 반란을 일으킬지 모른다. 진압당하여 처벌을 받을지언정 일단 저지르고 보자는 아이의 충동성에 당할 수 있다는 뜻이다. 혹은 문신 방지의 효과는 지속될지언정 다른 욕구가 돌출되어 더 큰 돌출적 행동으로 부모를 배신할 수 있다. 따라서 힘으로 누르는 것이 아니라 아이의 뇌, 즉 전두엽을 움직이게끔 하는 것이 바람직한 부모의 역할이다.

사춘기 남자아이들은 왜 여자아이들보다 훨씬 더 폭력적인 모습을 보일까? 물론 사춘기 이전에도 남자아이들이 보다 더 활동적이고 공격적 성향이 더 크기는 하다. 하지만 그 차이가 사춘기를 지나면서 보다 더 극명해지는 것을 알 수 있다. 그것은 사춘기 남학생들이 왕성하게 분비하는 테스토스테론(Testosterone)이 대뇌의 기능에 잠재되어 있던 남성성을 활성화하기 때문이다.

테스토스테론이 활발하게 분비된다는 것은 보다 더 남성적으로 된다는 것, 수컷으로의 번식 욕구가 올라가는 것, 다른 동물 혹은 종족과의 싸움에서 이기기 위한 공격성 혹은 싸움 능력이 증대되는 것, 여러 존재와 잘 어우러지고 도태되지 않기 위한 사회적 기술이 향상되는 것 등을 의미한다. 다소 원초적으로 표현하자면 싸움 잘하고, 잘 어울리고, 성적 능력이 왕성한 남성으로 거듭나게 된다는 뜻이다.

하지만 우리 인간의 문명사회에서는 다른 사람들과 잘 어울리는 사회성을 제외하고 신체적 싸움 능력이 우수하거나 번식 능력이 뛰어난 남성을 별로 달가워하지 않는다. 따라서 남자아이들은 자신들에게서 일어나고 있는 자연스러운 뇌 발달의 결과를 사회적 압력 혹은 개인의 노력으로 뒤집어야 하는, 당연하지만 서글픈 현실에 직면해 있다.

발달적 과제

 중2 남자아이들은 여전히 발달과정 중에 있다. 일찍 커서 키가 아빠보다도 더 크고, 몸집이 씨름선수만 한다고 친들 다 컸다고 인정하지 않는다. 신체적 성장은 어느 정도 이루어졌지만 아직 정신적 성숙이 요원하기 때문이다.

 간혹 어떤 아이들은 초등학생으로 보이는 앳된 얼굴을 아직 갖고 있다. 즉 이차성징이 아직 나타나지 않아서 더 나중에 클 아이들이다. 이런 아이들이 궁극적으로는 더 자라게 되어 키의 역전 현상이 종종 일어나기도 한다. 여하튼 중2 남자아이들은 지금 이 순간에도 발달 중이고, 그들에게는 중요한 몇 가지 발달적 과제가 있다.

 첫째, 외모에 대한 현실적 인식이다. 이 나이에는 외모가 급변하는 시기다. 키가 자라는 것은 대부분 아이에게 긍정적으로 받아들여지지만, 문제는 상대적 평가다. 즉 내가 옛날에 저 친구보다 더 컸는데 지금은 더 작다는 식이다. 이로 인해 일시적으로 우월감 또는 열등감을 느끼기도 한다.

또, 키가 크는 것은 좋은데, 살이 쪄서 과체중이 되어 버리니 영 마음이 개운치 않다. 한창 자랄 나이에 갑자기 다이어트 선언을 하면서 밥의 양을 반으로 줄이고, 육류와 기름진 음식을 먹지 않겠다고 한다. 그러나 성장을 필요로 하는 신체 생리적 욕구를 어디까지 참을 수 있겠는가?

다행스러운 점도 있다. 이 시기에는 무엇보다도 자신의 외모에 무척 민감하다. 늦은 저녁 TV를 보던 아이는 신세 한탄을 하기 시작한다. '왜 나는 송중기처럼 잘 생기지 않았지? 왜 내 눈은 이리도 작을까?'

그러다 엄마에게 원망을 퍼붓는다. "엄마 아빠는 왜 내게 열성 유전자를 물려줬어요? 엄마, 혹시 결혼 전에 쌍꺼풀 수술했어요? 나는 왜 쌍꺼풀이 없어요? 아빠는 왜 코가 이렇게 낮아요?"

'우리 아이가 외모에 덜 신경 쓰고 학업에만 충실하면 좋겠는데.' 아마 대부분 부모의 바람일 것이다. 하지만 아이의 시기적 특성을 좀 이해한다면, 아이의 투정도 좀 받아주고 속상한 마음을 이해해 주도록 노력해 보자.

첫째, 아이는 자신의 외모를 받아들이고, 현실적으로 인식해야 한다. '그래? 나는 매우 잘생긴 얼굴은 아니야. 하지만 이 정도면 뭐 괜찮지.', '내가 비록 잘생긴 얼굴은 아니지만, 그게 중요한 것이 아니지.

내면적으로 훌륭해지자!'고 귀결되는 것이 꼭 필요하다. 혹시 운이 좋게도 특A급 외모를 지녔다면, '내 얼굴 가지고서 너무 자만하지 말자'라는 마음가짐을 심어주는 것이 부모의 역할이다.

둘째, 자아존중의 마음을 유지하는 것이다. 자존감은 우리의 일상생활 유지에서 꼭 필요한 요소다. 특히 대인관계의 맺음과 유지에서 더욱 중요하다.

중2라는 시기는 매우 묘하다. 어느 때는 지나치리만큼 자신감과 과도한 자기애를 보이고, 또 어느 때는 한없이 자기비하하면서 추락하기도 한다. 그만큼 감정의 기복과 더불어서 여러 가지 판단 능력에서의 변동성을 보이는 시기라고 할 수 있다. 예컨대 시험을 한번 못 본 아이가 자신의 공부 능력은 거의 제로 수준이고, 아울러 대학 진학은 꿈도 못 꾸며, 결국 노숙자가 될 것이라는 등의 비관주의에 빠지곤 한다. 혹은 부모의 일상적인 지적과 비난에 자신을 '버러지만도 못한 놈'이라고 자학하는 아이도 있다. 심지어 어떤 아이는 '그동안 못난 자식을 키워줘서 고맙습니다. 아무것도 제대로 할 줄 모르는 저는 이제 떠납니다.'라는 내용의 편지를 쓴 채 아침 일찍 가출하여 하루 종일 돌아다니다가 부모 손에 끌려오는 아이도 봤다. 하지만 아이에게 미래에 대한 낙관주의를 심어줌과 동시에 부모의 조건 없는 사랑을 확인시켜주자. 아이의 자존감을 유지하기 위해 이 정도는 어렵지 않은 것 아닌가!

셋째, 친구들과의 관계를 잘 맺는 것이다. 아이들이 피부로 직접 느끼기에는 가장 중요하고도 절실한 과제일 것이다.

오늘도 학교 가서 친구들과 즐겁게 지내다 오는 생활을 하는 아이와 오늘도 학교에서 친구들로부터 괴롭힘을 당하거나 혹은 함께 어울릴 친구가 없어서 시무룩해 하는 아이를 생각해 보라. 아침에 눈을 떠서 일어날 때의 기분이 확연하게 차이 날 것이다.

대개 다른 발달적 과제들은 부모나 교사가 아이에게 자주 일러주고 도와줘야 할 것들이어서 입에 쓴 약과 같지만, 교우 관계만큼은 대부분 아이에게 달콤한 설탕처럼 스스로 찾아서 추구하는 과제라고 할 수 있다. 하지만 입에 단 설탕이 몸에는 별로 이롭지 않은 것처럼 불량한 친구들과 사귀거나 혹은 친구들과 어울려서 비행을 일삼는다면 그것은 더 큰 문제다. 여하튼 이 시기의 친구 관계는 아이에게도 부모에게도 무척 중요한 부분이라고 할 수 있다. 부모가 개입하기에도 매우 조심스러운 측면이 있기에 섬세하고도 정교하게 접근해야 한다.

넷째, 학업을 잘 수행하는 것이다. 사실 대부분의 부모가 이 영역을 지나치게 강조해서 문제다. '학생은 공부를 열심히 해야 한다'는 당위론적 생각에 사로잡혀 있는 부모들이 마치 주입식 강의처럼 아이들에게 계속 말하다 보면 오히려 역효과만 나기 십상이다. 하지만 학업 수행이 중요하다는 것은 분명한 사실이다. 다만 여기에서 학업의 범위를 조금 더 넓게 여기는 적극적인 자세가 필요하다. 즉 영어와 수학 등 입시와 관련된 과목만이 아닌, 그리고 꼭 학교 성적과 연관된 것만도 아닌, 그야말로 다방면, 즉 음악, 미술, 체육, 상식, 오락, 여가, 취미 등에서도 얼마든지 학업이 가능하다.

    학업이란 '배우는 일'이다. 무엇이든지 배우는 것이 좋다. 그것이 남에게 피해를 주거나 부도덕한 것만 아니라면 배우고 익히게 내버려 두거나 오히려 도와줘야 한다. 아이가 며칠을 고민해서 마침내 자신만의 '무엇인가'를 완성했다면, 그것 역시 잘 배우고 있는 것이다. 아이에게는 누가 시켜서가 아니라 자신이 스스로 원해서 열심히 찾아보고 연구하며 배우는 경험이 중요한데, 그 경험은 곧바로 '몰입'으로 이어지곤 한다. 몰입을 경험한 아이들은 성취와 성공에 한 발짝 다가선 것이라고 할 수 있다.

자아도취

중학생이 된 우리 아들은 자주 자아도취에 빠지게 될 것이다. 그래서 이 나이 때에는 세상에서 자기가 제일 중요하다고 믿는다. 그 결과 다른 사람의 사소한 지적, 불친절, 무관심, 실수 등에 크게 화를 내거나 무척 예민하게 반응한다.

그런데 신기한 것은 다른 사람 모두에 대해서 그러한 반응을 보이는 것이 아니라 선별되고 제한적인 사람들에게만 그러하다는 점이다. 그래서 대개 부모를 대상으로 자아도취 혹은 자기애적인 반응을 보인다.

영수(가명) 엄마는 아이가 상담을 마치고 진료실에서 나간 후 전문의와의 부모 상담에서 '휴!'하고 한숨을 내쉰다. 혹여 아이가 들을까봐 아이가 나간 출입문 쪽을 한 번 더 살펴본 다음에 비로소 안심하며 크게 한숨을 내쉰다. 그러면서 하는 말씀이 "내가 종이에요. 종. 아니,

노예라는 표현이 더 맞을 것 같네요."

조금 과하다 싶은 표현에 궁금증이 발동되어 질문했다.

"무슨 말씀이시죠? 어머니께서 종이고 노예라니요?"

이어지는 엄마의 하소연이다.

"아이가 중학생이 되니까 오히려 더 게을러졌어요. 전에는 자기 스스로 세수와 양치, 아니 샤워까지 하던 아이였고, 옷도 스스로 잘 입었어요. 빨래는 세탁기에 잘 가져다 놓는 아이였는데, 지금은 글쎄 입만 살아서 모든 것들을 명령하고 있어요. '엄마! 양말', '엄마! 치약', '엄마! 팬티' 등 손을 전혀 까딱하지 않으려고 합니다. 게다가 식성은 어찌나 까다로운지요. 저녁에 뭐 해줄까 물어보면 '아무거나!'라고 건성으로 대답한 다음에 생선을 해 주면 '비린내 나요. 고기 먹고 싶은데 왜 생선을 구웠어요?'라고 짜증 내요. 그럼 지금이라도 나가서 고기를 사와서 구울 테니까 우선 먹고 있으라고 하면 '어제도 생선 먹었는데 오늘은 당연히 고기를 먹어야지요.' 라면서 핀잔을 줍니다.

엄마가 네 마음을 어떻게 아느냐고 하면 화를 더 내면서 '밥 안 먹어' 소리 지른 다음에 자기 방으로 들어가서 누워 버립니다. 엄마가 자신을 위해서 애써 요리하는 것은 당연하게 여기고 하나도 고마워하지 않아요. 그러면서 자기 비위를 못 맞추는 엄마를 비난합니다. 그러니 내가 노예 생활하는 것이지요."

상황이 어느 정도 눈앞에 펼쳐지는 것 같았다. "아이에게 잘못을 지적하고 부모에게 예의를 갖출 것을 요구해 보지요?"라는 필자의 제안에 엄마는 손사래를 치면서 "그랬다가 무슨 봉변을 당할지 몰라요. 그리고 그런 말 한다고 들을 아이도 아니고요. 그 아이는 내 자식이기는 하지만 기본적 인성이 덜 된 아이입니다." 간혹 듣게 되는 중학생 아들 둔 부모들의 불평이다.

그런데 의아한 것은 그렇게 건방지고 막돼먹은 태도를 필자에게는 보이지 않는 아이들의 이중성이다.

남자아이들은 집에서 마치 왕처럼 대접받고 싶고, 엄마가 알아서 나의 마음을 헤아리기를 바라며, 늘 자신의 욕구에 대해서 엄마가 잘 파악하고 있기를 바란다. 더 신기한 것은 이러한 현상이 주로 아빠가 안 계시는 동안에 발생한다는 점이다. 즉, 아빠가 귀가하기 전이나 아빠가 집에 없는 주말에 이러한 일들이 집중적으로 일어난다. 남자아이들은 자신이 세상에서 제일 중요한 사람인 것처럼 과대적인 사고를 한다. 그리고 그것은 마치 '호랑이 없는 굴에서는 여우가 왕이다.'라는 속담처럼 아빠가 없는 집에서는 아들이지만 남자인 내가 최고라는 식의 잘못된 생각에 빠진 것이다. 엄마가 아빠에게 비교적 순종적이고, 아빠의 입맛에 맞추려고 하며, 아빠를 더 높은 위치로 여기는 것 같은 태도를 보고 자란 남자아이가 이제 겨우 중학생이 되어 조금 남자인 양 되면서 못된 것부터 배운다고나 할까?

어릴 적 엄마의 심부름도 곧잘 했던 아들이 이제는 엄마에게 심부름시킨다. 엄마가 무척 혼란에 빠지고 때로는 자괴감에 빠지며 아들이 보기 싫어지고 미워지는 것은 어쩌면 당연한 결과라고 할 수 있다.

엄마가 자신을 싫어하고 피하는 말과 태도를 보여도 아이는 달라지지 않는다. 즉 엄마의 감정에 별다른 관심을 보이지 않고, 공감이나 감정 이입은 더더욱 없다. 그러다 보니 자신에게 싫은 소리를 하는 엄마에게 더 공격적이고 위협적인 언행을 보이거나 엄마의 부정적 반응 자체를 아예 보지 않기 위해서 자기 방에 틀어박혀 스마트폰을 보거나 잠을 잔다. 그리고 몇 시간이 채 지나지 않아 자기 방에서 나와 아무렇지도 않은 듯이 "엄마! 라면 끓여 줘."라고 말하는 것이다.

엄마는 돌아버리기 일보 직전이다. 미치고 팔짝 뛸 노릇이다. 약이 오르고 화가 너무 나지만 그래도 자식인지라 신경질 내면서도 라면을 끓인다. 물론 그전에 "먹고 싶으면 네가 직접 끓여."라는 말을 했지만 돌아오는 아이의 "귀찮아."라는 말만 듣게 된다. "귀찮으면 먹지 마."라고 반격하는 엄마는 그나마 기가 센 편에 속한다. 끝까지 라면을 끓여주지 않고 아이로부터 '나쁜 엄마'라는 소리를 들을 각오를 한 엄마는 정말 센 엄마다. 그러나 대부분 엄마는 결국 아들에게 밀린다. 그 결과 아들의 자아도취의 강도는 점차 높아지고, '역시 우리 엄마는 나한테 안 된다니까!'라는 묘한 승리감마저 느끼는 것이다.

어른 흉내내기

어릴 적 자녀들이 귀여운 표정을 짓고서 부모들의 행동을 따라서 했을 때 눈을 휘둥그레 뜨고서 신기해했던 기억들이 다 있을 것이다. 그리고 그 후로도 계속 무엇이든지 따라 하는 것을 보고서는 '따라쟁이'라고 별명 부르면서 아이를 놀렸던 부모도 있었을 것이다.

원래부터 아이들은 모방의 달인이다. 아이들은 부모를 통해서 배우고 모방한다. 그래서 부모의 마음가짐과 언행이 중요한 이유이기도 하다. 화가 난다고 거침없이 욕설을 내뱉고 물건을 던지는 부모 밑에서 자란 아이들은 '아! 화가 날 때는 저렇게 해도 되는구나.'라는 인식을 자연스레 갖고, 행동으로 옮기곤 한다. 따라서 어린아이일수록 문제 행동 혹은 공격적 언행을 보일 때는 부모로부터 모방이 이루어진 것인지 아닌지를 의심해 볼 수 있다.

아이들이 언어를 배울 때 부모의 말과 표정, 그리고 입 주변의 움직임 등을 보고 배우는 것과 마찬가지로 부모가 폭력적인 모습을 보이면 그대로 따라 할 수 있다. 그래서 주변 사람들이 말하는 입 모양을 보면서 언어를 배우고, 다른 사람들이 웃거나 울거나 짜증 내거나 화내는 등의 정서 표현을 보면서 감정을 느낀다.

사실 그 순간 아이의 뇌 안에서 타인의 행동을 관찰하고 인식하는 거울 세포가 반응한다고 말할 수 있다. 거울 세포란 타인의 행동을 이해하고 공감하는 역할을 하는 세포다. 이탈리아 신경생리학자인 리졸라티(Giacomo Rizzolatti)와 그의 동료 연구팀은 원숭이 뇌의 전운동 영역이라고 불리는 부위에 전극을 연결한 다음 원숭이가 음식에 손을 뻗는 행동을 할 때 세포의 반응을 측정했다. 그런 다음에 원숭이가 직접 음식을 집어 올리는 것이 아니라 실험자가 음식을 집어 올릴 때의 반응을 살펴봤다. 놀랍게도 동일한 신경 세포가 똑같은 반응을 보였다. 이러한 세포들을 '거울 세포' 또는 '거울 뉴런(mirror neuron)'이라고 명명했다. 이 세포는 원숭이에게만 존재하는 것이 아니라 인간에게도 존재한다.

거울 세포 시스템은 사회성과 떼려야 뗄 수 없는 관계다. 자신에 대한 인식에도 반응하고 타인의 행동 이해에도 반응한다는 사실은 사회성 및 공감 능력과 밀접한 관련이 있다는 것을 쉽게 유추할 수 있다. 그리고 거울 세포는 개인의 학습 능력 향상에도 지대한 공헌을 한다.

예컨대 골프를 잘 치고 싶은 사람은 훌륭한 골프 선수의 폼을 열심히 보면서 연습한다. 스포츠 수행 능력을 높이기 위해 잘하는 사람의 동작을 유심히 살피면 거울 세포가 발화하면서 운동 학습이 촉진될 수 있다. 거울 세포는 자신이 직접 행동하지 않더라도 다른 사람이 행하는 동작을 보는 것으로 발화하기 때문이다.

학습 능력과 사회성이 발달한 집단일수록 거울 세포는 위력을 발휘한다. 다른 사람들의 행동을 이해하고 공감하며 서로 모방을 주고받는 우리 인간 사회야말로 거울 세포 덕분에 잘 유지되고 있는지도 모른다. 아니면 우리 인간을 가장 위대한 생명체로 만들기 위해서 거울 세포가 점차 더 발전되고 정교화됐을 수도 있다.

그런데 하필이면 사춘기 아들의 거울 세포는 좋지 않은 쪽의 언행에 반응을 잘한다.

중학교 2학년 남자아이들의 대화를 옆에서 들어본 적이 있는가? 욕이 대화의 절반을 넘는다. 나머지 반 중의 절반은 은어다. 한 마디로 잘 알아듣지도 못하고, 어른들이 듣기에 거북한 표현들로 가득 차 있다. 그런데 여기에서 말하는 어른들은 우리 부모들이다. 고개를 돌려서 다른 어른들을 생각해 보라. 술집에서 들려오는 각종 욕설과 식당에서 심심치 않게 들려오는 여러 은어 및 저속한 표현들이 생각날 것이다.

우리 부모의 어린 시절을 회상해 보라. 특히 아빠들은 중·고교 시절, 심지어 대학생 아니 나아가 사회 초년생일 때조차 친구들과 여러 가지 욕설, 비속어, 은어, 음담패설 등을 사용하지 않았던가? 결국, 아이들이 못된 언어를 창조한 것이 아니라 어른들로부터 그대로 이어

받고 모방한다는 사실을 잘 알 수 있다.

 흡연과 음주는 보다 더 분명하다. 친구가 권해서 담배를 피우기 시작했다는 아이들이 대부분이지만, 최초의 흡연 소년은 역시 자신의 아빠, 삼촌, 이모부, 혹은 그 외 아저씨들의 행동을 따라 했다고 할 수 있다.

 중학교 2학년 남자아이가 식사 직후 혹은 화장실에서 용변을 볼 때 꼭 담배 한 개비를 찾는 것은 그야말로 우리 주변의 흔한 남성 애연가의 모습을 쏙 빼닮았다. 그 아이의 뇌 속에 있는 거울 세포가 마구 활성화되어 작동 중임을 알 수 있다. 음주 문제도 마찬가지다. 편의점 앞에서 아저씨 3~4명이 모여서 과자와 오징어를 안주 삼고 맥주와 소주를 마시는 풍경과 공원 구석 벤치나 놀이터 구석에서 아이들이 새우깡과 컵라면을 안주 삼고 소주와 맥주를 마시는 풍경이 비슷하지 않은가?

 직장인들이 퇴근하여 삼삼오오 호프집이나 순댓국집에서 맥주와 소주잔을 기울이며 이런 저런 얘기를 나누는 모습과 아이들이 하교 후 부모님이 안 계시는 빈집에 모여 게임을 하고 술도 마시는 모습도 비슷하다고 할 수 있다. 결국, 아이들은 커서 다 하게 되는 것들을 미리부터 흉내 내고, 마치 신용카드로 돈을 당겨쓰듯이 시간을 앞당겨 하는 행동들이다. 위에서 나온 것을 아이들에게 허용할 수는 없다. 그러니 아이들을 설득해야 한다. 언젠가 너희들이 실컷 하게 되는 것들인데 미리 할 필요가 없음을 알려준다. 너희들의 행동이 도덕적으로 잘못이고, 사회적 규칙과 법을 어기는 것임을 강조하기보다는 너희들의 건강을 해칠 수 있고, 어울리지 않는 옷을 입은 것 같음을 강조하자.

나쁜 사람이 된 것처럼 아이들을 취급하지 말고 뭔가 어울리지 않는 어색한 행동을 하는 사람이 된 것처럼 여기는 것이 더 낫다. 착한 사람이 되라는 메시지도 필요하지만, 그것보다는 자연스럽고 적절한 모습을 보이는 사람이 되라는 메시지가 더 잘 먹힌다고 할 수 있다. 왜냐하면, 아이들도 이미 자신의 언행이 착하지 않음을 알고 있기 때문이다. 그러니 부모가 슬며시 아니 때로는 직접 충고하고 조언해 준다.

성과 폭력의 문제는 더 심각하다. 특히 두 가지 행동의 모방은 대개 간접적으로 이루어지는 경우가 많다. 주범은 매스컴 혹은 인터넷이다. 매스컴에서는 이미 성과 폭력의 허용 수준이 상당히 높아져 있기에 아이들이 별다른 제한 없이 성적 표현과 폭력적 언행에 노출되어 있다. 인터넷상에서는 더 이상의 설명이 필요 없을 만큼 변태적이고 극단적인 성적이고 폭력적인 영상이 돌아다닌다. 이러한 간접 경험도 매우 강렬한 자극으로 작용하여 아이들의 거울 세포를 활성화한다. 아이들이 자신이 봤던 성적 또는 폭력적 행동을 그대로 모방하는 이유다.

여기에 대한 대책은 사실 개개인의 부모가 세우기에는 다소 한계가 있으니 사회가 나서야 한다. 음란물과 폭력물이 절대로 청소년에게 노출되지 않게끔 법적 장치를 마련해야 할뿐더러 아이들에게 그러한 것들을 보이는 것 자체의 심각성을 모두 공유하는 사회적 합의가 필요하다. '뭐 그럴 수도 있지!' 내지는 '그걸 어떻게 막나?' 등의 안일한 생각들을 하는 이 순간 우리의 자녀는 계속 망가지고 있음을 알아야 한다. 부모 역시 성과 폭력에 관한 문제에 있어서만큼은 지금보다도 더 엄격하고 철저하게 관리 감독을 해야 할 책임을 갖고 있음을 잊지 말자!

권력 쟁취하기

어린이와 어른의 다른 점들은 무엇일까? 여러 가지가 있겠지만 빼놓을 수 없는 하나가 바로 '권력'이다.

가족 내에서 권력을 운운하는 것에 대해서 많은 사람들이 거부감을 가진다. 권력이란 말을 들었을 때 국가, 정부, 정치인 등이 떠올려지면서 무엇인가 강제하는 힘 혹은 지배하는 속성을 생각하기 때문이다.

그런데 사랑과 정으로 연결된 가정에서 웬 권력을 운운하는지 마음이 불편할 수도 있다. 그러나 가정 내에서도 혹은 가족 구성원들 간에서도 권력은 분명하게 그리고 현실적으로 존재하고 있다.

일차적으로 가정 내 권력을 가진 사람은 부모다. 그렇기에 부모는 자녀의 행동을 강제하곤 한다. 물론, 권력이라는 표현보다는 훈육이라는 표현이 더 맞을 때가 대부분이다. 하지만 그러한 권력을 폭력이라는 방법으로 표출할 때는 문제가 매우 심각해진다. 결과적으로 아동학대가 발생하는 것이다.

　부모 간에도 권력의 분점 형태가 다양하다. 아버지가 절대 권력을 가진 경우도 있고, 서로 조화롭고 사이좋게 평등한 권력을 가진 부부도 있으며, 어머니가 지배적인 위치에 있기도 하다. 여기에는 각자의 성격, 학식, 경제력 등뿐만 아니라 양쪽 집안의 분위기, 관여 정도, 경제력 등 매우 다양한 요인들이 영향을 주고 있다.

　우리 집에서는 아빠가 제일 힘이 센 존재라는 것을 아이가 인식하게 되면, 아빠에게 잘 보이려고 애쓰기도 한다. 엄마에게 칭찬을 받을 때보다 아빠에게 칭찬을 받을 때 두 세배 더 좋아하는 이유다.

　반대로 아빠의 위치가 미약하고 엄마가 더 권력을 많이 갖고 있다는 판단이 들면, 아빠를 중요하게 여기지 않고 무시하기까지 한다. 희생양(Scapegoat) 현상이 일어나기도 한다. 가족 중에 누군가를 희생양으로 삼아서 가정의 문제를 그 사람으로 인한 것으로 탓한다. 희생양이 되기 쉬운 가족 구성원은 물론 아이다.

　놀랍게도 아이가 자라나서 사춘기에 접어들면 감히 부모 중 한 사람을 희생양으로 삼으려고 한다. 예컨대 아빠를 희생양으로 삼는다. "우리 아빠는 매번 늦게 들어오고 집안을 잘 돌보지 않아요."라는 말에서부터 시작해서 이것이 점차 과장되고 확대되어 "우리 아빠는 매번 술에 취한 채 인사불성이 되어서 들어오고, 완전히 정신이 이상해져서 소리를 질러요. 엄마와 제가 늘 불안하고 무서워해요."라는 표현을 학교 선생님에게 하기도 한다.

표정이 다소 시무룩해 보이고 성적이 떨어지는 학생과 개인 면담을 하다가 듣게 되는 말이다. 이것이 실제로 사실이라면 매우 큰 사안이지만, 아이는 자신의 드러나는 문제를 아빠 탓을 하면서 즉 아빠를 희생양으로 삼으면서 현재 상황을 모면하고자 시도하는 것이다. 권력을 추구하는 아이는 자신을 통제하는 것을 무척 싫어한다. 대신 그 아이는 가족들이 자신의 일거수일투족처럼 행동해 주기를 바란다.

딸아이도 마찬가지다. 엄마만 사용할 수 있었던 각종 화장품과 액세서리를 자신도 쓰고자 한다. 이미 초등학생 때부터 슬쩍 화장하고 다녔지만, 이제는 본격적으로 어른과 같은 화장을 하고, 각종 액세서리로 치장하며, 미장원에서 값비싼 머리를 하고자 한다. 심지어 필러나 보톡스 주사와 같은 미용 시술을 받기를 원한다. 엄마를 모방하고 싶고 엄마처럼 어른이 되고 싶다거나 혹은 예뻐지고자 하는 의미도 있지만, 엄마와 같은 자격 혹은 엄마만이 누리고 있는 특권을 이제 자신도 얻으려는 의미가 더 크다. 하지만 많은 부모가 이를 허용하지 않는다.

한편, 어떤 아이는 독특한 방식으로 자신의 권리를 주장하기도 한다.

언젠가부터 아침에 양치하지 않고 나가는 중2 아이는 다음과 같이 이야기하고 있다.

"저는 제 방식대로 양치질할 권리가 있어요. 아침에 양치하지 않고 구강 세정만 하고요, 저녁 식사 후 양치를 한 다음에 잠자기 전에 양치해요."

내 눈엔 아이가 양치질하기를 싫어하는 것으로 보이지는 않아서 다음과 같이 물어봤다.

"꼭 그렇게 해야만 하는 다른 이유가 있니?"

한참 생각에 잠긴 다음에 아이의 입이 열렸다.

"어려서부터 양치를 하지 않으면 엄마가 심하게 야단치고 혼냈어요. 이제는 내가 엄마가 하라는 대로만 하지는 않을 거예요."

더 이상 엄마의 통제를 받지 않겠다는 선언적 의미의 행동이 바로 아침에는 양치질하지 않기였던 셈이었다.

이처럼 중2의 반항적 행동 혹은 이해할 수 없는 돌출 행동에는 권력에의 욕구가 숨어 있을 수 있다. 그리고 그 욕구를 자극한 것은 바로 다름 아닌 우리 자신, 즉 부모가 대부분이다. 따라서 아이의 권력 욕구를 이해하되 선별적으로 수용해 주거나 제한시켜 주자. 모두 다 허용하는 것은 마치 아이 밑에 들어가는 꼴이요, 모두 다 거부하는 것은 독재 권력을 억지로 유지하겠다는 뜻이므로 둘 다 바람직하지 않다.

자의식 갖기

　자의식(自意識, self-consciousness)이란 무엇인가? 한마디로 자기가 자기를 느끼고, 생각하고, 판단하며, 행동하는 것이다. 사춘기 이전까지는 주로 외부 세계를 지각하는 것으로 충분했지만, 이제 사춘기가 되어서 자기 스스로를 바라보거나 성찰하는 능력을 갖게 된다. 그것이 겉으로 드러나는 대표적 현상이 바로 거울을 자주 보기 시작하는 것이다.

　거울을 본다는 것은 무엇을 의미하는가? 거울에 비친 모습을 스스로 살펴봄으로써 다른 사람들이 과연 나를 어떻게 볼 것인가 예측한다. 그러다 보니 남의 눈에 내가 과연 어떻게 비칠 것인가에 대한 지나친 관심이 생기고, 그 결과 예민함과 수치심, 혹은 두려움까지 마음속에 자리 잡게 된다.

학교나 학원에서 선생님이 아이에게 질문할 때 아이는 공포에 휩싸이게 될 수도 있다. 자기 대답이 틀리거나 사람들이 나를 공부 못 하는 아이로 취급할까 봐 불안해지기 때문이다.

집에서 부모가 아이에게 무엇인가를 가르치거나 설명할 때 어떤 아이는 매우 불쾌한 심정을 드러낸다. "저도 다 알아요. 그것도 모를 줄 알아요?"

놀라거나 당황한 부모는 "그래? 알면 됐지, 왜 그렇게 신경질을 내지?"라는 반응을 보일 것이다. 그러나 아이가 이미 마음속으로 하게 된 생각은 '우리 부모님이 나를 그것도 모르는 어린아이(혹은 무식쟁이)로 보고 있구나.'였다. 부모의 눈에 비친 자신의 모습이 몹시 부끄럽고 열등하기 때문에 그렇지 않다는 점을 온몸으로 항변하는 것일 수도 있다. 또한, 부모에 대한 원망의 마음이 클 수도 있다. '우리 부모님은 왜 나를 낮게만(혹은 부족하게만) 보고 계실까?'라는 서운함이다.

또 다른 예를 들어보자. 지하철이나 버스에서 함께 서 있던 부자가 있다. 빈 좌석이 하나 생기자마자 잽싸게 달려가서 아빠가 앉았다. 아빠는 자신이 먼저 자리를 차지한 다음에 아들을 앉히려는 심산이었다. 순간 아들은 아빠와 부자 관계가 아닌 것처럼 몸을 저 멀리 떨어져서 피하거나 모르는 사람인 것처럼 외면했다. 아들은 다음과 같이 생각을 했다. '자리가 생기자마자 달려가는 아빠가 남들 눈에 교양이 없고 점잖지 못한 사람으로 비칠 텐데 내가 아빠의 아들이라는 것을 알면 나도 그렇게 생각할 것 같다.'

실제로 얼굴이 빨개지는 등 부끄러움 혹은 창피함의 신체 생리적 반응이 나타날 수 있다. 그런데 더욱 곤란한 상황이 생기는 것은 그다음이다.

아빠 옆에 빈자리가 생기자, 아빠는 아이 이름을 크게 부르며 앉으라고 강요했다. 사람들이 일시에 부자를 바라보더니 아이가 앉지 않자 다른 사람이 빈 좌석에 앉았다. 상황은 이처럼 일단락되었으나 아이의 생각과 감정은 결코 정리되지 않았다. 그래서 그 이후 아들은 아빠에게 툴툴대고 쏘아붙이고 신경질적인 반응을 보이는 것이다.

아빠는 이러한 아들이 도저히 이해가 되지 않는다.

'아니, 내가 조금 큰 소리로 말했다고 그것이 그렇게 창피한가? 아빠가 자기를 위해서 한 말인데 고마운 줄도 모르고!'

사람 많은 지하철에서 이름을 불렀다고 못 들은 척하는 아이의 입장을 이해할 수는 있지만, 아빠가 아들의 편리를 더 중요하게 여긴다는 사실을 왜 판단하지 못하는 아들의 속마음이 의아하고 궁금하다. 하지만 이런 부분이 우리 어른들이 알아야 할 대목이다. 여기까지가 중2의 한계라는 것을 알아야 한다.

이제 막 자의식이 싹트기 시작하는데, 그래서 아이가 처음 경험하고 있는데, 그것을 빨리 통과하여 보다 더 성숙해지기를, 혹은 더 중요한 가치를 빨리 깨닫기를 바라는 것은 어른들의 무리한 기대이자 욕심일 수 있다.

초등학교 때 학교를 찾아오는 부모를 반갑게 맞이했던 아이를 기억하는 부모는 중학생이 된 아이가 길에서 부모를 만나도 별로 반가워하지 않고 외면할 때마다 그저 안타깝고 실망스럽기만 하다.

　더 이상 아이는 다른 사람들을 별로 신경 쓰지 않고 집에서나 집 밖에서나 자연스럽게 부모를 대했던 초등학생이 아니다. 집 밖에서 다른 사람들이 많이 있는데 과연 나는 부모를 어떻게 대해야 할지 여간 신경 쓰이는 것이 아니다. 그러므로 아예 못 본 척할 수도 있다. 한 마디로 곤란한 상황을 회피하는 것이다.

　아이의 속마음을 알게 되면 부모는 서글퍼진다. 하지만 부모가 꼭 알아야 할 것이 있다. 아이는 결코 부모인 나를 싫어하거나 생각이 모자라서가 아니라 지금 '중2 발달'이라는 특수한 상황에 놓여 있음을 알아야 한다.

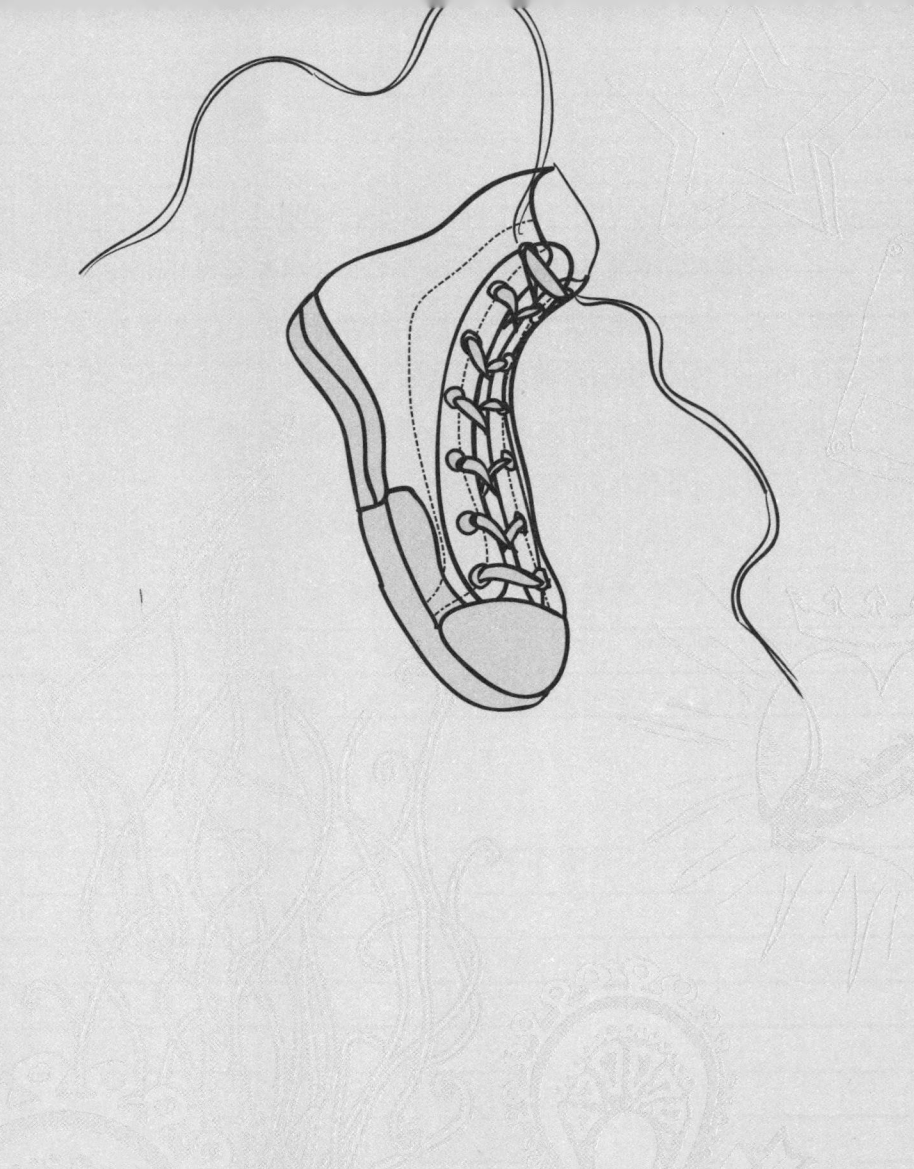

소년에서
청년으로

"어른 다 된 양 우쭐하죠"

넘쳐나는
신체적 에너지

　마트에서 잔뜩 장을 봐 온 엄마가 낑낑대며 현관에서부터 냉장고 앞까지 날라달라고 아이에게 소리쳤다. 아들은 언제나처럼 먼발치에서 들려오는 엄마의 목소리를 들은 척 만 척 외면한다. 그러자 더 다급해진 엄마가 "아들, 엄마 좀 도와줘! 장바구니가 무거워 엄마 힘으로는 힘들다!"라는 말을 한다. 그제야 못 이기는 척 어슬렁어슬렁 엄마 쪽으로 다가오더니 장바구니를 번쩍 든다. 힘센 청년이 따로 없다. '아니, 우리 아이가 언제 이렇게 크고 힘도 세어졌지?'라는 생각이 들면서 "야! 너 힘 정말 세다. 이제 아빠만큼 강해졌는데."라는 말을 던진다. 아들은 잠시 우쭐해 하다 아무 일도 아니라는 듯 자기 방으로 돌아간다. 간혹 어떤 아이는 한 마디 더 덧붙이기도 한다. "힘쓰는 일 있으면 언제든지 부르세요."라고. 그 말속에는 이제 힘으로는 엄마와 내가 상대되지 않음을 확인시켜 주는 의미도 숨어 있다.

중학생이 되면서 남자아이들은 신체적 성장과 함께 근력이 무척 발달한다. 팔과 다리에 근육이 생기고, 팔씨름도 제법 잘하게 된다. 자기들끼리 누가 더 팔씨름을 잘하는지 경기를 하는데, 이는 마치 수컷 동물들이 힘겨루기하는 상황을 연상시키고, 엄마가 무거운 물건을 쩔쩔매면서 옮기려고 할 때 아들이 번쩍 들어 올려서 도와주기도 한다. 엄마를 도와주는 의미도 있지만, 한편으로는 자신의 넘치는 신체적 에너지를 사용하고 싶은 동기도 작용한다. 그래서인지 이 시기의 남자아이들은 누가 시키지 않아도 혼자서 뛰어다니고, 계단을 빠르게 올라가기도 하며, 길 가다가 괜히 높은 점프를 시도하곤 한다. 신장이 많이 컸음을 자랑이라도 하듯이 높은 곳에 손을 뻗어서 괜히 한 번 툭 치거나 만지기도 한다.

그럴 수밖에 없다. 1년에 10cm 이상 자라는 이 시기에 아이들의 몸은 급성장하게 되니까 그 결과 넘쳐나는 신체 에너지를 주체하지 못하기 때문이다. 마치 돈벼락을 맞은 사람이 돈을 어떻게 써야 할지 몰라서 아무렇게나 물 쓰듯이 탕진하는 것처럼 어른들이 보기에는 조마조마하다. 신체적 성장만큼 정신적 성장이 함께 이루어지지 못하기에 불균형 상태다. 즉 몸은 어른에 육박하리만큼 자라나고 있지만, 마음은 아직 한참 더 커야 하는 시기다.

신체적 성장과 정신적 성숙의 불일치. 바로 이 점이 정서적 격동기의 중요한 이유 중 하나다. 넘쳐나는 신체적 에너지의 부작용을 조심해야 한다.

예를 하나 들어보자. 중학교 3학년 명수(가명)는 오늘도 급식 시간에 새치기를 시도했다. 새로운 일이 아니었다. 단순히 식사를 빨리하고자 하는 마음보다도 새치기 자체가 재미있었다.

그런데 오늘은 어떤 아이 한 명이 "야! 너 뭐야? 이 XX야, 당장 뒤로 안 가?"라고 말하면서 명수의 새치기를 허용하지 않았다. 얼떨결에 당한 느낌이었다. 상대방 아이가 세게 나오니까 순간적으로 당황했고, 결국 새치기는 실패했다. 그 아이는 사실 처음 보는 다른 반 학생이었다. 여하튼 점심을 마치고 난 다음에 나오면서 그 아이를 다시 보게 되었다.

그런데 웬일인가? 명수는 그 아이에게 한 방 날렸던 것이었다. 순식간에 일어났던 일이어서 주변 아이들이 모두 입이 떡 벌어졌다. 그런 다음에 그 아이는 얼굴에 피가 날 만큼 다쳐서 바로 보건실로 옮겨졌다. 물론 기본적 응급조치만 이루어진 다음에 병원으로 가서 다친 부위를 치료받았다. 그 결과 학교폭력위원회가 열렸고, 명수는 징계를 받았다. 다음은 필자와 명수의 대화 내용이다.

"그 순간 화가 많이 났었니?"

"아뇨. 별로 화가 나지도 않았어요. 그런데 그 아이를 다시 보는 순간 저도 모르게 주먹이 나갔어요. 그것도 그 아이를 쫓아가서 때렸어요. 몸이 먼저 나가고 있더라고요. 화는 오히려 처음에 그 아이가 새치기를 못 하게 막고 저한테 욕했을 때 났거든요. 그때는 잘 참았는데."

"그래, 네 말을 듣고 보니 이해가 되기도 하지만 이상한 점도 있다.

한번 잘 참았던 화가 나중에 다시 생긴 것도 아닌데, 단지 그 아이를 보기만 했는데도 주먹을 날렸다니. 혹시 그 순간 들었던 생각을 잘 기억해 볼래?"

"아! 그 순간 '나보다 작구나' 라고 생각했어요."

"너보다 작다?"

"예. 그래서 때린 것 같아요."

사실 어른들의 관점에서 보자면 정말 어처구니없고 말도 안 되는 이유다. 나보다 몸집이 작은 아이라는 판단이 든 순간 공격을 한 셈이니 말이다. 하지만 잠시 TV 프로그램 '동물의 세계'를 시청한다고 생각을 한다면 이해가 좀 될 것이다.

명수는 잠재되어 있던 본능적 욕구, 즉 '힘'에 대한 욕구로 공격적 행동을 보였다. 이것은 분노의 표출과는 다소 다르다. 화가 나서 물건을 던지고 부수거나 남을 때리는 현상은 자주 접하게 된다. 하지만 자신이 더 강하다는 것을 증명하기 위해서 남을 때리는 현상은 사춘기 남자아이들 세계에서 종종 관찰된다. 이성적 생각으로는 제어하기 힘든 순간적으로 벌어지는 신체적 공격, 예컨대 용수철처럼 튀어 오르면서 강하고 정확하게 상대방을 타격하는 행동은 바로 신체적 에너지가 넘쳐흘러서 주체하지 못한다는 방증이다.

이런 아이들에게는 반드시 체육 활동을 시켜야 한다. 체육 활동 자체가 몸을 쓰는 일이기 때문에 그들의 신체적 에너지를 방출 및 승화

Chapter 2 소년에서 청년으로

시킬 수 있기 때문이다. 특히 무술 활동을 시키는 것이 더욱 좋다. 어떤 부모님들은 의아하게 여기기도 한다. "아니, 가뜩이나 싸움할까 봐 걱정인데 무술이 결국 싸움과 비슷한 것인데, 싸움 기술 배워서 더 많이 싸우면 어떻게 하지요?" 일리 있는 걱정이다.

하지만 무술은 싸움 기술만 가르치는 것이 아니라 올바른 정신도 함께 가르친다. 약한 사람을 보호하고 자신을 방어하기 위한 수단이 무술이다. 그리고 무술을 익힌 사람은 오히려 폭력을 함부로 행사하지 않는다. 자신의 몸이 곧 무기가 될 수 있음을 잘 알기 때문이다. 넘쳐나는 신체적 에너지를 주체하지 못해서 작은 구실을 이유 삼아 친구들에게 이단 옆차기를 날리는 아이보다는 체육관에서 정당하게 샌드백을 두드리고, 상대방과 대련을 하며, 몸 근육 하나하나를 키워나가는 아이가 훨씬 더 바람직하지 않을까?

물론 일반적 스포츠 활동도 무척 도움이 된다. 축구, 농구, 야구, 배구, 탁구 등 무척 다양한 종목의 스포츠를 통해서 신체적 에너지를 발산시키고, 적절한 승부욕도 키우거나 충족시키며, 다른 사람들과의 협력과 경쟁까지 체험해 나간다면 그야말로 일거양득(一擧兩得)이라고 할 수 있다.

테스토스테론 생산을 하는 공장

　테스토스테론은 성호르몬이다. 성호르몬에는 테스토스테론과 에스트로겐(Estrogen)이 있는데, 테스토스테론이 남성호르몬이고 에스트로겐이 여성호르몬이다. 중학생 아들에게 있어서 활발하게 분비되는 것은 다름 아닌 테스토스테론이라고 할 수 있다.

　사춘기를 겪는 아이는 테스토스테론 분비로 인해 이른바 '2차 성징'이 나타난다. 최초의 변화는 아들의 성기에 가느다란 음모가 한 가닥씩 자라나는 것이다. 그런 다음에 점차 음모의 색이 굵어지고 곱실거리게 된다. 이때쯤이면 아이가 자신의 몸을 부모에게 잘 보이지 않아서 관찰이 어려울 수도 있다. 그러나 급성장기가 와서 신장이 커지고 변성기가 동반되므로 쉽게 추측할 수 있다.

　시간이 지나면서 음모가 더 자라나고, 더 두꺼워지며 거칠어진다. 수염과 겨드랑이털도 자라나기 시작한다. 어른처럼 세모 모양의 음모로 자라나고, 허벅지 안쪽이나 위쪽까지 털이 자라나게 되면 거의 다 변화가 이루어진 것으로 볼 수 있다.

　음경의 변화뿐 아니라 이미 고환의 성장도 이루어졌기에 사정을 하게 된다. 아이들이 '몽정'을 통해서 자는 도중에 정액을 몸 밖으로 배출해 내는 것이다.
　모든 아이가 몽정하는 것은 아니다. 하지만 몽정을 하지 않는다고 해서 정자의 생산이 이루어지지 않는다고 보지 않는다. 이미 고환 내부에 생성된 정자가 쌓여 있고, 단지 그것들이 몸 밖으로 나오지 않는 상태로 보는 것이다.
　정자의 생산은 곧 생식능력을 갖췄음을 의미하는 것이다. 이 모든 것들이 테스토스테론에 의해서 가능하니 아이의 몸은 테스토스테론 생산 공정을 마친 공장이라고도 할 수 있다. 그러나 별로 유용하지 않은 공장이다. 왜냐하면, 공장에서 생산된 제품을 별로 쓸 일이 없기 때문이다. 엄밀하게 말하면 하나도 소용없는 제품을 만드는 것이다. 그러므로 그 제품을 다른 용도로 사용할지 아니면 폐기 처분해야 할지 고민이 생긴다.

　청소년의 성생활을 사회적으로 금지하고 있으므로 성생활이 아닌 다른 적정한 용도는 과연 무엇이 좋을지 생각해 보자. 가장 좋은 것은 운동이다. 남성호르몬은 공격성을 증대시킨다.
　사실 증대된 공격성이 가장 자연스럽게 분출될 수 있는 활동은 신체적 싸움이다. 동물의 세계에서는 어른 수컷이 되어가는 과정에 자연스럽게 싸움이 일어나면서 자신을 지키거나 혹은 사냥에 성공할 수 있는 기술들을 터득한다. 그러나 우리는 동물이 아니고, 싸움을 권할 수도 없지 않은가? 이러한 상황에서 아이를 싸움만큼 공격적으로 변화시키거나 혹은 싸움보다 더 공격적으로 변화시킬 수 있는 건전한 방법은 운동이다. 아이들이 운동장을 뛰어다니면서 축구를 하고, 농구를 하며, 야구를 할 때 테스토스테론 제품은 효율적으로 소비된다. 청소년기에 접어든 동물은 번식 상대를 찾으려고 할 것이다. 그러나 청소년기에 접어든 인간이 번식 상대를 찾는 것은 불가능하지 않은가?

설사 실현 가능한 일이라고 할지라도 부모가 말려야 하고, 아이 스스로도 자제해야 한다.

청소년기에 부모가 된다는 것은 너무 복잡하고 커다란 후유증을 낳을 뿐이기 때문이다. 따라서 우리 아들은 번식 상대 대신에 경쟁 상대를 찾는 것이 더 낫다. 테스토스테론은 남성성을 상징하는 호르몬이다.

동물들이 번식 상대를 차지하기 위해서 벌이는 일이 바로 경쟁이다. 수컷들끼리 서로 뿔로 받는 장면은 동물의 왕국에서 본 적이 있을 것이다. 그러나 아들들끼리 서로 치고받는 경쟁 역시 허용되지 않는다. 신체적 싸움은 금지되어 있다. 유일하게 허용되는 순간이 운동할 때다.

축구를 하면서 몸싸움을 하고, 농구를 하면서 자리다툼을 하는 것은 지극히 합법적이고 오히려 옹호된다.

고환에서 생산된 테스토스테론은 뇌에도 영향을 미친다. 대뇌 기능에 잠재된 남성성을 활성화하는 것이다. 즉 자신이 남성으로서 어떻게 생각하고 행동해야 할지 결정해 주는 촉매제 역할을 한다. 물론 그 전부터 자신이 남성인지 여성인지 이미 분명하게 인식하고 있었지만, 자신의 성에 대해 고정적으로 받아들이고 성 역할을 확실하게 수행하려고 한다. 이 과정에서 자신의 성에 대한 자부심을 가지고 만족스러워한다. 그러나 우려되는 것은 반대 성, 즉 여성을 비하하거나 혐오하게 되는 현상이다.

남성은 자기의 근력이나 신체적 힘 등의 우월성을 너무 크게 받아들인 나머지 여성을 약한 존재로 취급한다. 여기에는 때로 엄마도 포함이 되어서 여자인 엄마를 만만하게 여기고 가볍게 생각해서 무시하기까지도 한다. 여성에 대한 이해와 존중을 가르쳐야 한다. 아이가 힘이 세어지고 강한 남성으로 발전하고 있음을 대견해하고 축하해 줄 수 있으나, 함부로 힘을 휘둘러서는 안 된다는 것을 강조해서 일러주는 것이 필요하다. 강해진 근력과 넘치는 에너지를 발산할 수 있는 적절한 활동, 즉 운동을 적극적으로 권장하는 것이 바람직하다.

간혹 어떤 아이들은 몸을 움직이는 것을 싫어하기도 한다. 이러한 아이들에게는 음악 또는 미술 활동을 권장해 준다.
움직이는 것이 싫은 아이는 노래를 부르고, 악기를 연주하며, 그림을 그리며, 색칠을 하며, 무엇인가를 만드는 활동은 기본적으로 신체적 및 정신적 에너지가 필요하다.

특히, 운동처럼 강렬하지 않으면서 비교적 정도가 가벼운 신체적 활동을 요하므로 아이의 적성과도 어긋나지 않은 채 역시 체내에서 생산된 테스토스테론을 소비시킬 수 있다. 부모가 원하든 원하지 않든 간에 사춘기에 접어든 아들은 이미 체내에서 왕성하게 테스토스테론을 생산해 내고 있음을 기억할 필요가 있다.

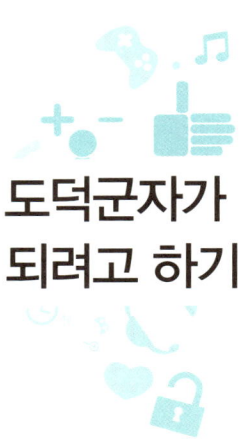

도덕군자가
되려고 하기

    남자 중학생을 떠올리면 반항적이고 막무가내이면서 거친 모습을 연상하기 쉽다. 사춘기라는 용어가 아마 반항의 이미지를 너무 많이 포함해서 그럴 것이다. 그러나 간혹 의외의 경우도 있다.

    중학생이 되면서 마치 도덕군자인 양 생각하고 행동하는 일부 남학생이 있다. 이 아이들은 친구들의 거친 모습에 대해서 매우 못마땅해 하고, 그들과는 수준이 매우 다르다고 생각하며, 심지어 부모의 도덕 수준마저도 부족하다고 생각하곤 한다. 이처럼 상반된 모습은 어떻게 설명할 수 있을까?

    이 질문에 대답하기 위해서는 먼저 인격의 발달 과정에서 도덕 발달에 대해서 알아볼 필요가 있다.

    인간이 성장하면서 점차 도덕적 사고가 생겨나고 자라난다. 로런스 콜버그(Lawrence Kohlberg)는 인간의 도덕 발달 단계를 6단계로 나누어서 설명했다.

1단계는 타율적 도덕 단계다. 외부적 보상이나 처벌로 도덕적 사고를 하고 오로지 결과만을 중요하게 여긴다.

아이들이 물건을 집어 던졌을 때 부모가 야단을 치고, 식탁에 차분하게 앉아서 식사를 잘하거나 부모의 말을 잘 들었을 때 칭찬을 받게 된다. 따라서 아이들은 부모의 칭찬을 받고 야단을 피하기 위한 행동을 하게 된다. 이때 어린아이들은 행동의 이면에 있는 의도 또는 동기의 중요성을 간과한다. 그래서 엄마 몰래 과자를 훔쳐 먹으려다가 접시 한 장을 깬 것보다 엄마를 도와주려다가 접시 열 장을 깬 행동이 더 나쁘다고 생각한다.

2단계는 개인주의 또는 물물교환 단계다. 이 단계에서는 형평성을 중요하게 여긴다. 즉 내가 다른 사람에게 착하게 행동해야 다른 사람도 나에게 착하게 행동할 것이라는 생각을 한다. 따라서 친구에게 친절하게 말하고 잘 대해주면서 동시에 친구의 좋은 반응을 기대하게 된다. 반대로 친구가 나에게 못되게 굴면 나도 못되게 구는 식이다.

1단계와 2단계를 합쳐서 '전 인습적 수준의 도덕 발달'이라고 한다. 그런 다음에 인습적 수준으로 넘어가는데, 여기에는 3단계와 4단계가 있다. '인습적 수준'이란 타인이나 관습 등의 외부 요인에 의해 규정된 도덕성을 내면화한 수준이다.

3단계는 좋은 아이 단계다. '대인 간 기대 단계'라고도 한다. 다른 사람에 대한 배려와 신의가 중요하게 작용한다. 아이들이 부모의 말씀을 잘 듣는 이유를 설명할 때 '부모님의 기대에 어긋나지 않기 위해서' 혹은 '부모님에게 실망을 안겨다 주지 않기 위해서' 등으로 설명한다. 자신의 역할도 중요하게 여기기 때문에 '자식이니까 부모님에게 효도해야 한다.'는 식의 생각을 갖고 있다.

4단계는 법과 질서 단계다. '사회 시스템 도덕 단계'라고도 한다. 사회가 제대로 작동하고 돌아가기 위해서는 무엇보다도 법과 질서가 확립되어야 한다고 생각한다.

마지막으로 후 인습적 수준으로 넘어간다. 도덕성이 완전히 내면화되어 외부 기준이 필요하지 않은 수준이다. 여기에는 5단계와 6단계가 있다.

5단계는 개인의 권리와 사회 계약 단계다. 개인이 법을 지키는 이유는 그것을 통해서 개인의 기본적인 권리를 지킬 수 있기 때문이라고 생각한다. 즉 법을 지킨다는 것 자체가 목적이 아니라, 법을 지킴으로 인해서 개인의 인권을 잘 지킬 수 있다는 것이 더 큰 목적이다. 따라서 특정한 가치, 권리, 원칙 등은 시대와 사회 문화적 배경에 의해서 법을 초월할 수 있고, 때로는 변화도 가능하다고 여긴다.

이 단계에 속한 사람은 세상에는 매우 다양한 의견과 권리와 가치가 있음을 인정하고, 이러한 다양성은 그것이 기본적인 인간의 가치를 지키는 이상 존중되어야 한다고 사고한다. 현실적으로 이 단계는 콜버그의 도덕 발달 단계에서 가장 높은 수준이라고 볼 수 있다.

6단계는 보편적 윤리 원칙 단계다. 도덕 판단의 기준은 법이나 관습이 아니라 양심을 토대로 모든 인간 및 사회에 적용되는 추상적인 원칙에 근거한다. 현실적으로 잘 나타나지 않는 단계로 보고 있으므로 대개 5단계까지만 고려한다.

사춘기 남학생에게서는 5단계의 높은 도덕 발달 수준에서부터 1단계의 낮은 수준으로까지 다양하게 나타난다고 볼 수 있다. 바로 5단계에 해당하는 일부 남학생들이 마치 도덕군자인 것처럼 말과 행동을 한다. 사춘기 이전의 아이들에게서는 도저히 발견할 수 없는 현상이다.

예컨대 사람의 인권을 세상에서 가장 숭고한 가치로 여기는 아이는 TV에서의 뉴스 시간에 테러나 전쟁 장면이 나오면 무척 분개한다. 한 사람의 목숨을 살리기 위해서라면 그 어떤 물질적 손해를 치르더라도 그렇게 선택해야 한다고 말하고, 인간은 작은 소우주라는 표현도 즐겨 한다. 이상주의를 꿈꾸는 소년이라고도 할 수 있다. 또, 최저임금이나 복지 사각지대에 놓인 사람들 이야기가 나오면 몹시 흥분하고 세상을 바꾸어야 한다고 주장한다. 이때 부모가 현실을 인정하라고 조언을 하게 되면, 부모의 생각을 매우 비판한다.

때로는 다른 사람의 권리를 지나치게 중요하게 여겨서 조금이라도 피해를 주는 상황을 못 견디기도 한다. 가령 옆의 누군가가 자신의 기침 동작 때문에 몸을 피하는 것 같은 반응을 보이면, 아이는 "죄송합니다."라는 말과 함께 곧바로 자리를 떠서 멀리 간다. 얼른 보면 매우 예의 바른 아이라고 볼 수 있겠지만, 매사 지나친 예의범절과 공손함, 그리고 이타주의에 젖은 행동을 보이므로 부모는 매우 답답해하곤 한다.

그러나 너무 많이 염려하지는 말라. 아이들은 앞으로도 충분히 변화할 수 있다. 오히려 그렇게까지 숭고한 이타주의를 잘 유지할 수 있게끔 도와주지는 못할망정 방해하지는 말라. 대개 시간이 지나면서 그리고 사회를 더 많이 경험하게 되면서 상호주의가 전혀 없는 일방적 이타주의는 별다른 의미가 없음을 아이 스스로 깨닫게 된다.

어른들 감시하기

흔히 부모들이 자녀를 감독하고 지시한다. 그래서 아이들은 '부모가 우리를 감시한다'는 표현을 쓰기도 한다.

간혹 아이들이 우리 부모, 나아가 어른들을 감시하는 경우가 있다. 아이들이 항상 부모의 일거수일투족을 살펴보고, 부모의 언행을 나름대로 평가하고 있으며, 더 나아가 사회의 모든 구성원, 특히 어른들의 모습을 날카롭게 바라보고 있다. 극단적으로 말하자면, '어른들이 도대체 뭘 잘하고 있는지 보겠다'는 마음가짐이다. 왜 그런 마음을 가질까? 그것은 아이들이 점차 현실에 눈을 떠가기 때문이다. 여태까지 무수하게 들었던 어른들로부터의 말씀이 알고 보면 사실이 아니라는 것을 점차 깨달아나가고 있는 아이들이다.

어른에 대한 믿음은 초등학교 입학하기 전에 무너졌다. 크리스마스이브 때 산타클로스 할아버지가 잠든 사이에 오셔서 양말이나 베개 밑에 선물을 넣고 가는 것이 아니라 사실은 부모가 주는 것이라는 사실을 알게 되었다. 자신이 그만큼 커서 이제 더 이상 속지 않을 것이라는 다짐을 하면서 뿌듯함을 느낄 수 있지만, 다른 한편으로는 세상에는 정말로 산타클로스 할아버지가 계시지 않는다고 생각하니 서글퍼졌을 것이다.

또, 어느 날 하루 양치질을 하지 않고 잤는데, 엄마 말씀대로 벌레가 자라지 않고 보기에 멀쩡한 치아가 눈앞에 보일 때 아이는 '속았다'라고 또 생각한다. 규칙과 예절을 잘 지켜야 착한 아이가 되고, 또 그래야 훌륭한 사람으로 자라난다고 귀에 못이 박이도록 들어왔다.

그런데 어느 날 보니까 아버지는 운전하면서 신호를 지키지 않고, 엄마 역시 줄을 제대로 서지 않고 슬며시 새치기하지 않는가? 길을 가다 보면 어른들이 서로 삿대질을 하고 심한 말들을 주고받는데, 주위 사람들은 그저 구경만 하고 아무도 말리고 있지 않는 이 광경은 또 어떻게 해석해야 할까?

한마디로 우리 사회와 어른들이 아이들에게 모범을 보이지 못하는 상황이 지금도 도처에서 벌어지고 있다. 그러니 아이들은 눈을 크게 뜨고 어른들을 감시한다. 그러한 어른들이 아이들에게 교훈적인 말씀을 들려줄 때 아이들은 과연 고분고분하게 혹은 공손한 마음가짐으로 들을 수 있을까?

한 아이는 다음과 같이 말한다. "우리 아빠는 매일 욕을 하면서 저에게 욕하지 말래요. 너무 이상해요. 아니 아빠는 자신도 지키지 못하는 일을 어떻게 자식에게만 강요해요?"

또 다른 아이의 말이다. "우리 엄마는 저한테 짜증 내면서 말하지 말라고 해요. 그런데 우리 엄마는 정말 짜증이 장난이 아니거든요. 우리 엄마야말로 엄청 짜증 내면서 말해요. 아! 정말 짜증 나요."

어른이 모범을 보이지 못하면서 자녀에게 일방적으로 올바른 행동을 강요하거나 잘못을 지적할 때 아이들은 마음속으로 코웃음을 치면서 다음과 같이 말한다. "흥! 자기나 잘할 것이지.'

이쯤 되면 더 이상의 훈육은 거의 먹혀들지 않는다고 볼 수 있다. 그렇다면 아이와 부모인 나의 눈이 마주칠 때 우리는 어떻게 해야 하겠는가?

이제부터 부모 먼저 아이가 세상을 쳐다보는 눈을 조심하고 두려워하자. 아이는 지금 부모인 나를 평가하고 점수를 매기고 있다. 우리 아이가 어릴 적 그토록 많이 지적하거나 칭찬했던 나의 행동을 이제 거꾸로 아이가 마음속으로 행하고 있다.

중학생 아들이 벌써 이렇게 커서 부모를 지켜보고 있다고 생각한다면, 옷매무새를 챙기고 언행을 조심할 필요가 있다. 부모가 아이에게 트집 잡히지 않고, 나아가 존경과 신뢰마저 얻는다면 아이는 자연스레 부모에게 순종할 것이다.

필자도 중학생 남자아이들을 상담하다가 가끔 듣는 소리가 있다. "선생님, 지금 잠깐 다른 생각하신 것 아니에요? 환자 말에 집중하셔야지요."

이런 말을 들으면 곧바로 사과하지 않을 수 없다. 마음속으로는 큰 잘못을 들킨 듯 부끄럽고 창피하기도 하다. 그것은 내가 어리다고 생각한 아이가 사실 어리지 않은 모습으로 나를 바라보고 있어 더욱 그러하다.

어떻게 보면 성인 환자들이 오히려 너그러울 수도 있다. 그들은 마음속으로 그럴 수 있다고 생각하는 것 같다. '사람이 때로 피곤하기도 하면 잠깐 다른 사람의 말에 집중을 못하고 다른 생각을 할 수도 있겠지.' 라고 상대방을 위한 배려 아닌 배려를 한다. 하지만 아이들은 때로 더 엄격하다. 날카로운 잣대를 들이댄다. 좋게 말하면 때가 묻지 않은 정의로움이요, 굳이 나쁘게 말하면 사회적 융통성이 부족함이다. 그러나 여하튼 아이들은 부모와 어른들을 감시하고 있다. 아이들로부터 잃어버린 신뢰를 다시 회복하기 위한 열쇠는 부모 자신에게 있다.

스포츠에 열광하기

　중학교 3학년 준석(가명)은 손안의 스마트폰으로는 야구를 보고 있고, 책상 위의 컴퓨터로는 유럽 축구를 보고 있다. 그의 책장에는 축구선수 메시와 관련된 책이 꽂혀 있고, 축구 전술에 관한 책도 있다. 얼마 전 야구장에서 좋아하는 선수에게 사인받은 야구공을 신줏단지 모시듯이 책장에 놓아두고 있다.

　공부하다가도 친구에게 축구를 하자는 메시지가 오면 어느 틈에 학교 운동장으로 달려가서 축구를 즐긴다. 평일 등교 시간에는 아침에 잘 일어나지 못해서 엄마와 아이 간에 고성이 오가지만, 토요일 아침 정기적인 친구들과의 축구 경기 때는 누가 시키지 않아도 벌떡 일어나서 운동복으로 갈아입고 콧노래를 부르면서 집 밖으로 향한다. 중학생 아들들은 왜 그렇게 스포츠에 열광하는 것일까?

　그 이유는 앞에서 얘기한 테스토스테론의 영향이 크다. 넘치는 남성호르몬이 아이를 움직이게끔 하는 것이다. 게다가 친구들과의 경쟁과 협력이 자연스레 펼쳐지는 것이 바로 스포츠 아닌가? 스포츠를 하며 아이들은 자연스럽게 사회화 과정을 밟는다고도 할 수 있다. 이 말은, 아이들의 축구 경기 내용을 잘 살펴보면 아마 이해가 갈 것이다.

먼저 공을 제일 잘 차고 기술이 좋은 아이가 리더 격을 맡는다. 그 옆에는 항상 머리가 잘 돌아가고 말을 곧잘 하는 아이가 공동 리더 역할을 한다. 둘이서 다른 친구들의 포지션을 정한다. 너는 좌측 공격을 맡고, 중앙 공격수를 할 것이며, 수비수를 하며, 골키퍼를 맡으라고 지정해 준다.

아이들은 그간의 경험을 통해서 서열이 매겨진 실력을 누구보다도 서로 잘 알기에 별다른 이의를 제기하지 않는다.

어떤 아이는 자신이 그간 연습을 많이 해서 실력이 향상되었기에 더 좋은 포지션을 달라고 요청하기도 한다. 또 어떤 아이는 자신이 열심히 다이어트를 해 살이 많이 빠져서 이제 잘 뛸 수 있으니 2군 후보로도 뛸 수 있게끔 해 달라고 부탁도 한다. 그 결과 리더가 이를 받아들이고 친구들도 아이에게 기회를 준다. 이런 과정이 자연스럽게 일어나고, 아이 자체도 잘 받아들이면 별다른 어려움이 없다.

그러나 우리의 삶에는 늘 평화와 행복만이 있는 것은 아니다. 이는 아이들에게도 똑같이 적용된다. 만일 리더가 아이의 바람을 무시하고 모르는 척한다면? 또는 주변의 친구들이 아이를 전혀 도와주지 않고 오히려 배척하는 자세를 보인다면? 아이의 실망과 좌절은 대단히 클 것이다.

자신이 잘하고 싶은 축구를 실제로 하지 못한다고 생각하면, 아이의 엄청난 심리적 고통을 예상할 수 있다. 실망과 좌절은 곧이어 분노로 발전할 수 있고, 친구들과 다툼이 생겨 친구들에게 더 심하게 왕따당하는 끔찍한 결과로 이어질 수도 있다.

부모는 아이의 스포츠에 대한 열망을 깊이 이해할 필요가 있다. 따라서 이때는 부모가 나서야 한다. 아이의 축구 실력을 향상시키기 위한 연습을 시키고, 필요한 경우 개인 레슨도 받게 해 주면서 끊임없이 친구들과의 축구 교류를 위해 노력해야 한다.

필요하다면 부모가 직접 친구들에게 자녀의 경기 참여를 부탁하는 것도 좋다. 학교 또한 학생들이 골고루 체육 활동에 참여하게끔 독려해야 한다.

개인적인 차원에서뿐만 아니라 사회적 정체성이 확립되어 있지 않은 이 시기에 주변 환경은 매우 중요하게 작용한다. 즉 청소년은 주변 환경이나 자극에 민감하게 반응하기 때문에 긍정적인 발달 과업에 필요한 적절한 환경과 수단을 제공할 필요성이 크다. 여기에서 스포츠가 매우 중요해진다. 중학생 아들은 스포츠 참여를 통해 타인과 집단에 대한 이해를 증진하고, 무엇보다도 소속감을 분명하게 느끼게 된다. 나 혼자가 아닌 축구팀의 일원이라는 사실 자체가 아이에게 안전감과 자부심을 안겨다 주는 것이다. 배려와 협동을 배우게 되는 것은 그런 다음에 일어나는 일이다. 만일 우리 아들이 비행을 일삼고 있다면, 지금 당장 스포츠 활동을 시켜보라. 아이의 내면에 가득 차 있는 공격성이 스포츠 활동을 통해서 발산되고, 친구들과 어울리는 동안에 자연스럽게 자기 조절 능력이 생길 것이다.

실제로 필자가 상담하는 아이 중 많은 경우 "친구와 축구(또는 농구)를 할 때가 제일 좋아요. 무엇인가 확 스트레스가 풀리는 느낌이 들어요."라고 말하곤 한다.

하지만 안타깝게도 중학생이 되는 남학생에게 스포츠 활동의 기회가 많지 않은 것이 현실이다. 수업 후 학교 운동장에서 남아 서로 공을 차고 친해지는 아이들도 있지만, 더 많은 아이가 학원에 가느라고 놀 시간과 운동할 시간이 적어지는 것이다. 혹은 운동장에서 공을 차고 논다고 할지라도 과연 아이들이 원하는 만큼 충분한 시간 동안 노는 아이들이 과연 얼마나 있을까?

중학생과 고등학생을 비교해 볼 때 중학생은 운동이 공부보다 우선순위라고 말하고 싶다. 물론 둘 다 열심히 하면 좋겠지만, 그렇지 못한 상황에서 아들이 운동하겠다고 말할 때 말리지 말자. 지금 공부가 잘 안 되므로 학교 운동장에 가서 공을 차고 오겠다는 아이를 쿨하게 보내는 부모가 되기를 바란다.

리더, 비서,
총무, 추종자

중학생 아들은 어떤 그룹이든 그곳에 휩싸이기 쉽다. 아니 스스로 그룹에 들어가고 싶어 한다. 패거리라는 말이 듣기 거북하다면 그룹 또는 무리라고도 표현할 수 있다. 아들이 속한 집단이 패거리이든 무리든 아이는 학교에서 친구들과 성향이 비슷하다거나 호감이 느껴지거나 취미가 비슷하다는 등 무엇인가 공통점에 의해 무리를 형성한다.

아들은 왜 무리에 들어가려고 할까?

혼자 지내는 것보다는 무리를 지어 지내는 것이 훨씬 더 재미있고, 보다 더 강력한 존재감을 느끼게 하며, 사회적 소속감을 만끽하게도 만들기 때문이다. 때로는 주변 친구들에 의해 비자발적으로 어느 틈엔가 특정 그룹에 들어가 있기도 하다. 여하튼 혼자서 생활하는 것보다는 여러 명이 어울려서 자주 지내는 것이 목격될 것이다. 그러한 무리 내에서 우리 아들의 위치는 어디인가? 무리 내에서 과연 어떠한 역할을 하는가? 그것을 알기 위해서 무리의 권력 구조를 이해할 필요가 있다.

그 구조는 대개 리더와 비서 그리고 총무와 추종자로 구성된다. 비록 아이들이 이러한 호칭으로 서로를 부르지는 않지만, 그들의 마음속에서는 누가 리더인지 누가 총무인지를 잘 느끼고 있다.

리더는 말 그대로 무리를 이끄는 우두머리 역할을 한다. 리더는 자신의 조종과 통제로 다른 아이들을 움직이려고 한다. 똑똑함, 외모, 배짱, 돈, 언변, 운동 능력 등으로 무장하여 자신의 권위를 세우고 유지한다. 다른 학생들에게 잘해주고 보호막 역할도 자처하지만, 자신의 눈 밖에 나는 순간 잔인할 정도로 짓밟기도 한다. 만일 다른 아이들이 내 아이가 원하는 대로 행동하거나, 서로 모여서 이동하는 순간 중심에 놓여 있거나, 학급 내에서 누구에게도 꿀리지 않고 당당하다면, 우리 아들이 리더일 가능성이 높다.

리더는 권력을 얻을 수 있으나, 반면에 친구들과의 올바른 상호존중 경험이 부족하기에 향후 대인관계에서 부정적 영향이 남을 수 있다. 즉 누군가를 지배하려고 할 뿐 잘 융화되거나 스스로 받아들여져야 하는 상황에서 살아남기 힘들 수 있다는 뜻이다.

때론 리더가 리더의 지위를 상실하기도 하는데, 이때 겪는 좌절감도 큰 문제가 될 수 있다. 비서는 대개 리더 다음의 이인자로서 한 명이 될 수도 있고, 두 명이 될 수도 있다. 이는 전적으로 리더의 의중에 달려 있다.

비서인 아이는 자신이 추종하는 리더의 권위를 당연하게 여기는 것과 함께 다른 친구들을 모두 자신의 밑으로 생각한다. 그러면서 한편으로는 리더처럼 되기 위해서 노력하고, 때로는 리더를 향한 질투심이나 열등감을 느끼기도 한다. 비서가 됨으로써 제2인자의 지위를 누리고 어느 정도의 권력과 인기도 얻게 된다. 그러나 자신의 속마음을 숨기거나 자신의 의견을 억제하고 항상 리더의 편에 서서 생각을 하는 등으로 인하여 주체성을 잃을 수도 있다.

만일 아이가 특정한 친구의 이름을 자주 말하면서 그 친구에게 좌지우지되는 것 같거나 부모보다 그 친구에게 더 큰 권위나 중요성을 부여한다거나 자신이 조금 더 잘나거나 강해지기를 바라는 열망을 표현한다면, 우리 아들이 비서일 가능성이 높다.

총무는 말 그대로 실행자로, 리더의 신임을 받는다. 무리의 온갖 잡일을 다 처리하고, 질서를 정리하며, 때로는 리더가 신경 쓰지 않도록 소소한 갈등과 다툼을 중재하기도 한다.

그러나 비서의 지시를 받기도 하고, 때로는 비서와 경쟁 관계에 놓이기도 한다. 비서보다는 권력에 대한 욕구가 덜 강하지만, 무리에 대한 충성심이나 애정은 누구보다도 더 강하다. 자신이 존재하기 때문에 현재의 무리가 잘 굴러간다고 생각하고, 자신이 아닌 다른 친구가 내 자리를 대신할 수 없다고도 여긴다.

그러나 총무는 리더가 아닌 다른 친구들이 심지어 추종자에게도 불평불만을 듣는 자리다. 따라서 한편으로는 스트레스를 많이 받기도 한다.

아이가 무리의 발전이나 화합을 위해서 늘 고민을 하거나, 무리와 관련된 물건이나 일들을 집에 갖고 오거나, 친구들의 전화를 많이 받거나 많이 하는 등의 중간 조정자 역할을 하는 것처럼 보이면, 우리 아들이 총무일 가능성이 높다.

마지막으로 추종자다. 추종자는 무리에 들어가기 위해서 무엇이든지 하려고 한다.

특히 리더의 호감을 얻기 위해서 자신에게 소중한 가치와 생각을 포기할 수도 있다. 무리에서 벗어나면 매우 큰 일이 일어날 것이라는 불길한 예상과 그것으로 인한 끔찍한 결말 때문에 두려움에 떨곤 한다. 아이가 무리에 속해 있다는 소속감을 얻을 수 있지만, 자신의 소망을 억압하고 희생해야 하는 대가를 치를 수 있다.

아이가 자신의 바람보다는 무리 혹은 리더의 바람을 더 소중하게 생각하고 있거나, 취향이나 행동이 수시로 바뀌거나, 다른 아이들을 필사적으로 따라 하려고 하거나, 친구들의 비난을 매우 두려워한다면, 우리 아들이 추종자일 가능성이 높다.

우리 아이가 무리에 속해 있는가? 그렇다면 어떤 위치와 역할을 수행하고 있는가? 혹은 무리에 속해 있지 않은가?

이제부터 두 눈을 크게 뜨고 우리 아들을 잘 살펴보는 것이 좋겠다. 부모가 무리 내에서의 역할 조정이나 변경에 얼마나 많은 영향을 미칠 수 있을지는 모르겠지만, 적어도 우리 아들이 얻고자 하는 것과 잃을 수 있는 것에 대해서 알려주거나 함께 논의하는 것은 대단히 중요하다. 부모의 날카로운 통찰력이 필요한 부분이기도 하다.

야동과 게임 사이

'야한 동영상'의 준말인 야동은 성적(性的)인 내용을 담고 있다. 우리 부모 세대는 어릴 적 소위 '빨간 책'이라는 은어로 여성의 벗은 몸 사진이나 성기 부위를 그대로 노출시킨 만화 등을 보곤 했다. 남학생들은 쉬는 시간에 돌려 보면서 키득대거나 놀라거나 얼굴이 빨개지거나 심지어 신음을 내면서 흥분하는 경우도 있었다. 그래서인지 아버지들은 중2 아들의 음란물 시청을 관대한 입장으로 바라보곤 한다. '나도 그랬는데 남자아이라면 으레 그럴 수 있어!'라고 생각한다.

이 말은 그리 틀린 말이 아니다. 그러나 30년 전의 음란 서적과 현재의 음란물 동영상은 비교가 되지 않을 만큼 내용이 달라졌다. 지금은 방대한 분량으로 아이들을 유혹한다. 종류도 다양하다. 만화에서부터 실제 성행위 동영상까지 한 마디로 푸짐한 메뉴다.

더 문제가 되는 것은 내용의 변태성과 잔혹성이다. 어린아이들이 등장하고, 항문 성교가 나오며, 심지어 동물과도 성행위를 한다. 게다가 여성을 강간하는 것과 같은 장면이나 윤간하는 내용도 있다.

가장 충격적인 것은 근친상간이다. 가족이 어린아이를 유혹해서 성관계를 맺는 내용이 아무렇지도 않게 나온다. 아이들이 이를 현실과 다르게 받아들이기도 하지만, 야동을 많이 보다 보면 어느새 잘못된 성 인식과 태도를 가질 가능성이 매우 커진다.

예컨대 처음에 여성이 저항하지만, 남성의 완력으로 제압한 후 성교를 하면 막상 신음을 내지르고 좋아한다고 받아들일 수 있다. 또한, 모든 여성은 성적으로 열려 있고, 성을 원한다는 식의 인식이다. 실제로 중학교 어린 남학생들이 또래 여학생을 집단으로 강간하는 일이 심심치 않게 발생하고 있는데, 이러한 아이들의 평소 생활을 조사해 보면 대부분이 음란물 동영상을 많이 봤음이 확인된다. 우리 아이가 여기에 해당하지 않기를 바라는 것이 당연한 부모의 마음이지만, 혹시 우리 아이도 그러할 수 있음을 알아야 하는 것도 올바른 부모의 자세다. 따라서 아들의 야동 문제는 결코 가볍게 넘어갈 문제는 아니다.

미국의 심리학자 빅터 클라인(Victor B. Cline)은 음란물에 대한 반응이 다음의 4단계를 따른다고 말했다.

1단계는 호기심으로 보는 단계이고, 2단계는 점점 더 자극적인 것을 찾는 단계이며, 3단계는 음란물을 일반적인 것으로 생각하는 즉, 일상생활에서도 누구나 다 그럴 것이라고 여기는 단계이며, 4단계는 실제로 실행하고자 하는 단계다. 4단계에 이르러서는 성적인 폭력으로 이어져서 결국 성범죄를 저지르는 마지막 행동을 보이는 것이다.

누구나 다 호기심으로 보는 단계를 거칠 수 있다. 그러나 더 자극적인 내용을 찾는 2단계에서 아이 스스로 경각심을 가져서 자제를 하거나 혹은 부모나 교사의 개입으로 음란물 시청을 멈추게 하는 것이 중요하다. 즉 음란물 중독으로 발전하지 않게끔 해 주는 것이다.

이는 게임에서의 경우와도 비슷하다. 처음에는 재미를 느끼기 위해서 시작한 게임이다. 그러나 지금보다 더 좋은 점수를 얻기 위해서 혹은 더 높은 강도의 만족을 얻기 위해 아이가 게임에 몰입하게 된다. 그런 다음에 아이의 일상생활은 오로지 게임 위주로 흘러가게 된다.

게임과 현실을 잘 구분하지 못하여 게임에서의 장면을 실생활에서도 옮겨보고 싶은 충동을 느낄 수 있다. 역시 게임 중독이 된 일부 아이들에게서 나타날 수 있는 현상이다. 이럴 때 부모는 아이에게 어떻게 접근을 해야 할까?

우선, 부모 먼저 성에 대한 부끄러움과 기피증을 없애는 것이 필요하다. 특히 엄마가 그래야 한다. 엄마는 아들과 성에 관한 이야기를 나누기 어려워한다.

아들이 야동을 보고 있을 때 아빠는 슬며시 뒤로 다가서서 뒤통수를 한 대 치고 다소 장난스럽게 접근할 수도 있다. 혹은 나중에 아들의 음란물 시청에 대해서도 보다 더 쉽게 얘기를 꺼낼 수 있다. "아빠도 네 나이 때는 그랬으니까 솔직하게 말해도 돼."라면서 말을 시작하는 것도 자연스럽다.

그러나 일반적으로 아빠보다 아이를 더 많이 접하는 부모가 엄마다. 또, 아이의 음란물 시청을 발견하는 부모 역시 대개 엄마라고 할 수 있다. 엄마는 아이의 음란물 시청에 대해서 자신이 알고 있음을 밝혀야 한다.

이때 아이의 반응을 잘 살펴보자. 부끄러워하거나 대화를 회피하려고 하는 아이가 있는가 하면, 아예 신경질적으로 반응해서 엄마를 밀어내려는 아이도 있다. 이것은 전부 아이 역시 엄마와의 성에 관한 대화를 원하지 않음을 보이는 태도라고 할 수 있다.

이런 반응은 아이 역시 자신의 행동에 문제가 있음을 안다는 뜻이기도 하다. 하지만 엄마는 물러서지 말아야 한다. 음란물을 보는 것이 무조건 나쁜 것은 아니지만, 그것이 정상적인 내용이 아니고 아이의 정신건강에 문제를 일으킬 수 있음을 차분하게 설명해야 한다.

위의 반응 단계에서 보듯이 청소년들이 음란물을 자꾸 접하다 보면 왜곡된 성 의식을 갖는 것은 물론 최악의 경우 어린 나이에 이성과 성행위를 하거나 죄의식 없이 성범죄를 저지르기까지 한다는 사실을 일러주는 것이다. 이때 야단치는 느낌을 덜 주면서 접근하는 것이 중요하다.

예를 들어 "엄마는 지금 너를 야단치려는 것이 아니라 가르치려는 것이야."라는 말을 해 준다. 혹은 "성과 관련된 문제는 어른이 되어가는 과정 중에 꼭 거치게 되어 있어. 그런데 자칫 잘못해서 음란물에 너무 빠지게 되면 여러 가지 문제들이 생겨나니까 엄마가 이렇게 자세하게 설명해 주는 것이야."라는 말도 필요하다. 즉 음란물 시청 자체에 대해서 크게 야단치는 것이 아니라 음란물 시청이 가져다줄 수 있는 위험성에 대해서 주의를 준다는 점을 더 강조하는 셈이다.

그리고 나중에 아빠에게 말해서 아빠가 아이를 따로 불러서 얘기하게끔 하는 것이 아니라 아이에게 미리 알려준다. 즉 엄마는 이것이 중요한 문제이기 때문에 아빠와 네가 함께 얘기하는 시간을 가질 것을 말해준다.

'아빠에게 말할 테니까 너 이제부터 각오해!'라는 의미가 아니다. 같은 남성끼리 서로 얘기를 주고받는 것도 분명히 필요해 보이기 때문이라는 점을 설명한다.

실제로 아빠가 아이와의 대화에서 자신의 사춘기적 경험을 들어가면서 얘기하는 것이 좋다. 아이의 죄책감을 덜어주는 효과와 함께 자신도 아빠처럼 잘 해결할 수 있음을 알려주는 효과도 매우 크다. '이제 호기심을 해결했으니 더 이상 빠져들지 않는 것이 좋겠다. 성적인 행동은 어른이 되어서야 가능하니까 정 참기 어려우면 자위를 하거나 혹은 운동을 해서 치솟는 성욕을 해결하자.'라는 말을 아빠가 해 주는 것이 좋다. 이때 엄마도 함께 들으면 더욱 좋다. 가족이 아이의 성 문제를 위해서 전체 회의를 열고, 올바른 해결방법을 모색하는 자리라고 보면 된다.

어떤 엄마는 아예 음란물 시청을 원천적으로 차단하기 위해서 노심초사 아이를 감시하고, 컴퓨터를 뒤져서 삭제하곤 한다. 자칫 잘못하면 아이의 행동을 더욱더 음성적으로 만들 수 있으니 주의가 필요하다. 비록 쑥스럽고 어색하고 당황스럽게 느껴진다고 할지라도 아이와의 솔직한 대화를 나누고, 이때 서로 터놓고 얘기할 수 있는 분위기를 만들어 나가는 노력이 제일 중요하다.

예컨대 엄마는 "야동 영상들을 다운로드받은 다음에 컴퓨터 속도가 느려진 적은 없어? 아무래도 용량도 많이 차지하고 바이러스 감염 위험도 있을 텐데."라는 말로 아이에게 질문을 던질 수 있다. 또한 "수많은 야동 영상들이 있는 것을 보니까 OO 말고도 정말 많은 사람들이 보는 것 같다. 네 친구들도 보는 것 같아?"라는 말로 아이에게 죄책감을 조금 덜어주면서 보다 더 편안하게 질문과 대답을 이어나가는 것이 좋다.

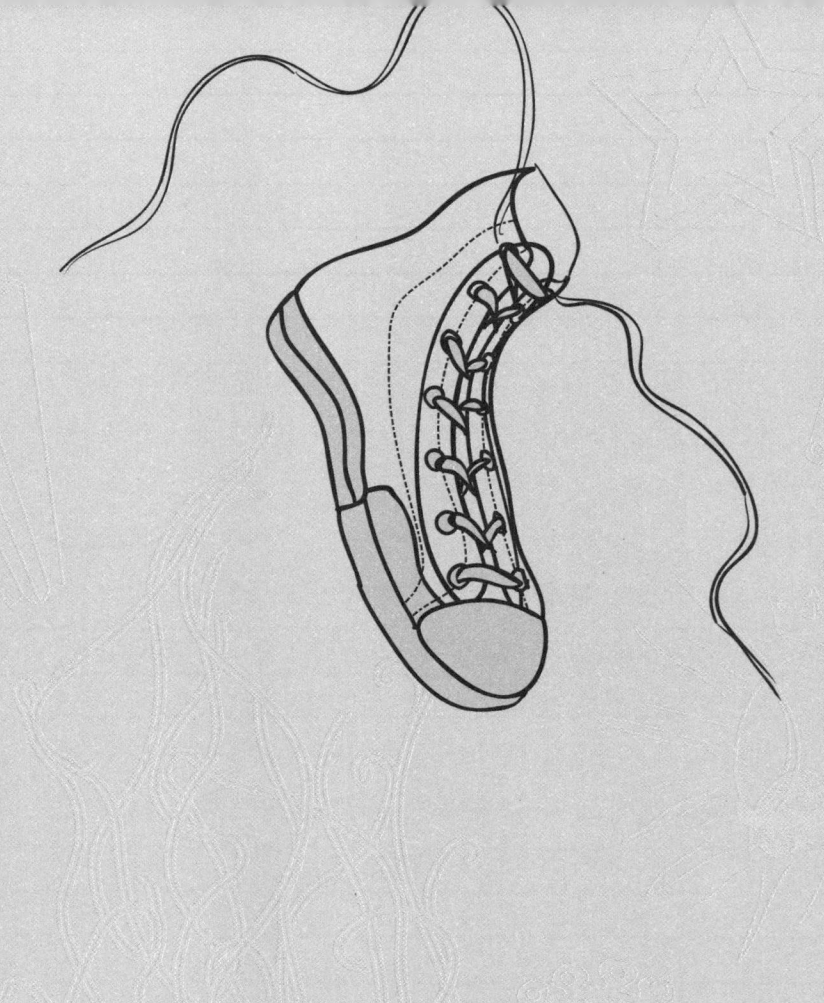

아들의 고민

"말할 수 없는 비밀이 있다고요"

공부 스트레스

　소아청소년 정신과 의사로 18년째 일하고 있는 필자로서는 시간이 가면 갈수록 진료 경험이 많아지면 많아질수록 분명하게 느끼는 점이 있다. 공부 스트레스가 아이들의 마음을 짓누르고 있다는 것이다.

　공부 스트레스는 비단 어제오늘의 일이 아니다. 기성세대인 우리 부모들도 청소년 시기에는 분명히 공부 스트레스를 받았고, 지금의 20대와 30대 젊은이들도 불과 몇 년 전까지 그러한 경험을 했을 것이다. 심지어 노년층 역시 공부 스트레스를 받았을 수 있다.

　어릴 적 부모로부터 "공부 열심히 해라.", "커서 뭐가 되려고 그렇게 공부를 게을리하느냐?", "제발 OO의 반만이라도 공부를 해봐라." 등의 얘기를 한두 번 듣지 않고 자란 사람들이 있었을까 싶다.

　공부라는 것은 시기적으로 자라나는 아이들의 발달 과제요, 학창 시절의 중요한 책무이기 때문에 어느 정도의 스트레스로 작용할 개연성은 클 수밖에 없다. 그러나 문제는 과연 그 '어느 정도'가 어떠한 기준과 정말 어느 정도를 말하는가에 대해서는 쉽게 말하기 어렵다. 가장 중요한 이유는 그 기준이라는 것이 매우 주관적이라는 점에 있다. 즉 부모의 생각에는 아이가 그리 공부를 많이 하는 것 같지 않고(이는 다시 말해서 부모인 내가 아이에게 그리 많은 공부를 시키는 것 같지 않고), 공부에 관한 잔소리나 강요를 별로 하지 않는다고 여기지만, 정작 아이의 입장에서는 자신의 바람과는 다르게 너무 많은 공부에 시달리고 있거나 혹은 부모가 늘 공부 얘기만 한다고 여긴다는 사실이다. 필자는 이와 같은 부모와 자녀 간의 인식 차이를 무척 자주 경험한다.

다음은 중1 아들 민수(가명)와 나눈 대화 내용이다.
"네가 스트레스를 받는 내용을 말해줄래?"
"공부요."
"공부?"
"네. 저는 공부 때문에 스트레스를 정말 많이 받아요. 무슨 내용인지도 모르겠고 재미도 없는데, 부모님은 무조건 공부를 열심히 하라고만 하세요."
"아! 그렇구나! 무슨 과목이 특히 어렵지?"
"체육 빼고 다 싫어요. 특히 수학과 영어가 어렵고요. 그나마 사회는 좀 괜찮아요."
"학원도 다니니?"
"그렇죠. 학원을 왜 다니는지 모르겠어요. 학원 숙제도 잘하지 않는

데 그래도 부모님은 꼭 다녀야 한다고 하세요. 그 시간에라도 공부하라고요. 그러면 뭐해요? 학교에서는 공부 하나도 안 하고 멍하니 앉아만 있는데요."

"차라리 학원을 그만 다니고 학교에서 더 열심히 공부하면 어떨까? 수업 시간에 집중해서 듣고, 배운 내용을 복습하면 좋을 것 같은데."

"우리 엄마한테는 안 통해요. 참! 선생님이 좀 말해 주세요."

이번에는 아이 엄마아빠와도 대화를 이어 나갔다.

"민수가 그렇게 말해요? 자기가 공부 때문에 스트레스를 많이 받는다고요? 웃기지도 않네요. 공부를 실제로 해야 스트레스를 받는 것 아닌가요? 공부를 거의 하지 않는 아이가 무슨 스트레스를 받는지 도무지 이해가 가지 않네요. 학원 숙제도 가끔 빼먹는 적도 있어요."

"저도 옆에서 아이와 엄마를 지켜보잖아요. 그런데 정말 두 눈 뜨고 보기 힘들 정도예요. 제가 봐도 아이가 공부를 열심히 하지 않는데, 엄마가 공부의 '공'자만 꺼내도 아이가 신경질적으로 반응해요. 굳이 학원에 다닐 필요가 있나 싶어요. 그렇다고 공부를 벌써 포기하기에는 이른 나이이고요."

아이는 아이 대로 부모는 부모 대로 공부 때문에 서로 스트레스를 받고 있음을 알 수 있다. 게다가 부모는 아이를 불신하고 있다. 아이 역시 부모의 사랑을 의심하고 있다. 민수는 학교에 가기 싫어하고, 폭식하며, 부모와의 대화를 꺼리는 모습을 보인다. 이러한 모습을 보이고 있음에 있어서 공부 스트레스가 중요한 이유로 작용하고 있다.

민수는 학교를 공부하는 곳으로 인식하고 있다. 얼핏 들으면 맞는 말이지만, 학교는 공부 외에도 친구들을 만나고, 교사들과도 교류하며, 단체 생활을 경험하며, 사회적 규범을 준수하는 등의 다양한 의미를 지닌 곳이다. 민수는 학원과 학교를 동일한 장소로 여긴다. 학원을 가기 싫듯이 학교에 가기 싫어하고, 학원에서 억지로 자리에 앉아 있듯이 학교에서도 마찬가지 모습을 보인다.

부모는 민수의 현재 모습을 일단 인정하는 것이 필요하다. '학생이 어떻게 학교를 싫어하고 공부를 하지 않으려고 하는가?'의 당위론적 접근으로는 결코 문제를 해결하지 못한다.

민수는 공부에 대한 혐오감과 두려움을 극복할 필요가 있다. 공부라는 것이 도무지 이해가 되지 않고, 부모님으로부터 야단을 맞는 대상이며, 하기 싫은데 억지로 해야 한다는 느낌에서 벗어나는 것이 시급하다. 그렇다면 과연 부모는 어떻게 해야 하는가? 역설적으로 공부의 '공'자 얘기도 꺼내지 않아야 한다. 과감한 변화를 보이자. 공부를 열심히 하는 것이 더 중요하겠는가 아니면 학교를 잘 다니는 것이 더 중요하겠는가?

그놈의 공부 때문에 학교를 다니기 싫어하는 마음이 들 정도라면 공부에 대한 심적 부담감을 과감하게 줄여주는 것이 좋다. 그렇게 되면 혹시 아이가 공부를 한 글자도 안 하게 되어 아예 공부와는 담을 쌓게 되지나 않을까 걱정스러울 것이다. 그러나 그러한 경우는 일어나지 않을 것이다. 아이는 학교를 즐거운 마음으로 다니게 되면서 점차 공부에 흥미를 보일 것이다. 왜냐하면, 학교에서 주로 하는 일이 공부를 가르치고 익히는 것이기 때문이다. 아이는 자연스레 학교에서의 본연의 임무를 인식하게 되고, 친구들의 영향을 받을 것이며, 공부에 대한 호기심이 들 수 있으며, 적어도 시험이 다가올 때 다른 친구들과 마찬가지로 계획을 세우고 공부에 임할 것이다. 물론 좋은 결과를 기대하기 어려울 수 있다.

그러나 공부 혐오증이나 공포증에 빠진 아이에게는 좋은 성적을 기대하는 것은 당연히 무리일 테고 그저 무난하게 공부를 해나가는 능력, 즉 주어진 자신의 학년을 잘 이수하는 것이 현실적인 목표라고 할 수 있다.

공부를 별로 하지 않는 혹은 잘 못 하는 아이들만 공부 스트레스를 받는가? 절대 그렇지 않다. 공부를 무척 잘하는 아이 역시 공부 스트레스를 곧잘 받곤 한다. 이러한 아이는 성적에 대한 강박적 집착이 원인적 요인으로 작용한다. 성적이 좋은 아이는 떨어질까 걱정하게 되고, 목표가 높은 아이는 성적을 더 끌어올리기 위해서 전전긍긍한다. 그러다 보니 생각한 만큼 공부가 잘 되지 않는다. 마음을 다잡고 다시 열심히 하는 과정을 밟는다.

그러나 마음속의 불안이 아이를 덮치고, 급기야 공부를 이제 더 이상 하지 못하겠다는 식의 극단적 사고에 빠지게 된다. '원하는 만큼 성적을 끌어올리지 못할 것 같으니까 이제 나의 인생은 끝이다.'는 식의 비관론자가 되는 것이다.

영수(가명)는 중학교 입학 후 첫 중간고사에서 전교 1등이라는 영광을 거머쥐었다. 그러나 그것이 그의 불행의 시초가 될 것이라고는 아무도 예상하지 못했다. 기말고사에서 전교 3등으로 떨어지더니, 2학기 시험에서는 전교 10등 밖에 머물게 되었다. 운이 좋아서 첫 시험에 잘 본 것이라고 비아냥거리는 소리가 들리기 시작했다. 영수는 무척 괴로워했다. 전교 1등이라는 소식을 부모에게 알렸던 순간의 기쁨도 그리 오래가지는 않았다. 영수에게는 그저 무척 먼 과거의 일처럼 느껴졌다.

　중학교 2학년이 되어서 아이는 현재 학교를 잘 다니지 않고 있다. 아이는 전학을 하고 싶다고 했다. 자신을 기억하지 못하는 아이들 앞에서 새롭게 시작하고 싶다고도 말했다. 아이는 자신의 성적 저하를 현실로 받아들이고, 그러한 현실에 보다 더 분발해서 열심히 노력할 수 있었을 것이다. 그러나 아이는 성적의 저하를 엄청난 재앙으로 받아들였고, 다시 최고로 돌아가야 한다는 강한 강박관념에 시달린 나머지 오히려 공부 자체에 집중하지 못했고, 공부를 무척 큰 난관으로 인식한 것이었다.

　이럴 땐 '내가 할 수 있는 만큼 공부를 열심히 하되 결과는 나중에 생각하자. 혹시 결과가 좋지 않더라도 다음에 잘 해보자는 마음가짐을 갖는 것이 무척 중요해.'라는 말을 아이에게 들려주자.

학교폭력

학교폭력은 비단 어제오늘만의 문제는 아니다. 인간이 사는 이 세상 어딘가에 늘 폭력이 존재해 왔듯이 이 순간에도 지구 어느 곳에서 전쟁이 일어나고 있듯이 학교라는 공간에서도 폭력은 늘 있었다.

그런데 문제는 그러한 학교 폭력이 점차 낮은 연령에서도 일어나고, 갈수록 흉포해지며, 집단으로 일어난다는 것이다. 특히 새로운 세기인 2000년대 이후 이러한 현상이 가속화되어 왔는데, 이는 대한민국 사회의 경쟁적 분위기와 사회적 계층 간의 갈등, 성과주의와 결과를 중요하게 여기는 풍토, 빈부 격차의 확대, 불안정한 가정의 증가 등과 무관하지 않다.

사실 정부와 교육 당국이 학교폭력 문제에 대해 손을 놓기만 한 것은 아니었다.

정부는 2008년 학교폭력 예방 및 대처에 관한 법률을 제정하여 피해 학생을 보호하고, 가해 학생을 선도 및 교육하는 데 주력해 왔다.

특히 2011년 대구의 한 중학생이 학교폭력을 견디지 못해서 자살했던 사건 이후 학교 현장에서는 학교폭력 전담 경찰관이 드나들고, 전문 상담교사도 배치되었으며, CCTV가 설치되는 등 예방적 활동도 강화되었다. 현재 학교폭력이 예전보다는 많이 감소되었다고는 하지만, 아직 근본적이고도 획기적인 개선이 이루어졌다고 보기는 어렵다.

전국의 초등학교 4학년부터 고등학교 2학년까지 5530명을 대상으로 2012년 학교폭력 실태를 조사한 청소년폭력예방재단(2013)에 의하면, 2012년 학교폭력 가해율과 피해율은 각각 12.6%와 12.0%였다. 얼른 판단해도 아직 10명 중 한 명 이상의 학생이 학교폭력의 직접적인 당사자라고 볼 수 있다.

방관자 대목에서는 더욱 놀랍다. 학교폭력을 목격하고서도 방관하는 비율은 무려 44.5%였다. 즉 거의 절반에 가까운 학생들이 학교폭력을 간접적으로 경험하고 있다는 뜻이기도 하다. 폭력 피해의 유형으로는 욕설 또는 모욕적인 말을 듣거나 말로 협박이나 위협을 당하는 언어적 폭력이 41.2%로 가장 높았다.

3년 후인 2015년 전국 학교폭력 실태조사의 결과는 흥미롭다. 초등학교 3학년부터 고등학교 2학년에 재학 중인 6489명의 학생을 대상으로 조사한 청소년폭력예방재단(2016)에 의하면, 학교폭력 피해 학생은 줄어든 반면 사이버폭력은 3배 가량 늘어난 것으로 나타났다. '사이버 폭력을 당했다'라고 응답한 학생 비율이 2012년 4.5%에서 2015년 10.8%로 2배 이상 증가한 것이었다. 이 조사는 오프라인에서의 직접적인 신체적 또는 언어적 폭력도 큰 문제이지만, 사이버상에서 벌어지는 온라인 폭력이 점차 심각해짐을 알 수 있다.

한편, 학생들이 가장 심각하다고 생각하는 학교폭력 1순위로 '신체폭력'이 27.0%, 2순위로 '집단따돌림'이 20.3%로 나타났다. 또한, 학교폭력 피해 후 고통 정도('매우 고통스러웠다'와 '고통스러웠다'로 응답한 비율)가 2012년에 49.3%로 나타난 것에 비해 2015년은 65%로 상승하여 피해 청소년들의 심리적 고통은 더욱 심해진 것으로 밝혀졌다.

학교폭력 피해 이후 가해 학생에게 복수하고 싶은 충동을 느낀 적이 있는지에 대한 질문에 2012년 70.7%, 2015년 71.4%가 있었다고 응답했다. 즉, 피해 학생 10명 중 7명은 모욕감, 분노, 억울함, 증오 등의 부정적 감정 경험을 공격적 대응방법으로 표현하고자 하는 보복 심리가 있음을 뜻한다.

더욱 심각한 것은 학교폭력을 경험한 학생 중 40.7%가 폭력의 고통으로 인해 자살을 생각해 본 적이 있고, 12.3%는 학교폭력 피해 때문에 자살을 시도해 본 적이 있는 것으로 응답했다.

그렇다면 가해 학생들은 왜 친구들을 괴롭히는 것일까?

학교폭력 피해를 준 이유로 '장난' (24.3%)이 2012년에 이어 여전히 1순위로 조사되었다. 이는 가해 학생들이 단순한 장난과 학교폭력을 제대로 구별하지 못하는 것이기도 하지만, 무엇보다도 피해 학생들의 고통을 공감하거나 배려하지 못하는 인성 부족의 원인이 더 크다고 할 수 있다. '장난' 다음으로는 '오해와 갈등'(15%), '상대방 학생이 잘 못해서'(13.6%) 등의 순으로 학교폭력 가해 이유라 응답했는데, 이는 의사소통 과정에서 서로 원활하게 갈등과 반목을 조정하지 못하기 때문이라고 할 수 있다.

학교폭력으로 인한 사례를 들어보자.

영수(가명)는 중학교 2학년 남학생으로 머리가 아프고 일시적인 기억상실 증상을 호소하며 필자의 병원에 찾아왔다. 특히 내원 전날 학교에서 갑자기 머리가 '띵'하고 아프더니 불빛 같은 것이 번쩍거렸다고 한다.

마침 교무실로 가려고 복도를 걷는 중이었는데, 순간적으로 교무실이 어딘지 몰라서 지나가는 경비 아저씨에게 교무실이 어디냐고 질문하였다고 한다. 아저씨가 이상하게 보는 눈치였으나 방향을 가르쳐 줘서 교무실로 간 아이는 그곳에 계셨던 선생님에게 상담실이 어디냐고 질문했다. 선생님이 의아하게 여기면서 "네가 자주 가던 상담실을 왜 모르느냐"고 하시더니 아이의 이름을 물어보았다고 한다.

순간, 아이는 자신의 이름이 얼른 떠오르지 않아서 가슴에 달린 명찰을 보고 대답했고, 그러자 선생님은 다시 아이의 아버지 이름을 물어보셨다. 아이는 한참을 생각한 후에 겨우 아버지 이름을 대답하였다.

이후로도 선생님은 주소, 나이 등을 물어보았는데, 아이는 주소를 기억해 내지 못했다고 한다. 이러한 상태가 한 시간 정도 지속되었다고 한다. 마침 그 날은 수련회에 참석했던 친구들이 돌아오는 날이었고, 아이는 자신을 괴롭혔던 아이들을 피해 학교에 남아서 수업을 받고 있었던 중이었다. 내일이면 그 무서운 아이들을 다시 만날 것이라는 생각과 '이제 어떡하지' 하는 걱정이 강력한 스트레스 인자로 작용하여 아이를 일시적인 해리성 기억상실(dissociative amnesia) 상태로 빠뜨렸다.

그간 아이는 2학년이 되어서 8명의 같은 반 친구들에게 돌아가면서 폭행을 당해 왔다고 한다. 부모님께 말씀드려서 선생님을 통해 그 아이들에게 주의를 주었지만, 소용이 없었다고 한다. 오히려 "마마보이"라는 별명만 얻었고, 선생님의 가벼운 주의도 아이에게는 배신처럼 느껴졌다고 한다. 아침에 눈을 떠서 학교 갈 생각만 하면, 기분이 암울해지고 걱정이 되었다고 한다. 학교 수업 중에 그 아이들이 머리를 툭툭 치거나 볼펜으로 쿡쿡 찌르는 장난을 할 때는 5층 학교 옥상에 올라가서 뛰어내리고 싶다는 자살 충동도 여러 번 느꼈다. 밥맛이 떨어지고 잠도 잘 오지 않았다고 한다. 잦은 두통과 오심(메스꺼움), 구토도 아이를 괴롭혔다.

아이들의 폭행은 주로 점심시간에 이루어져서 구토한 적도 여러 번 있었다고 한다. 아이들이 때리는 이유는 '건방져 보인다', '재수 없다' 등이었고, 주로 상처가 나지 않게끔 배, 등, 엉덩이를 때렸다고 한다. 아이는 면담 중에 심한 무기력감을 호소했다. 아무리 애를 써도 이 상황이 나아지지 않을 것이고, 누구도 자신을 도와주지 못할 것이라는 생각을 하고 있었다. 아이는 우울증의 임상적 진단 하에 주 1회의 정신과 상담치료 및 약물치료를 받았고, 부모님과 상의한 끝에 결국 전학 갔다. 그곳에서는 아이들의 폭행이 없었고, 얼마간의 치료를 더 받은 후에 종결되었다.

학교 폭력으로 인해서 야기될 수 있는 정신과적 장애로는 급성스트레스장애, 외상 후 스트레스 장애(Post-Traumatic Stress Disorder, PTSD), 적응장애, 우울증(우울장애), 불안장애 등 매우 다양하다. 학교 폭력의 피해 학생들은 수치심과 당혹감, 다시 피해를 입을 것에 대한 두려움으로 인하여 피해 사실을 공개하기 싫어하고, 시간이 지나면서 점차 자신이 당할만하다고 자연스럽게 생각하는 경향이 있다. 그 결과 자신감의 저하, 자아존중감의 결여를 보이면서 자신을 무능하고 쓸모없는 존재로 간주하게 된다.

결국, 이러한 정신적 고통과 어려움으로 인하여 친한 친구가 더욱 적어지게 되어서 보호 역할을 해 주는 방어막도 사라질뿐더러 주의집중력 감소로 인한 학업성취의 저하도 보이면서 급기야 등교를 거부하는 상태에 이르게 되기 쉽다.

이 과정에서 잦은 신체화 증상(어지러움, 구토, 사지 통증이나 마비, 두통, 과호흡, 만성 피로감, 히스테리 등)을 호소하여 내과 의사를 찾기도 한다. 이러한 상태가 수 주 또는 수개월 간 지속되면 적응장애, 불안장애, 우울장애, 전환장애, 만성적인 외상후스트레스장애로 발전되어서 정신과에서 치료받는 것이다.

이들 피해자는 성장한 다음에도 불안, 우울, 외로움에 대한 취약성이 높아지고, 직장 동료와의 관계에서 어려움을 가질 수도 있고, 알코올 문제나 가족 폭력의 문제를 갖게 되기도 한다. 학교폭력 피해 학생의 적응 문제를 돕는 유용한 관점 중의 하나는 당면한 스트레스를 어떻게 다루느냐 하는 것이다. 스트레스로 인한 부정적 충격을 완화시켜 주는 데 있어서 성인은 성격의 영향을 많이 받는데 비해서 소아 청소년의 경우는 지각된 가족환경이나 사회적 지지가 더 많은 작용을 한다. 그러므로 가족, 학교, 또래 내에서의 공감과 인정, 그리고 권위적이지 않으면서 전문적인 치료자의 지지적인 접근이 효과적이다.

이때 부모는 아이를 다그치거나 비난하는 말과 행동을 보이지 않으면서 아이를 도와주려고 한다는 태도를 갖추는 것이 중요하다. 예컨대 "네가 도대체 어떻게 했기에 친구들이 너를 그렇게까지 괴롭혔지?" 내지는 "그렇게 바보처럼 당하고만 있었다니, 너도 참 문제다." 등의 말은 절대로 금물이다. 가뜩이나 학교폭력으로 인해 괴로워하는 아이가 부모마저 자신을 이해해주지 않는다고 느낀다면 절망의 늪으로 빠져들 수밖에 없다. "이제 엄마(또는 아빠)가 상황을 알았으니 안심해. 너를 도와줄 것이고 앞으로 이러한 일이 생기게 하지 않을 것이야. 그동안 정말 많이 힘들었지?"라고 말하면서 아이의 어깨를 두드리고 몸을 따뜻하게 안아주는 부모의 언행이 아이의 아픈 마음을 낫게 해 줄 수 있다.

부모와의 관계

　우리나라는 효를 대단히 중요시한다. 유교적 충효 사상이 우리의 의식 속에 뿌리 깊게 박혀 있기 때문일 것이다. 하지만 요즘은 매스컴에서 심심찮게 보도되는 노인 학대 사건, 병들고 늙은 부모님을 자식들이 버렸다는 얘기들이 들려온다.

　필자가 자랄 때만 해도 아버지의 권위는 절대적이었다. 한 가정에서 왕과 같은 존재였다. 아빠가 수저를 들기 전에는 먼저 식사하지도 않았고, 아빠가 혼내면 쥐 죽은 듯이 있으며 듣곤 했다. 그러면 우리는 아버지를 존경했던 것일까? 지금 생각해 보면 존경심과 반발심이 섞여 있었던 것 같다. 아버지가 우리를 위해서 일을 하고 돈을 버신다는 사실에 존경심을 가졌고, 아버지는 왜 자신의 방식만 고집할까 하는 생각에 반발심도 있었다. 그래서 아버지 몰래 다른 짓을 했던 것 같다. 혹시 아버지를 미워하지는 않았을까?

　아이들과 얘기를 하다 보면 '우리 부모님이 싫다'는 말을 자주 듣는

다. 맨날 잔소리와 꾸중만 늘어놓고, 무조건 부모님 의견을 따르라는 식으로 얘기해서 싫다는 것이다.

어떤 아이들은 우리 부모님이 빨리 돌아가셨으면 하는 바람도 갖고 있다. 매일매일 부모님과 부딪혀서 사는 것이 지긋지긋하니까 내가 죽든지 부모님이 죽든지 둘 중 하나가 낫다는 논리다. 그리고는 그런 생각을 한 아이들은 무척이나 괴로워한다. '부모님이 죽었으면 좋겠다.'라는 생각을 품었으니 죄책감이 드는 것은 당연하다.

그런데 이렇게 문제가 있는 가정이 아닌 평범한 집안의 아이들도 내게 말한다.

"부모님이 미울 때가 많아요."

"내가 아빠 엄마의 아들인 것이 싫어요."

왜 이러한 생각들을 하는 것일까?

아이들은 자신의 모습 중에서 마음에 안 드는 부분이 있게 마련이다.

예를 들어 지나치게 꼼꼼하고 매사에 불안하여 무엇이든지 자꾸 확인하려고 하는 강박적 성격의 아이가 있다고 치자. 그 아이는 그것 때문에 성적도 오르지 않고 매일의 생활이 힘들다고 느끼는데, 어느 날 문득 엄마의 모습을 보니까 자신과 너무 똑같다는 것이다. 그것은 아이에게는 치명적 상처다.

'아! 내가 이럴 수밖에 없구나. 내가 엄마의 아들이니까 닮을 수밖에 없지.'

아이는 유독 다른 형제자매들보다 엄마를 더 닮은 자신을 미워하고, 아울러 엄마도 미워하기 시작한다. 형은 그냥 아무렇지도 않게 여기고 넘어가는 엄마의 행동에 아이는 짜증을 낸다.

 자신의 외모 중 한 부분이 불만인 어떤 아이는 그것이 아빠를 닮아서 그렇다고 불평한다. 그 아이는 아빠가 너무 싫다. 아빠는 왜 그렇게 생겨서 내가 요 모양 요 꼴이지? 정말 슬픈 일이다. 자식이란 부모의 좋은 점뿐만 아니라 부족한 점도 닮게 마련인데 아이들은 때로 그것을 잘 받아들이지 못하는 것 같다.

 아이들은 자신의 미래를 생각하며 이제 앞으로는 자기 스스로 인생을 개척하고 행복을 찾기를 꿈꾼다. 그런데 나의 의지와는 상관없이 부모님을 닮아서 내가 못났다고 생각하면 아이들은 참 인정하기 힘들다. '미운 오리 새끼'의 경우에는 더 그렇다. 형과 누나들은 다 공부 잘하고 인물도 잘났는데 왜 나만 공부도 못 하고 얼굴도 이 모양일까. 이런 고민하는 아이들이 아주 많다. 부모가 그저 원망스러울 뿐이다. 혹시 우리 아이 중 누군가가 자신이 미운 오리 새끼라고 생각하고 끙끙 앓고 있지는 않을까?

 부모가 자신의 부족한 면을 아이가 닮았다고 느끼면 더욱 각별하게 아이를 배려해 주고, 아이 앞에서는 그러한 모습을 보이지 않는 것이 좋다. 부모가 고치려고 노력하면 더 좋다. 외모야 어떻게 안 되겠지만 적어도 성격적인 면에서는 부모가 바꾸려고 노력하면 그리고 마침내 바꾼다면 아이에게 커다란 희망과 기쁨을 줄 수 있다. 그 아이는 '나도 달라질 수 있구나' 라고 생각하고 희망을 가질 것이다.

 다음은 상담 중 나누었던 대화 내용이다.

 "엄마하고 아이 사이는 어때요?"

 "견원지간이죠. 야! 네가 말해 봐"

 "맞아요. 안 좋아요"

 "그럼 아빠와는 어때요?"

 "아빠는 얘를 때려도 보고 달래기도 했지만, 지금은 거의 포기했어요. 얘는 부모 알기를 우습게 알 뿐 아니라 무슨 말이라도 할라치면 미움에 가득 찬 눈으로 부모를 노려보는 것 같아요. 선생님, 자식이 부모를 미워할 수 있나요?"

 의외로 많이 접하게 되는 임상적 장면이다.

 이런 경우 필자는 반드시 부모의 어린 시절 얘기를 듣는다. 즉 부모가 어린 시절 자신의 부모와 맺었던 관계에 대해서 회상하게 하는 것이다.

 "우리 부모님은 내가 말한 것들을 기억하지 못해요. 커서 언젠가 한 번 어머니에게 그때 나를 왜 그렇게 야단쳤냐고 하니까 어머니는 내가 언제 그랬냐고 그러시더라고요."

 부모가 어린 시절 자신의 부모로부터 받았던 마음의 상처. 그것은 당사자인 그의 부모님도 기억하지 못하는 어쩌면 매우 사소했던 일들이다. 그러나 그러한 상처의 경험에는 언제나 공통적인 점이 있다. 부모가 감정적으로 매우 흥분해서 자신을 심하게 야단치고 몰아붙였다는 것이다. 그것은 내가 저지른 잘못을 넘어서서 부모 자신의 감정적 문제를 나에게 풀었기 때문이다.

이제야 부모들은 우리 아이한테도 내가 지나치게 감정적으로 대한 것은 아니었을까 생각하기 시작한다.

놀랍게도 부모는 자신의 어릴 적 부모와의 관계가 지금 현재 자신과 아이와의 관계에 매우 큰 영향을 미치고 있고, 또 상당히 비슷하다는 것을 깨닫는다.

'아이와 내 관계는 이 아이가 어른이 되어서 부모가 된 후 다시 아이와의 관계에 그대로 전달되겠구나. 그러면 우리 대에 좋지 않은 것은 끝내고 빨리 좋아져야겠구나.'

이쯤 되면 치료는 반쯤 성공한 셈이다. 아이와 부모 사이에 형성되었던 미움의 기류가 서서히 사랑과 이해의 기류로 바뀌게 되고, 이는 부모 쪽에서 먼저 손을 벌리고 아이를 끌어안은 결과다.

아이는 상담 시간에 "우리 엄마가 변했어요."라고 말한다. 그러나 이것이 결코 끝이 아니다. 다음 상담 시간에 와서 하는 얘기다.

"우리 엄마 예전과 똑같아졌어요. 한 달 정도 변했다 싶으니 다시 소리 지르고 신경질 내고 막 그래요. 내 그럴 줄 알았어요."

"도저히 못 참겠어요. 오냐오냐하고 받아 주었더니 아이가 제 맘대로 행동하고 더 자기중심적으로 되어 가는 것 같아요. 선생님, 그래도 제가 참아야 하나요?"

이것은 언제나 찾아오는 위기 상황이다. 이럴 때 필자는 아이와 부모에게 이렇게 말한다.

"여태까지 한 달이나 전과 다르게 지냈잖아요. 참 오래 갔네요. 서로 익숙하지 않으니까 다시 예전처럼 돌아간 것이거든요. 새로운 운동 배울 때 동작이 익숙하지 않으니까 자꾸 실수하잖아요. 지금도 그런 경우예요. 다시 일어서서 가면 전보다 더 오래 더 멀리 갈 수 있어요."

부모와 아이는 서로 원하는 바를 꺼내 놓고 대화를 다시 시작해야 한다. 서로에게 바라는 것이 잘 정리되지 않으면 종이에 써서 목록을 작성하는 것도 매우 유익한 방법이다. 그러다 보면 서로 웃으면서 승강이한다.

"이건 너무 어렵잖아?"

"야! 이 정도는 기본으로 해야지!"

그러다 보면 그동안 표현되지 않고 가려져 왔던 부모와 아이 간의 애틋한 사랑은 옆에서 보는 필자도 듬뿍 느껴질 정도다. 이제 부모와 아이는 서로 대화하는 기술을 배운 것 같다.

친구

　우리가 부모나 형제 다음으로 소중하게 여기는 사람이 있다면? 연인일까? 친구일까?

　진정한 친구, 죽마고우와 형설지공을 말할 수 있는 친구, 그런 친구가 내게 있다면 나는 정말 행복한 사람이다. 친구란 존재는 우리가 세상에 태어나 많은 인간관계를 맺어가면서 경험하는 대인관계의 커다란 한 축이다. 친구에게 위안받기도 하고 친구에게 실망하기도 한다. 이렇듯 우리 인생에서 소중한 친구는 걸음마를 갓 뗀 아이의 옆집 친구로부터 시작해서 초등학교 때 짝꿍으로 이어지고, 사춘기에 이르러서는 정말 중요해진다. 이제부터는 일시적인 관계가 아니라 한 개인의 성장에 매우 중요한 부분을 차지하는 관계로 발전한다.

　이 시기의 아이들은 친한 친구와의 우정을 통해서 건강한 사회적, 정서적 발달에 필수적인 여러 가지 능력과 기술을 얻을 수 있다. 이에 반해 만일 청소년기에 친구 관계에서 문제가 있게 되면 아이의 정상적 발달에 큰 지장을 미치게 된다. 친구 때문에 또는 친구가 없어서 학교에 적응하지 못하고, 학습 능력까지도 저하될 수 있으며, 우울함이나 불안 등의 정신건강 문제도 발생할 수 있다.

우리 중·고등학교 시절을 회상해 보라. 교복을 입고 친한 아이들과 어울려서 떡볶이를 먹고, 방학 때면 같이 영화도 보러 가고 스케이트도 타러 가지 않았는가?

우리가 그들과 함께 보낸 즐거웠던 기억이 오늘날 우리의 정신 건강에 큰 공헌을 하고 있다고 해도 과언이 아니다.

우리 아이들도 마찬가지다. 서로 마음에 맞는 친구끼리 그룹을 형성하여 "우리는 네 명이 서로 친하다"고 여긴다. 아니면 "나는 누구와 단짝이다"라고 얘기한다. 그러나 불행하게도 모든 아이가 그런 것은 아니다. 내가 만났던 많은 아이는 내게 친구가 없다고 말했다.

다음은 한 아이와 나누었던 얘기다.

"넌 어떤 애들과 친하니?"

"저는 친구가 없어요. 적어도 친구라면 속마음을 서로 털어놓고 얘기할 수 있어야 한다고 생각해요. 근데 애들은 맨날 쓸데없는 연예인 얘기만 늘어놓고… 서로 공부를 얼마나 안 했나 얘기해요. 거짓말인 것 뻔히 아는데……."

"너도 연예인 얘기에 맞장구도 치고 공부 별로 안 했다고 얘기하면 되잖아"

"그러고 싶지 않아요. 차라리 그 시간에 공부하는 게 나아요."
이쯤 되면 아이에게도 문제가 있음을 알아낼 수 있다.

아이는 친구와 단계적 과정의 친밀감을 형성하려고 하지 않고, 처음부터 친구에 대해 높은 기대를 하는 것을 알 수 있다.
어쩌면 이 아이는 친구를 사귀는 기술이 부족한 듯싶다. 또래 관계에 대한 연구 결과를 보면 이러한 아이의 특성으로 지목되는 것이 '조용하고 기다리고 머뭇거리는 태도'다. 이 아이도 또래 관계에 자연스럽고 쉽게 합류하기보다는 그들을 비판하면서 다가서지 못하고 있었다. 그것도 드러내 놓고 비판한 것도 아니고 마음속으로만 비판했으며, 아이들이 쓸데없는 말을 이제 그만 끝내고 자신에게 다가와서 중요한 말을 걸어 주기를 기다렸다. 아이들은 이미 자기들끼리 관계를 형성해 가고 있는데 말이다.
청소년기 아이들은 서로에 대해서 동질감과 일체감을 느끼고 싶어 한다. 그래서 한 애가 유명상표의 신발을 사면 다른 아이도 사고 또 그 옆의 다른 아이도 사고 그렇게 해서 번져 나간다. 공부를 별로 안 한 것처럼 보이려는 것은 묘한 심리다. 어쩌면 서로 간에 경쟁 관계이기 때문에 남을 안심시키려는 전략 같기도 하고, 아니면 그 친구가 걱정할까 봐 안심시키려는 배려 같기도 하다.

그러나 어쨌든 아이들은 서로 공부를 안 했다고 한마디씩 함으로써 동질감과 일체감을 확인하고 있었다. 그런데 이 아이는 그러한 확인

과정에 참여하지 않았다. 그러니 다른 아이들이 이 아이를 특이하게 혹은 이상하게 봤을 것이다. 아니 조금 더 심하게 말해서 이 아이의 존재를 무시했을 것이다. 나는 이 점을 아이에게 일깨워 주고 싶었다.

친구가 없다고 말하는 아이들은 "친구는 소용없다"라는 말을 먼저 한다. 이를테면 친구의 필요성에 대해서 부정하는 것이다. 그러나 그 말 뒤에는 반드시 친구가 없어 심적 고통을 하소연한다. 아이들은 자신이 못났기 때문에 친구를 사귀지 못하고 있고, 심지어 친구들이 자신을 거부한다고 생각한다. 그러한 '거부'의 느낌은 아이를 몹시 우울하게 만든다. 또한, 그 '거부'의 느낌 때문에 친구에게 말을 걸고 싶어도 차마 말하지 못하고 전전긍긍한다. '내가 이 말을 하면 저 친구가 나를 싫어하지 않을까?'라는 생각에 두려워하고 불안해한다. 결론은 '그냥 아무 말 하지 말자'로 끝난다. 아이는 마침내 진짜 외톨이가 된다. 아이는 사회적으로 위축되어서 아무것도 제대로 하지 못하고 늘 자신을 비하하면서 살아간다. 이 얼마나 불행한 일인가.

사춘기 때의 친구는 평생 간다. 서로 경쟁도 하고 격려도 하고 고민도 털어놓고… 사회에 나와서 어찌 학창 시절 친구만큼 편안하고 친한 친구를 만날 수 있겠는가? 이렇듯 중요한 시기에 "친구가 없어요!"라고 하소연하는 아이들을 보면 가슴이 무척이나 답답해지고 안타깝기도 하다. 우리 어른들이 그리고 부모가 아이에게 도대체 친구를 어떻게 바라봐야 하는지, 친구를 어떻게 사귀어야 하는지 가르쳐야 한다.

친구와는 쓸데없는 시간도 서로 보낼 수 있고 별로 생산적이지 못한 일도 할 수 있다. 친구를 통해서 내가 어떤 도움을 받으려고만 하는 생각은 이기적인 생각임을 아이들에게 가르쳐야 한다. 그리고 부모 스스로도 친구를 통해서 내 아이가 발전했으면 하는 바람만 가지기보다는 내 아이를 통해서 다른 아이가 성장하는 것도 바라면 더욱 좋을 것 같다. 그것이 더 크고 대단한 내 아이의 발전이자 성장이다. 우리는 서로 돕기도 하고 도움을 받기도 하는 세상에서 살고 있기 때문이다.

매년 수능시험이 끝나면 이번에는 쉬웠다느니 아니면 이번에는 어려웠다느니 하는 얘기들을 하는데 나는 그것이 별로 중요하지 않다고 본다. 중요한 것은 상대 평가 아닌가? 즉 남들보다 좋은 점수를 얻어야만 그 대학 그 학과에 내가 지원하고 또 합격할 수 있지 않은가? 그렇다면 나와 같이 시험 보는 이 아이들은 모두 나의 경쟁자?

어쩌면 그렇게 생각할 수도 있다. 그러나 우리 아이들의 마음은 순수해서 꼭 그렇게만 보지 않고, 나랑 친한 친구, 나랑 같은 학교 학생들이 잘되기를 바라는 마음이 더 많다. 친구이기 때문에 그렇게 생각한다. 이것이 순수하면서도 동시에 성숙한 단계로 접어드는 아이들의 마음이다.

오히려 우리 부모가 아이들에게 친구를 친구로 보지 않게 만들고 그저 하나의 경쟁상대로 여기게끔 부추기는지도 모른다. 다음은 부모가 흔히 아이에게 던지는 질문이다.

"옆집 승헌이는 몇 점이야? 너보다 잘 봤니?"

"……."

아마 이 질문을 들은 아이는 신경질이 날 것 같다. 왜 우리 부모님은 맨날 옆집 승헌이와 나를 비교하는 것일까? 우리도 워낙 어려서부터 부모에게 옆집 아이들과 비교 당하고, 몇 년간의 대학입학 스트레스에 찌든 중고등학교 과정을 거친 탓이 아닐까?

참으로 세대를 잇는 비극적 상황이다. 아니 어쩌면 지하자원도 없는 좁은 땅덩어리에서 오로지 공부 잘하는 것으로 남들보다 잘살려고 아등바등해야만 했던 대한민국 국민의 슬픈 자화상일 수도 있다. 앞으로는 이제 이렇게 물어보면 어떨까?

"아휴, 시험 치르느라 힘들었지. 잘 봤니? 승헌이는 시험 잘 봤대?"
"몰라요. 점수 나와 봐야 알죠. 승헌이도 그렇겠죠."

뭔가 부모와 자식 간에 따뜻한 정이 오가는 그러면서도 옆의 친구까지 생각하는 모습이 훈훈해진다. 만일 아이에게 성적을 물어볼 친구의 이름이 없다면 또는 아이로부터 친구의 이름을 들어 본 적이 없다면 부모는 '우리 아이가 혹시 외톨이가 아닐까' 생각해 봐야 한다. 그리고 아이에게 물어봐야 한다. 어떠한 친구를 사귀고 싶은지 질문하고, 같은 반 아이들에 대해서 하나하나 물어보고, 부모가 친구를 사귀었던 얘기도 해 주면 좋다.

방학 때는 집에만 있게 하지 말고 캠핑을 보내거나 사람들이 많이 모이는 곳으로 자주 데리고 나가는 것이 좋다. 한편, 친구가 없는 아이에 대한 사회적 관심이 커지고 이들을 위한 다양한 프로그램이 앞으로 더 많아져야 할 것이다. 더불어 살아가는 사회이기 때문이다.

스마트폰

　아이들은 스마트폰을 아무런 거리낌 없이 마치 자신의 신체 일부인 양 사용하고 있다. 시대와 세대가 바뀌어서 이제 아이들은 스마트폰을 예전의 우리가 늘 곁에 뒀던 학용품처럼 여기고 있다. 스마트폰만큼 부모와 아이 간 가치의 차이가 있는 것도 별로 없다. 아이들은 스마트폰을 생활 속의 필수 아이템으로 여기고 있고, 부모들은 어떻게 해서든지 아이들로부터 떨어뜨려야 할 요물로 여기고 있다. 특히 중학생 아들을 둔 부모는 이미 선배 부모들로부터 남학생들이 얼마나 스마트폰 때문에 학업을 게을리했고, 부모와도 갈등이 많았는지를 들었기에 고등학교를 졸업하기 전까지는 될 수 있으면 2G 폰을 손에 쥐여주려고 한다.

　그러나 이런 일은 많지 않다. 먼저 당사자인 아들의 저항이 만만치 않고, 비록 아들의 손에 스마트폰이 없다손 치더라도 친구와 부모의 스마트폰을 호시탐탐 노리고 있기 때문이다. 그럼에도 불구하고 아들의 이름으로 스마트폰을 사주지 않는 것이 가장 좋은 방법이기도 하다. 물리적으로 접하는 시간이 줄어드는 만큼 각종 중독성 혹은 몰입성 행동을 줄여줄 수 있기 때문이다. 그렇다면 아이들은 스마트폰에 대해서 무슨 고민을 할까? 예상할 수 있는 고민도 있고 의외의 고민도 있다.

첫째, 스마트폰 사용의 조절에 대해 고민을 한다. 많은 부모가 고개를 갸우뚱할 것이다.

"아니, 우리 아들은 틈만 나면 스마트폰을 사용하려고 하고, 그것 때문에 부모와 만날 승강이를 벌이는데?"

맞는 말이다. 하지만 아이들은 의외로 자신의 조절 능력을 높이고 싶어 한다. 즉 "오늘은 스마트폰을 덜 사용하고, 공부하거나 책을 읽거나 운동을 하고 싶은데, 막상 눈앞의 스마트폰을 보면 그것이 잘 안 돼요."라는 고민을 실제로 말한다. 이 경우 부모는 아이에게 조건 없는 비난 혹은 금지의 말을 하기보다는 도와주려는 자세를 취하는 것이 필요하다.

"엄마는 네가 무조건 스마트폰을 사용하지 말라는 것이 아니야. 네가 스마트폰을 현명하게 잘 조절해서 사용하기를 바라는 것이야."라는 말을 기본적으로 들려주자.

부모가 먼저 이렇게 말하면 아이가 엄마에게 "엄마, 제가 이제부터 한 시간만 스마트폰으로 게임을 할 테니 한 시간 지나면 알려주세요."

라고 말할 수 있다. 마치 시험 기간에 공부하다가 졸음이 쏟아진 아이가 엄마에게 "저 졸려서 도저히 공부가 되지 않으니 한 시간만 자고 일어날게요. 한 시간 후에 엄마가 꼭 깨워주세요."라고 말하는 것과 같다. 부모와 아이가 서로 한 팀이 되어 아이의 자제력을 높이는 훈련을 하는 의미도 있다.

둘째, 성적에 대해 고민을 한다. 여기에서 말하는 성적이란 학교 성적이 아니고, 스마트폰 게임에서의 성적이다. 특히 승리욕이 강한 아이의 경우에는 더욱 그러하다. 자신은 빨리 낮은 단계를 넘어서서 높은 단계로 가고 싶고, 게임 순위도 높아지고 싶은데 뜻대로 되지 않는다. 그러다 보니까 스마트폰 게임을 더욱 열심히 하게 되고, 그래도 생각만큼 순위가 오르지 않으면 스트레스를 받는다. 공부를 열심히 해도 등수가 오르지 않는 과거의 우리 모습을 한 번 생각해 보면 쉽게 이해가 갈 것이다. 물론 부모 입장에서는 아이가 쓸데없는 곳에 정성을 쏟는다고 생각하겠지만, 현실이 그렇다.

이럴 때 부모는 다음과 같은 태도를 취하는 것이 좋다. 먼저 아이의 승리욕을 인정하라. "네가 스마트폰 게임에서 점수를 높게 받으려는 마음을 안다. 무엇이든지 앞서가면 기분이 좋아." 그런 다음에 그러한 승리욕을 다른 방향으로 전환하게끔 유도한다. "스마트폰 게임보다는 학교 공부나 운동에서 실력을 더 키우는 것이 좋지 않을까?"

마지막으로 지나친 승부욕은 정신건강에 좋지 않음을 덧붙여준다. "학교 성적이든지 스마트폰 게임 성적이든지 너무 점수에 집착하면

네 마음이 괴로워져. 그것으로 스트레스를 많이 받으면 건강에 해로우니 편안하게 생각해."라는 말을 들려주자. 스마트폰 게임사용을 통해서 부모와 아이 간에 연결 고리가 생기고, 대화 내용이 풍부해진다. 그 결과 아들은 부모가 나를 진정으로 위해 주는 분이라는 사실을 깨닫게 될 것이다.

셋째, 스마트폰의 세계에 관한 고민이다. 스마트폰의 SNS에서 아이들끼리 많은 대화를 주고받고, 그 안에서 별의별 일들이 다 벌어진다. 물론 대부분 친목을 도모하고 우애를 다지는 경우가 많지만, 간혹 그곳에서 상호 비방이나 일방적인 왕따 현상이 일어나는 것이다. 차마 입에 담지 못할 인신공격성 발언, 욕설, 소위 '패드립'이라고 해서 상대방 엄마를 욕하는 일 등으로 인하여 아이가 상처를 입거나 영혼이 피폐해진다. 이 경우 부모의 개입과 도움이 가장 어렵다.

일단 아이들이 부모에게 잘 얘기를 하지 않기 때문이다. 따라서 부모가 먼저 아이에게 자주 물어보는 것이 필요하다. 예컨대 "요새 카톡방에서 서로 욕하고 싸우기도 한다는데, 너는 그것 때문에 마음이 힘든 적은 없었니? 있으면 언제든지 엄마(또는 아빠)에게 말해. 혼자서 끙끙 앓지 말고."라는 말이다.

물론 우리 아이도 언제든지 가해 학생이 될 수 있음도 염두에 둔다. "요새 메시지로 친구 부모 욕을 하는 아이도 있다는데, 네가 아무리 화가 나도 그러한 말을 하지 마. 그것도 언어폭력이기 때문에 친구가 상처를 크게 입고, 너도 처벌받을 수 있어."라는 말도 함께 해 둔다.

넷째, 친구 문제다. 스마트폰을 많이 사용하는 아이일수록 친구 문제로 고민할 확률이 높아진다. 얼른 생각하면 별다른 상관관계가 없어 보이지만, 조금만 더 깊이 생각해보면 수긍이 갈 것이다. 아이에게는 스마트폰이 유일한 친구요, 동반자인 경우라면 친구 문제로 인한 고민이 없을 수 없다. 아이는 친구들과 즐겁게 잘 어울려서 지내고 싶고, 단짝 친구도 만들고 싶으며, 고민과 속 깊은 이야기도 나누고 싶다. 하지만 안타깝게도 아이는 주변의 친구들과 잘 어울리지 못하고, 속을 털어놓을 만한 '베프(베스트 프렌드의 준말)'도 없다. 아이는 자연스레 스마트폰을 더 가까이하고, 스마트폰이 단순히 아이에게 정보와 즐거움을 주는 도구를 넘어서서 마치 영혼이 있는 대상처럼 느껴지기 시작한다. 그야말로 스마트폰이 살아 있는 친구가 되는 순간이다.

이 경우 역시 부모의 개입과 도움이 어렵다. 하지만 그렇다고 포기할 수 없는 사람이 부모다. 자식을 위해서 무엇을 못하겠는가? 아이를 위해 기꺼이 친구가 되어준다. 그리고 아이와 가장 가까워질 수 있는 한 사람의 친구를 열심히 찾아본다. 사촌 간의 교류도 주선해 본다.

이처럼 스마트폰을 단지 중독적인 차원에서 바라보는 것을 넘어서서 아이의 여러 가지 고민이 있을 수 있음을 주지하자. 아이의 스마트폰 사용에 대해서 무조건 부정적으로 보지 말고, 아이와 나의 중간 매개체로 활용하기를 바란다.

얼마 전에 중학생 아이 한 명과 상담 시간에 나누었던 대화 한 토막을 소개한다.

"요새도 스마트폰을 사용하니?"

"선생님, 스마트폰을 사용하면 안 돼요? 어른들은 다 스마트폰을 사용하면서 우리는 왜 사용하면 안 돼요?"

아이의 말이 옳다. 필자는 다음과 같이 질문했어야 했다.

"요새 스마트폰을 지나치게 많이 사용해서 네 할 일을 다 못했거나 부모님과 사이가 나빠졌었니?"

이러한 맥락에서 부모는 아이에게 다음과 같은 질문을 던지기를 바란다.

"○○야! 스마트폰 사용하다가 뭐 놓친 일 없어?" 기존에 자주 던졌던 질문인 "○○야! 요즘도 스마트폰 사용 많이 하니?" 내지는 "오늘 몇 시간 했지?" 보다는 아이에게 거부감을 덜 줄 것이다.

부모는 아이에게 스마트폰 사용 자체를 줄이는 것보다는 스마트폰으로 인하여 해야 할 과제나 다른 중요한 일들을 놓치지 않기를 바라는 마음이 더 많음을 전달하고 있다.

또한, 기존에 "이제 스마트폰 그만해!"라는 말을 많이 들려줬다면, 이제부터 "스마트폰 사용 때문에 다른 중요한 일들이 방해받지 않으면 좋겠어."라는 말을 더 많이 들려주는 것이 좋겠다. 이는 아이에게 스마트폰 사용에서의 조절 능력을 강조해주는 말이다.

성(性)

우리는 어떤 자극을 보거나 들었을 때 순간적으로 무엇인가를 떠올린다. 가령 길을 걷다가 여학생들이 재잘거리면서 내 옆을 지나치면 순간적으로 집에 있는 딸아이 생각이 떠오른다. 그 여학생들이 내 딸을 떠올리게 만든 것이다. 이는 우리 뇌 속에 저장된 기억 정보를 어떤 특정 자극이 건드려서 의식으로 떠오르게 하는 연상 작용이 일어나기 때문이다.

우리가 여자 또는 남자를 보면 어떤 생각을 할까? 즉 나와 반대 성의 사람을 보면 어떤 생각부터 떠오를까?

한마디로 말하기는 힘들 것이다. 성적인 생각을 한다는 사람도 있겠지만, 대부분 어른들은 "그냥 아무 생각 없지 뭐. 여자 남자가 얼마나 많은데 무슨 생각이 나겠냐?" 라고 얘기할 것이다. 멋있고 매력적인 외모를 가진 사람을 봤을 때는 성적 매력을 느낄 수도 있고, 왠지 부자일 것이라는 막연한 생각에 부러움과 질시의 감정이 생길 수도 있고, 정말 밋밋하게 아무 생각이 안 들 수도 있다. 우리는 '남자는 어떻다, 여자는 어떻다'는 것을 단정하기에는 너무나도 많고 다양한 경험과 인식을 가지고 있기 때문이다.

그러나 아직 여자 남자를 본격적으로 경험해 보지 않은 사춘기 아이들은 다르다. 특히 남자아이들은 어떤 경우 성적인 에너지가 충만한 나머지 이성을 온통 성적인 대상으로 느끼는 경우가 더러 있다. 실제로 이와 같은 호소를 하고, 성적 행동을 하고 싶은 충동을 자주 느껴서 괴로워하는 아이들이 많이 있다. 그 충동을 이기지 못하여 지나가는 여자 또는 주변의 여자에게 몹쓸 짓을 하려다가 법적인 문제를 일으키는 아이들도 있다.

필자는 아이들을 그렇게 만든 주범으로 인터넷을 지적하고 싶다. 사실 우리의 아이들이 매일 이것을 보고 산다고 생각하면 된다.

우선, 그들의 성적 호기심이 그들을 계속하여 그러한 장면에 몰두하게 한다. 그런데 아이들이 보게 되는 대부분 장면이라고 하는 것이 모든 여성이 성적 행동을 하면서 즐거워하거나 여성이 성적 쾌락을 위하여 상대를 찾고 있다거나 심지어 변태나 강간 행위 등의 내용을 담고 있다. 그러니 아이들이 길에서 젊은 여성을 보거나 학교에서 젊은 여선생님을 보면, 어젯밤에 보았던 포르노 사이트의 여성이 생각나면서 그들을 성적 환상의 대상으로 연상시키는 것이다.

아이들은 죄책감을 느낀다. 그래서 그런 생각을 더 이상 하려고 하지 않는데, 그것이 자기 뜻대로 되지 않는다. 밀물처럼 한 번 떠오른 성적 상상은 아이를 계속 지배하면서 점점 더 꼬리를 물고 증폭된다. 이쯤 되면 아이는 정말 미칠 지경이 된다. 제발 그 생각 좀 나지 않게 해 달라고 호소한다. 이제 강박증상이 되어버린 것이다.

많은 아이가 성적인 내용의 강박 증상을 호소하고 있다. 그리고 그러한 증상에는 필연적으로 죄책감과 불안이 수반된다. 그런데 그 내용이 성적이라서 그런지 아이들은 남에게 잘 얘기하지 못하는 것 같다. 그런 얘기를 했다가는 저질이고 변태고 음란한 아이로 취급될까 봐 두렵다. 아이들은 자신이 부모에게 무슨 말을 하면 곧바로 혼난다고 생각하고 있다. 그래서 얘기를 하지 못한다. 아이에게 여성으로서 또는 남성으로서의 여러 가지 면이 있다는 것을 부모가 얘기해 줘야 한다. 하긴 아이가 인지적으로는 그것을 모를 리 없다. 하지만 부모는 아이에게 여성은 아이를 보살피는 어머니이기도 하고 남성과 동등하게 일하는 직업인이기도 함을 가르쳐 줘야 한다. 마찬가지로 남성에 대해 설명도 해 줘야 한다. 그리고 아이와 의논하여 인터넷에서의 음란물 접속을 그만두게 해야 한다. 컴퓨터 사용 시간을 정하고, 유해 사이트를 차단하는 프로그램을 설치하고, 이를 지키게끔 아이에게 스스로 약속을 하게 한 다음 부모가 감독해야 한다.

많은 부모가 '간섭하는 부모'라는 소리를 듣기 싫어해서 아이를 그냥 내버려 두는 경우가 있다. 이는 명백한 감독의 소홀함이며 나아가서 방치라고 할 수 있다. 심하게 말하면 부모의 직무 유기다. 아이는 부모가 늘 자신의 생활에 관심을 갖고 지켜보는 것을 간섭과는 구분할 것이다. 인격적으로 성숙한 사람들에게 자율과 민주주의는 매우 효과적인 교육 수단이지만, 아직 미성숙한 아이들에게는 독재와는 구분되는 어느 정도의 권위와 타율이 필요하다. 그것은 다름 아닌 관심과 대화를 통한 감독이다. 사춘기 아이들은 아직 미숙해서 누군가의 도움이 필요하기 때문이다. 따라서 부모들은 모두 훌륭한 감독이 될 필요가 있다.

청소년의 성 행동에 영향을 미치는 위험 요인을 조사한 어느 연구 결과에 의하면(한인영 등, 2001), 실제 성교에 이르는 네 가지의 위험 요인을 지적하고 있다.

첫째는 개인적 요인으로서 음주, 흡연, 약물복용, 가출 등 소위 비행의 경험이 있거나 포르노물에 노출된 경우다.

둘째는 가족의 요인으로서 가족이 별로 자신에게 관여하지 않는 경우다.

셋째는 또래의 요인인데 또래 친구들이 성 경험을 했다고 믿는 경우다.

넷째는 학교의 요인으로서 학교의 중요성을 느끼지 못하는 경우다. 이렇듯 포르노물에 노출된 아이는 분명히 실제로 성적 행동을 보일 가능성이 높아진다. 그리고 가족이 별로 아이 생활에 관여하지 않는 경우도 분명히 아이의 성적 행동의 가능성을 높인다. 부모가 아이에게 어떤 일이 일어나는지 알지 못하니까 충고도 조언도 지시도 없는 것이다. 따라서 우리 사회가 청소년의 음란물 접속을 막고 부모가 이를 감독한다면 아이들의 성적 일탈 행동은 많은 부분 예방할 수 있을 것이다. 그리고 청소년에 대한 올바른 성교육이 강화되어야 할 것이다.

성에 대해서 잘 알고 있다고 대답하는 아이들에게 실제 성에 대한 지식을 물어보면 제대로 알고 있는 경우가 거의 없다. 그들이 알고 있는 성은 인터넷 웹사이트에서 본 성이고 친구들로부터 전해 들은 성 지식이 대부분이기 때문이다. 이제 우리도 학교마다 성교육 전문가가 한 명씩 있어서 아이와 부모가 함께 강의를 듣고 교육을 받는 시스템이 갖추어지면 좋겠다. 성에 대한 노출을 막기에는 시대가 너무 변화했다. 호미로 둑을 막는 것과 비슷하다. 정보의 바다라는 인터넷을 우리가 무슨 수로 막겠는가? 대신 아이들에게 마구잡이로 노출된 성을 이들이 잘 소화하고 비판하고 올바로 받아들일 수 있도록 해 주는 것은 가능하다고 생각한다. 그리고 그것이야말로 우리 어른들의 역할이다.

여자만 보면 그 생각이 난다고 괴로워하는 아이들에게 우리는 말할 수 있어야 한다. 그러한 생각이 난다는 것은 분명히 좋은 현상은 아니지만, 행동으로 옮기지 않는 한 너무 괴로워하지 말 것과 지금은 여자를 성적 대상으로만 느끼지만, 이것은 어디까지나 커 나가면서 겪는 일시적 현상임을 알려 주라. 혼내는 것만이 능사가 아니다. 이렇게 접근해야 아이가 느끼는 성적 상상의 긴장과 충동을 풀어줄 수 있다. 즉, 이것이 아이의 죄책감을 줄이면서 한편으로는 실제 행동에 옮기는 일을 막는 방법이다. 여자만 보면 그 생각이 나는 아이들도 이 시기를 잘 극복하고 넘기면, 여자를 앞에 두고도 아무렇지도 않게 그리고 같은 동료로서 친구로서 사회의 구성원으로서 건강하게 바라볼 수 있을 것이다. 아이들이 그렇게 자라날 수 있도록 우리 어른들의 역할이 필요하다.

성격

사람의 성격은 몇 가지로 분류될 수 있을까? 여기에 정답은 없다. 많은 심리학자가 나름대로 분류하기도 했으나, 누구에게나 보편적으로 받아들여지는 것은 없기 때문이다.

평범한 사람들은 대개 두 가지로 나누어서 생각할 것이다. 하나는 내성적인 성격, 다른 하나는 외향적인 성격으로 말이다.

나는 내성적인 성격일까 아니면 외향적인 성격일까?

물론 둘 중 하나를 선택해서 대답할 수는 있겠지만, 아마도 많은 사람이 내가 어느 쪽인지 궁금해하거나 둘 다 해당한다고 대답할 것이다.

외향적인 성격의 사람이라고 해서 전적으로 외향적인 모습만을 보이는 사람은 별로 없고, 마찬가지로 내성적인 성격의 사람이라고 해서 전적으로 내성적인 모습만을 보이는 사람은 별로 없을 것이다. 내성적인 모습과 외향적인 모습을 양극단으로 하여 스펙트럼을 이루고 있다면, 우리는 그 스펙트럼의 어딘가에 놓여 있을 것이다. 그리고 그 놓인 위치는 영원불멸하게 변하지 않는 것이 아니라 시기에 따라서 또 상황에 따라서 지금 이 순간에도 계속 변하고 있다. 사람에 따라서 조금 변하거나 급격히 변하는 정도의 차이가 있게 마련이지만.

그러나 우리는 어떠한 사람을 말할 때 자꾸 외향적인 사람 또는 내성적인 사람으로 분류하려고 한다. 마치 진보니 보수니 또는 좌파니 우파니 하여 정치인들을 분류하는 것처럼 말이다.
만일 정말 둘 중의 하나로 분류해야만 한다면, 여러분은 여러분의 자녀를 어디에 놓을 것이고 또 어디에 속하기를 원하는가?
십중팔구는 외향적인 성격을 가지면 좋겠다고 바랄 것이다. 이미 부모의 마음속에 외향적인 성격이 더 좋은 성격으로 자리 잡고 있기 때문이다.
우리는 외향적인 성격이 절대 우위로 느껴지는 그러한 세상에서 살고 있다. 내성적이고 다소곳한 모습은 현대와 같은 무한경쟁 시대에는 어울리지 않는 덕목이요 오히려 손해를 볼 수 있는 모습으로 여기고 있다. 가만히 있으면 안 되고 목소리 드높여 떠들고 남들에게 자신을 어떠한 방식으로든 어필해야만 인정받는 것처럼 생각한다. 대기업들이 신입 사원들에게 길거리 영업을 시킨다거나 극기 훈련을 시키는 것도 다 외향적이고 적극적인 사람으로 키우기 위해서 그렇다고 한다.

동(動)은 정(靜)을 이기고 양(陽)은 음(陰)을 이기는 것일까? 그러다 세상 사람 모두가 동적인 사람이요 양의 기운이 센 사람이 된다면 어떻게 될까? 아마 자석의 반대 극이 서로를 당기고 같은 극은 서로를 밀쳐 내듯이 서로들 밀어내고 멀리하지 않을까 싶다.

모든 일에 조화가 중요하고, 서로 균형을 이루어야 자연스럽고 좋은데, 우리는 어느새 한 쪽 속성을 너무 깔보고 보잘것없게 여기고 있다. 성격도 이분법적인 논리에 의해서 그렇게 취급되고 있다.

"너는 왜 그렇게 내성적이니? 그 성격 좀 고쳐라."라는 얘기는 들어 보았지만, "너는 왜 그렇게 외향적이지? 성격을 고쳐야 하겠다."라는 말은 아마 들어 본 적이 없을 것이다. 선천적으로 또는 기질적으로 외향적인 성격을 타고 난 사람은 참 좋을 것이다. 그러나 그렇지 않고 원래 기질적으로 내성적인 사람이 문제를 겪는다. 그것은 내성적이어서 생기는 문제가 아니라 그 성격을 인위적으로 자꾸만 외향적으로 고치려고 하는 데서 생기는 문제다. 따라서 성격을 고치려고 하는 것보다는 오히려 성격을 잘 알고 받아들여서 훌륭하게 다듬는 것이 더 현명한 일이다. 그런데 아직 성격이 제대로 완성되어 있지도 않은 청소년에게 '내성적인 성격은 곧 열등하다.' 라는 인식을 심어 주는 것은 매우 위험한 자세다. 성격적인 열등생에서 벗어나려고 무척 애를 쓰다가 뜻대로 되지 않아서 좌절감과 자신에 대한 혐오감만 더 키울 뿐이다.

지금도 많은 청소년이 인터넷 상담실이나 라디오 상담에서 "내성적인 내 성격 꼭 고치고 싶어요."라는 제목의 고민을 올리고 있다.

"나는 성격이 내성적이라서 그런지 말수가 적고, 친구도 적으며, 남들을 잘 웃기지도 못합니다. 남들이 하자고 하면 대체로 따라가는 편이지요. 그런데 내 친구 한 명은 정말로 활달하고 적극적이며 유머 감각도 뛰어나서 분위기를 주도합니다. 여러 사람과도 정말로 친하게 지내는 것 같고요. 나는 없어도 그만이지만, 그 친구는 인기 짱이에요. 그 친구처럼 외향적인 성격이 되고 싶은데 어떤 방법이 있나요?" 이러한 고민을 올리는 친구들의 마음을 정말로 잘 이해하기도 하지만, 한편으로는 어이가 없기도 하다. 말수가 적고, 친구들의 숫자가 적으며, 남들을 잘 웃기지 못하는 것이 고민거리가 될 수 있을까?

진정한 고민거리는 그것 때문에 내가 불안해지고 자신감이 없어지는 것이 고민이지 그 자체는 고민이 아니어야 한다. 말수가 비록 적다고 할지라도 내가 정작 해야 할 말, 필요한 말을 할 수 있으면 문제가 없다. 오히려 말만 앞세우고 진실한 행동을 보이지 않는 사람들이야말로 문제다. 그리고 친구들 문제에서도 그 숫자가 중요한 것보다는 단 한 명의 친구라도 깊고 친밀한 우정을 나눌 수 있다면 오히려 더 바람직하다.

그러나 불행하게도 내가 아무리 이렇게 떠들어도 사람들은 아이의 고민에 고개를 끄덕인다.

정말로 말도 없고 내성적이지만 그 속에는 감추어진 열정과 성실함이 온몸에 배어 있는 그런 아이들이 분명히 길러질 수 있을 텐데, 도대체 그런 아이들 기를 꺾어 놓고 고민을 해야만 하게끔 하는 우리 사회의 분위기가 영 마음에 들지 않는다.

내성적인 성격과 외향적인 성격 사이에는 우열이 존재하지 않는다. 그것은 한 개인의 특성을 대략 설명하는 표현일 뿐 절대로 범주화되지 않을뿐더러 나눌 필요도 없다.

우리는 우리도 모르게 어느덧 우리 아이들을 새롭게 정형화된 인간으로 만들려고 하는 것은 아닐까 반성하게 된다. 정치인도, 전문인도, 학자도 방송에 나와서는 목소리 높여서 사람들 이목을 집중시키려 하고, 톡톡 튀는 행동을 해야 뜨는 세상. 묵묵히 각자의 일터에서 그리고 학교 연구실에서 별로 말 많이 하지 않고 열심히 그리고 최선을 다해서 제 역할을 하는 사람들이야말로 우리 사회를 떠받드는 힘이다. 그들이 모두 다 내성적인 성격이 아닐 테고, 또한 모두 다 외향적인 성격이 아닐 테고, 적당히 어우러져 섞여 있는 것뿐인데. 도무지 출처가 없는 "성격이 내성적이라서 고민이에요."라는 말, 이제는 더 이상 들려오지 않기를 간절히 바란다.

가출

필자가 중학교 2학년 때 갑자기 한 친구 A가 학교에 오지 않았다. A는 몸집이 크면서 꽤 주먹이 센 아이였고, 복장이 불량한 데다가 화장실에서 몰래 담배도 피웠던 소위 불량 학생이었다.

나는 'A가 아파서 결석했나 보다' 생각했는데, A는 며칠째 학교에 나오지 않았다. 당시 아이들 사이에서는 별의별 소문이 다 돌았다.

그러다 한 아이가 "걔 가출했을 거야"라고 말했다. 나는 그때 처음으로 가출이라는 말을 들었다. "집이 편하고 좋은데 그러한 집을 나가는 아이도 있구나." 라는 생각이 들었다. 마침내 담임선생님이 아이들에게 중대한 발표를 했다. "A가 무단결석했고, 다른 학교 학생들과 어울려서 본드를 마시다가 발각되었다. A는 무기정학의 처벌을 받았다."

아이들은 퇴학당하지 않은 것만 해도 천만다행이라고 했다. 천진난만했던 초등학교 아이가 중학생이 되어서 가출, 무단결석, 본드, 무기정학 등의 무시무시한 말을 들으면서 겁이 덜컥 났던 것은 당연했다. 나중에 알게 된 사실이지만, A는 남녀 또래 아이들과 혼숙을 했고, 절도 및 본드 흡입을 하다가 주변 어른들의 신고로 경찰에 붙잡혔다고 한다. 소위 '비행 청소년'이 가출을 해서 사고를 쳤던 전형적인 사례였다. 우리가 어렸을 때만 해도 가출은 아무나 하는 것이 아니었고, 비행 청소년만이 할 수 있는 짓이었다.

정신과 의사가 되어서 청소년들을 만나 상담하면서 많이 부딪혔던 문제가 '가출'이었다. 그런데 나도 놀랐던 것이 기존의 내 생각과는 전혀 다르게 소위 '비행 청소년'이 아닌 아이들도 가출을 많이 한다는 점이었다. 그리고 가출을 실제 하지 않았더라도 가출을 하고 싶은 충동을 느꼈다는 아이들은 부지기수로 많았다. 소위 '범생이'라는 공부 잘하고 선생님 말씀 잘 듣는 모범 학생들도 그랬다. 참으로 충격적이었다.

청소년이 가출하게 되는 가장 큰 이유는 부모와의 갈등이다.

"우리 부모님은 나에게 공부 열심히 하라는 말씀만 하신다."

"이번 시험에서 겨우 성적이 올랐지만, 다음 시험에는 더 올려야 하니까 두렵다."

"우리 부모님은 나에게 기대를 너무 많이 하셔서 내가 완벽한 학생이 되기를 바란다. 나는 그것이 정말 싫다."

위의 말들은 주로 범생이 쪽에 가까운 아이들이 느끼는 가출 충동의 이유다.

"아빠는 매일 술 마시고 집에 와서 욕하고 때리고 부순다."

"부모님은 매일 싸운다. 오빠는 일주일에 하루 집에 들어오고, 언니는 학교를 졸업하자마자 집을 나갔다. 동생은 매일 친구들과 싸우고 들어온다. 나는 정말 화가 난다. 우리 집안은 제대로 된 구석이 하나도 없다."

"아빠는 지방에서 혼자 근무하시고 엄마는 직장에서 늦게 들어오신다. 집에 오면 나밖에 없고 할 일도 없다. 정말 심심해 죽겠다."

위의 말들은 실제로 가출을 경험했던 아이들이 말하는 이유다.

가출의 이유를 아이에게서만 찾으려고만 하면 문제가 해결되지 않는다. 이렇듯 가정환경에 문제가 있는 경우가 대부분이다. 그런데 심각한 것은 가출 청소년의 많은 부모가 부모 스스로 또는 집안 환경에 문제가 없다고 생각한다는 것이다. 그러니까 아이가 다시는 가출을 하지 않도록 아이를 고쳐 달라고 하지 정작 본인들에게서 비롯되었을지도 모르는 부분에 대해서는 알려고 하거나 고치려고 하지 않는다. 필자는 가출 청소년을 상담할 때는 반드시 부모와의 상담에 더 많은 비중을 둔다. 그리고 아이와 부모 그리고 정신과 의사인 필자가 함께 대화하는 가족 상담을 한다. 가출의 문제는 결코 그 아이와만 얘기해서는 해결될 수 없음을 알고 있기 때문이다.

아이가 가출을 반복하는 데는 친구의 영향이 매우 크다. 처음에는 집이 싫어서 나갔던 아이들도 친한 친구들과 함께 밖에서 아르바이트도 하고, 자유롭게 지내고, 어른 흉내도 내 보고 하다 보니까 점차 집 밖 재미있는 생활의 유혹에 빠져드는 것이다. 그러다 보면 집에 돌아와서 잘 지내는 듯이 보이던 아이도 어느 날 갑자기 또 가출한다. 가출에 대한 두려움과 죄책감이 점차 없어지고, 그저 틈만 나면 집 밖의 재미있는 생활을 즐기려고 궁리한다. 이쯤 되면 매우 심각한 상황으로 부모와 전문가의 노력으로도 힘들다. 따라서 이렇게까지 되기 전에 아이의 문제를 해결하려는 노력이 필요하다.

앞에서 말했듯이 아이의 가출 문제를 해결하는 데 가장 중요한 핵심 사항은 부모와의 관계다. 엄마나 아빠 한쪽과의 갈등일 수도 있고, 양쪽 모두와의 갈등일 수도 있다. 부모와의 관계가 긍정적이고 안정적이면 아이는 어떠한 유혹에도 굴하지 않는다. 가출 충동을 느낄지언정 그리고 상상은 할지언정 실제 가출을 감행하지는 않는다. 그러나 부모와의 관계에 문제가 있는 아이들은 평소에는 가출을 통해서 부모에게서 벗어나기를 여러 번 결심했다가 망설였다가 하다가 친구와 뜻이 맞으면 혹은 심하게 혼나고 나면 기다렸다는 듯이 행동으로 점화된다.

사실 대부분 아이는 가출을 실행하기 전 다음과 같은 경고 신호를 보낸다.

"우리 집이 싫어요."

이러한 말을 듣고서도 "싫기는 왜 싫어?" 내지는 "집이 싫으면 어떡해?" 등의 원론적인 반응을 보이는 부모는 아이의 경고 신호를 놓친 것이다. 만일 아이가 어떠한 경고 신호도 보내지 않고 어느 날 갑자기 가출해서 부모가 '도대체 이 아이는 왜 가출을 했지?'라는 생각이 든다면, 이는 더욱 심각한 경우로서 부모와 자녀 간의 대화가 거의 이루어지지 않은 상태였다고 볼 수 있다. 여하튼 이러한 말을 했을 때 부모는 결코 무심히 지나치지 말고 아이에게 차근차근 물어보아야 한다.

"우리 집이 싫어? 몰랐구나. 무엇이 싫은지 자세히 들어보자. 엄마 아빠가 고칠 거야."

아이가 집을 싫어하는 이유가 부모나 집안 분위기로부터 비롯된다고 판단되면, 부모는 기존의 방식을 바꾸어야 한다. 쉽지는 않겠지만, 부모가 변하려고 노력하는 모습을 보인다면 아이도 마음을 바꾸어 먹을 것이다. 아이가 여러 번 경고 신호를 보냈는데도 불구하고, '우리 집은 전혀 달라지지 않는다.'라고 아이가 느꼈을 때 아이는 도망을 친다. 그것이 가출이다.

아이는 부모보다 힘이 없는 존재이기 때문에 부모와 맞서 싸워서 이기려고 하는 것보다는 가출을 선택한 것이다. 즉 부모를 보지 않는 방법 또는 부모로부터 도망치는 방법으로써의 가출인 셈이다. 따라서 아이가 도망을 치기 전에 보냈던 불쌍한 SOS의 신호를 부모가 몰랐다면 혹은 알고도 무시했다면 그것은 매우 슬픈 일이다.

가출의 심각성은 그것이 일시적으로 끝나는 경우 외에 절도 등의 범행으로 이어지고, 유흥업소에 취업하며, 약물을 남용하는 등으로 발전할 수 있다는 데 있다. 오늘도 평범한 일상에서의 일탈을 꿈꾸며 가출을 생각하는 아이들! 어쩌면 청소년 시기의 문화적 특성으로서 '일탈'이라는 말은 그들에게 아주 잘 어울리는 용어다. 그러나 그 일탈이 가출과 같은 완전한 일탈이라면 파국으로 끝날 위험 요인이 너무 많을뿐더러 일상으로 다시 돌아오기가 매우 어렵다. 그야말로 가정의 틀 안에서 이루어지는 부분적 일탈. 이것이 아이들에게 더 잘 어울리고 필요한 일탈이다.

그것이 어떠한 행동으로 나타나건 아니면 의식으로 발전하건 간에 그들은 그러한 일탈을 통해서 창조적으로 될 수도 있고 자신들만의 독특하고도 새로운 문화를 창조할 수 있다. 과거 N세대나 X세대의 등장이 바로 그러한 일탈을 통해서 이루어졌다고 말할 수 있다. 이제 우리의 아이들은 어떤 용어로 불릴까 몹시 기대되고 흥분된다. 그들은 새로운 세대로 불릴 준비를 하고 있다.

죽음

여러분은 '죽음'이라는 말을 들을 때 어떤 느낌이 나는가? 두렵고 무서운가?

아마 대부분 죽음이라는 말만 들어도 두려울 것이다.

우리는 크면서 사람은 언제든 죽을 수 있다는 것을 깨닫게 된다. 즉 인지적 사고 능력이 발달하면서 인간은 하나의 생명체로서 탄생과 성장과 죽음의 과정이 있다는 것을 알게 되는 것이다. 그리고 주변 사람들의 죽음을 경험하면서 나도 언젠가는 죽는다는 것을 알게 된다.

발달심리학적 관점에서 볼 때 아이들이 약 10세 정도가 되면 죽음이라는 것을 제대로 이해하고 부모뿐 아니라 자기 자신에게도 죽음이 일어날 수 있음을 알게 된다.

청소년기는 '죽음'에 대해서 깊이 생각하는 시기다. 죽음과 삶의 철학적 의미에 대해서 생각해 보기도 하고, 질병과 죽음, 사고와 죽음 등을 연관시키게 된다. 아울러서 현재 느끼는 괴로움의 해결 방법으로써 죽음, 즉 자살을 떠올린다.

미국과 유럽에서는 지난 40년에 걸쳐서 청소년의 자살률이 급격하게 증가했는데, 특히 미국의 경우 15~19세의 청소년에서 약 3배나 증가하였다. 우리나라의 연구에 의하면 한 지역사회에 거주하고 있는 학교 학생들을 대상으로 하여 자살 사고율이 29.6%에 이르고, 자살 시도율은 5.31%로 절대 적지 않음을 드러내었다. 성인의 경우 자살은 10대 사망 원인 중 8위로 나타났으나, 15세에서 24세의 청소년의 경우 사인의 두 번째를 차지하고 있다. 따라서 청소년기의 자살 사고나 시도에 대해서는 결코 가볍게 보아 넘길 문제가 아니라는 것을 알 수 있다.

아이들은 왜 자살을 꿈꾸는 것일까?

이 질문에 대답하기 위해서는 먼저 자살의 특성을 살펴보아야 한다. 자살을 통해서 얻을 수 있는 것은 현실의 도피다. 그리고 가까운 사람에게 상처를 주기 위한 복수의 의미도 있다. 또는 내가 매우 심하게 고통받고 있었다는 것을 주변 사람에게 알리는 신호로써 이용하기도 한다. 실업률이 올라가거나 경기 불황 등 사회가 경제적으로 어려워지고 살기가 힘들어질 때 사람들은 괴로운 현실에서 도피하기 위해서 한 번쯤 자살을 꿈꾼다.

아이들이 경제적 어려움을 직접 겪는 경우는 요즘 많지 않다. 아이들에게 있어서 가장 으뜸 되는 자살 사고의 원인은 부모와의 관계다. 매스컴이나 신문에서 중고교생이 성적 부진을 비관하여 아파트에서 뛰어내려 자살했다는 보도를 가끔 접할 수 있다. 그러면 그 아이가 지나치게 성적에 집착했구나 생각하면서 한국의 빡빡한 입시 현실을 개탄한다. 아무도 그 아이가 부모와 무슨 문제가 있었나 하는 생각을 하지 않는다. 그러나 정신과 의사로서 오랫동안 청소년을 상담해 왔던 나로서는 가장 먼저 떠올리는 궁금증이 평소 그 아이와 부모와의 관계다. 아이들이 성적 자체만으로 괴로워하고 자살까지 생각하는 경우는 그리 많지 않다.

대부분 부모와의 불화나 갈등 때문에 자살을 꿈꾸고 있다. 물론 부모와의 갈등이 별로 없이 순전히 학업 문제나 친구 문제 때문에 자살을 하는 아이도 있다. 그러나 그것도 역시 부모의 책임이라고 본다. 왜 부모는 그 아이가 무엇 때문에 고민하는지 알지 못했고, 또 설사 알았다 치더라도 자살 시도에 이르기까지 방치했단 말인가? 이 땅에서 정말 열심히 그리고 힘들게 살아가고 계시는 많은 부모님을 매도할 생각은 없다. 다만 우리 자녀들은 우리가 잘 인식하지 못하는 이 순간에도 죽음이라는 극단적인 생각을 할 수도 있다는 점을 말하고 싶은 것이다.

필자가 아이들을 상담할 때 꼭 확인하고 넘어가는 질문이 있다.
"죽고 싶은 생각 한 적 있니?"라는 질문이다. 이 질문에 대해서는 아이들이 비교적 솔직하게 대답하는 것 같다. 왜냐하면, 이와 같은 질문은 그 전에 아무도 그 아이에게 하지 않았기 때문에 아이들은 어쩌면 기다리고 있었을지도 모르는 질문이다. 우울한 기분을 느끼고 있거나 괴로운 고민에 빠진 아이들은 대부분 "그렇다"라고 대답한다. 여기부터가 중요하다.

아이들이 죽고 싶은 생각이 든 것 자체도 심각한 문제이지만, 그 정도와 깊이가 다양해서 자세하게 물어보아야 한다. 즉 죽고 싶은 생각을 한두 번 정도 했는지 아니면 거의 매일 하는지의 그 빈도와 실행에의 여부에 대한 정도를 확인해야 한다. 실제로 시도를 해 보았는지 그리고 어떠한 방법으로 해 보았는지, 만일 시행에 옮기려고 한다면 언제 어떻게 하려고 하는지 꼬치꼬치 캐물어야 한다.

어떤 사람들은 혹시 괜히 죽음이나 자살에 대한 얘기를 많이 해서 오히려 그 아이가 더 위험하게 만드는 것 아닌가 걱정할 수도 있다. 그러나 많은 정신의학적 연구와 임상 경험에 의하면 자살을 꿈꾸는 사람들에게는 주변에서 그 문제에 대해서 터놓고 얘기하고 오히려 자주 그 생각을 점검하는 것이 실제 자살 행동을 멈출 수 있다고 알려져 있다. 실제로 자살에 성공한 아이들이 어느 날 갑자기 자살한 것이 아니다. 그 아이는 그 전에 어떠한 신호를 보냈을 것이다. "죽고 싶다"라는 말을 하는 것이 대표적 신호다. 또는 "죽는 것은 어떠할까?"라는 질문을 던지기도 한다. 모르는 사람에게가 아닌 부모나 형제자매, 친구 등 주변의 가까운 사람에게 말을 한다. 그것을 단지 별것 아닌 것으로 간주했기 때문에 아이가 자살에 성공한 것을 막지 못했을 뿐이다.

어른도 "죽고 싶어" 또는 "죽겠다"라는 말을 자주 쓴다. 그러나 그것은 속상한 마음을 표현하는 하나의 언어적 수단이지 실제 죽으려는 마음은 별로 없다. 다시 말하면 죽음이라는 것을 너무나도 엄청난 일로 간주하기 때문이다. 그러나 청소년은 조금 다른 태도를 가지고 있다. 어떻게 보면 어른보다 죽음을 더 가볍게 또는 하찮게 여긴다. 죽음이라는 것은 내가 마음만 먹으면 언제든지 실행할 수 있는 하나의 행동, 즉 내 의지대로 할 수 있는 행동에 불과하다. 다만 그 결과를 내가 느끼지 못할 뿐이다. 이제까지 부모와 학교의 통제에 놓여있던 어린아이들이 청소년기에 접어들면서 자기 삶에 대해 통제하려고 시도하는데, 죽음도 그 통제 대상 중의 하나일 뿐이다.

오히려 어른은 내가 죽으면 우리 애들 교육은 누가 시키고 누가 보살필 것이냐는 걱정과 책임감에 죽음을 주저하게 되는 마음의 방패가 있다면, 아이들은 비교적 그러한 데서 자유로울 것이다. 따라서 청소년의 자살 시도는 보다 쉽게 이루어진다. 다만, 흥미로운 것은 시도 자체는 성인보다 더 많이 하지만 실제 성공률은 성인보다 낮다. 그것은 아이들이 어른들보다 더 충동적으로 그리고 보다 덜 계획적으로 자살을 시도하기 때문에 그런 것 같다. 자살을 성공하는 것도 아이들은 어른을 따라가지 못하는 미숙한 존재이다.

상담 중에 아이들의 자살 사고(思考) 확인하면, 필자는 반드시 그 사실을 부모에게 알린다. 다른 것은 부모에게 비밀로 할 수 있겠지만, 자살의 문제에서는 비밀로 해서는 안 되기 때문이다. 여기에도 두 가지 반응이 있다. 하나는 전혀 몰랐고 의외라는 듯이 깜짝 놀라는 부모의 반응이고, 다른 하나는 그냥 덤덤하게 아무렇지도 않은 듯 받아들이는 부모의 반응이다. 전자의 경우 아이가 얼마나 고통받고 있었는지 잘 몰랐던 부모로서 '이제부터라도 알았으니까 아이를 정말 잘 도와줘야겠다.'라고 생각하는 부모다.

후자의 경우에 해당하는 부모는 이미 그 전에 아이로부터 그 비슷한 말을 들어 왔기 때문에 별로 놀라지 않을뿐더러 설마 아이가 실제로 그렇게 하겠느냐 생각하는 부모다. 그러나 분명한 것은 자살 사고에서도 단계가 있어서 처음에는 자살을 생각하는 것에 막연한 두려움을 느꼈던 아이들이 그 생각이 반복될수록 점차 아무렇지도 않게 느껴지면서 주변에 신호를 보내고, 그 신호에 대한 반응이 없게 되면 이제 최후의 선택으로 죽음을 선택하는 것이다. 그리고 그 죽음은 어느 방법으로도 해결되지 않았던 괴로움의 마지막 해결 방법인 셈이다.

청소년 자살은 예방할 수 있다. 왜냐하면, 아이를 변화시킬 수 있는 환경이 성인보다 많기 때문이다.

가장 중요한 차이는 부모가 같이 살고 있다는 점이다. 그리고 부모의 노력으로 아이의 괴로움의 많은 부분이 치유될 수 있다는 점이다. 실직하여 돈 한 푼 벌지 못하는 노숙자에게도 사회적 구조의 손길이 다가가고 빚에 쪼들리는 많은 사람에게 개인 워크아웃 제도가 시행되는 것도 필요하지만, 가까운 우리 자녀가 힘들어하면서 죽음을 생각할 때 그들을 치유시키고 도와줄 수 있는 사회적 프로그램은 없단 말인가?

가정에서는 물론, 이제 학교에서 그리고 나아가 사회에서 청소년 자살에 대한 관심이 더욱 높아질 때가 온 것 같다.

미래

　누구에게나 미래는 있다. 특히 한창 많은 꿈을 꿀 나이의 중학생 아들에게 미래란 활짝 열려 있는 상태다. 우리 어른들도 때로는 미래를 생각하고 꿈꾼다. 그럴 때 여러분은 마음이 설레는가? 아니면 암울한 미래가 그려지는가? 적어도 지금보다 더 행복해질 것이라고 예상하거나 아니면 지금처럼 계속 행복이 유지되기를 바라는 사람은 정신적으로 건강하다고 할 수 있다. 그러나 아무리 생각해도 나의 미래는 보잘 것 없다고 예상하고, 미래가 다가오는 것이 오히려 두려움으로 느껴질 때 정신 건강에 문제가 생길 가능성이 커진다.

　비관론자와 낙관론자의 차이도 있다. 낙관론자는 미래를 장밋빛으로 전망하는 데 반해서 비관론자는 마치 지구 종말이라도 다가오는 것처럼 나에게는 나쁜 일들이 생겨날 것이라고 예상하다. 우리 아들이 낙관론자가 되기를 바라는가, 아니면 비관론자가 되기를 바라는가?

중학교 3학년 철수(가명)는 엄마의 손에 이끌려서 청소년 정신건강의학과를 찾아왔다. 철수는 학교 가기를 귀찮아하고, 친구들과 잘 어울리지 않으며, 매사 부정적인 말들을 자주 해 왔다. 게다가 하교 후에는 자신의 방에 틀어박혀서 게임을 하거나 아니면 그저 가만히 침대에 누워 있다. 이를 보다 못한 부모님이 아이에게 밖에 나가서 놀고 오라고 하면, "저는 집 밖이 싫어요. 사람들이 모두 다 싫어요."라고 대답한다. 이에 부모가 "그러면 네 방에서 나와 거실에서 식구들과 TV를 보고 과일도 먹으면서 얘기를 나누자."라는 말을 하면, 아이는 "저는 집도 싫어요. 그나마 내 방에 있는 게 나아서 여기 있는 것이에요."라고 말한다. 부모는 얼마나 속이 터지고 답답했을까?

철수의 성적은 떨어지다 못해 아예 바닥을 치고 있었다. 그도 그러할 것이 공부를 전혀 하지 않기 때문이다. 그리고 늘 우울하고 처진 표정과 태도를 보여 부모가 아이를 병원에 데려온 것이었다.

철수는 한 눈에 보기에도 생기가 전혀 없어 보였다.

"철수야, 요새 제일 관심 가는 것이 뭐가 있어?"

"관심이요? 저는 아무것도 관심이 없어요."

"그래? 그러면 무엇을 할 때 가장 즐겁지?"

"즐거운 감정을 느껴본 적이 없어요."

"지금 현재가 즐겁지 않구나. 그러면 과거에 즐거웠던 일 기억나는 것 있니?"

"아무것도 기억나지 않아요."

"어릴 적 부모님과 즐겁게 지냈던 일, 아니면 친구들과 재미있게 놀았던 일도 없어?"

"있었겠죠. 그런데 기억은 하나도 안 나요."

"미래의 이야기를 해 보자. 이다음에 어떤 사람이 되고 싶어?"

"미래요? 저한테는 그런 것 없어요. 미래에 아무것도 되고 싶지 않아요. 저는 스무 살이 되기 전에 죽을 것 같아요."

"왜 그렇게 생각하지?"

"앞으로 더 살아봐야 재미있는 일도 없을 것 같고, 더 살아야 할 의미도 없어요."

"미래에 어른이 되면 시험도 없고 돈도 벌 수 있잖아."

"어른이 되고 싶지 않아요. 어른이 되면 돈을 벌어야 하잖아요. 저는 못 할 것 같아요. 자신 없어요. 지금은 부모님이 해 주시는 음식 먹고 편하게 살 수 있으니까 차라리 지금이 더 나아요."

아이는 어른이 되는 순간 자신에게 부여되는 사회적 책임 및 부모로부터의 경제적 독립이라는 과제를 미리 버거워하고 있다. 그러니 어른이 되고 싶지 않은 것이다. 하지만 시계는 정확하고 시간은 계속 흘러가는 것이 자연의 이치다. 째깍째깍 시계 소리가 들리는 것이 자신에게 부과될 책임의 지점으로 점점 더 가까워짐을 의미하기에 아이들은 시간을 멈추고 싶고 성장을 거부하고도 싶다. 이와 같이 어른 되기를 싫어하는 아이도 있을진대 더 많은 아이는 자신의 미래, 즉 어른으로서의 모습에 대해 별다른 희망과 꿈을 갖고 있지 않다. 다시 말해서 자신의 앞날에 대한 불확실성과 낮은 성공 가능성 때문에 벌써 포기하는 분위기다.

미래를 꿈꾸지 않는 청소년들이 점점 더 늘고 있다.
"타오르는 꿈을 안고 사는 젊은이여, 우리 모두 같이 즐겁게 노래해요." 라고 시작하는 가요가 있다. 젊은이는 지금 현재 가진 것 하나 또 이룬 것 하나 없지만 꿈이 있어서 즐겁고 패기와 열정이 넘친다는 생각이 노래에 잘 나타나고 있다.

사춘기 시절을 특징짓는 중요한 단어 하나가 '꿈'이다. 꿈 많던 여고생, 뭐 이런 말은 자주 듣지 않았던가.

밝고 아름다운 미래를 꿈꾸는 것은 우리의 마음을 매우 풍요롭게 한다. 지금은 다소 현실이 힘들더라도 좋은 미래를 꿈꾸면 그 자체만으로도 기분이 좋아지고 현재의 고난을 헤쳐 나가게 만드는 원동력을 제공하는 신비의 묘약 같기도 하다.

청소년기에는 모두가 꿈을 꾸고 산다. 그러나 의외로 많은 아이가 꿈이 없는 청소년기를 보내고 있다면 여러분들은 믿겠는가?

나의 임상 경험에 의하면 너무나도 많은 아이가 꿈을 잃은 채 마치 시들어 가는 식물처럼 자라고 있다. 한수(가명)가 그랬다. 그는 자기가 태어날 때부터 흙수저여서 나중에 어떤 직업도 갖지 못할 것이라면서 심지어 편의점이나 패스트푸드 알바도 어려울 것 같다고 말했다. 이유를 물어보니 그런 알바 일도 사람들과 잘 어울리거나 사람들을 잘 대할 수 있어야 하는데 자신은 그럴 자신이 없기 때문이라고 했다. 한

수는 알바도 자신 없는 내가 무슨 꿈을 갖겠냐면서 오히려 질문을 던진 필자를 짜증 섞인 눈빛으로 쳐다봤다.

현준(가명)도 그러했지만 한수와는 매우 달랐다. 그는 꿈을 점차 놓아버리는 중이었다. 어릴 적부터 제법 기타를 잘 치는 그는 나중에 작곡가가 되어 사람들이 거의 다 아는 노래를 만들고 싶다고 했다. 그러나 부모는 아이의 재능을 평가절하하며 기타나 작곡은 어디까지나 취미일 뿐 평범한 일반 직장을 다녀야 할 것이라고 못 박았다.

아이의 부모가 필자에게 해 준 말이 기억난다. "선생님, 우리도 아이가 유명 작곡가가 되어 히트곡을 내고 작곡 인세를 받으면서 살면 얼마나 좋겠어요. 하지만 그것이 얼마나 어려운지 선생님도 알잖아요. 다행히 아이가 공부도 잘하는데 그냥 평범한 일반 회사에 들어가거나 아니면 공무원이 되어야 그래도 밥을 굶지는 않잖아요." 아이의 말 또한 기억난다. "우리 부모님은 무조건 작곡으로는 성공할 수 없다고 그래요. 제가 이제 중3인데 어떻게 그것을 알아요. 음악 공부 계속하면 늘 수 있고, 또 제가 꼭 하고 싶다는데 막무가내로 안 된다고만 하니 정말 답답해요. 제가 계속 작곡가의 꿈을 갖고 싶은데, 저도 자꾸 지치게 되니까 자신도 없어지고 사는 것이 정말 힘들어요. 이제 정말 포기해야 할까 봐요."

한수는 꿈이 없고, 현준은 꿈을 잃어버리는 중이다.

이와 같이 우리의 청소년들이, 앞으로 이 사회를 짊어져 나갈 우리의 아이들이 꿈이 없다는 것이 말이 되는가? 과거의 궁핍했던 시절보다 훨씬 더 풍부해진 영양은 아이들의 몸을 예전보다 더 크게 만들었지만, 거기에 어울리는 마음의 성장은 몸만큼 이루어진 것 같지 않다. 아이들의 마음을 크게 만드는 것은 바로 부모의 사랑과 더불어서 자신의 꿈과 희망이기 때문이다.

다음은 필자가 아이들에게 자주 던지는 질문의 내용이다.

"이다음에 무엇이 되고 싶니?"

"나중에 커서 어떻게 살고 싶니?"

"지금 현재 하고 싶은 것이 뭐니?"

그리고 다음은 각각의 질문에 대한 아이들의 답변이다.

"되고 싶은 것 없어요."

"잘 모르겠는데요."

"별로 없어요."

이러한 대화를 주고받다 보면 필자의 마음도 저절로 어두워진다. 지금은 비록 괴롭고 힘들다고 할지라도 미래에 대한 꿈만은 잃지 않기를 바라는 필자의 기대는 여지없이 무너지고 말기 때문이다. 아이들은 현재도 미래도 철저하게 부정적으로 보는 것이다.

필자는 여러 가지 부정적 자세 중에서 미래에 대한 부정적 태도가 가장 나쁜 것이라고 생각한다. 과거에 대한 부정적 시각이나 나를 둘러싼 주변 환경에 대한 부정적 시각은 누군가의 설득이나 깨우침에 의해서 어느 정도 교정할 수 있지만, 미래에 대한 부정적 시각은 곧

자기 자신에 대한 부정적 태도로 이어지기 때문에 참으로 고치기가 힘들다. 그러나 아무리 고치기 힘들고 어렵다고 할지라도 우리 아이들을 포기해서는 안 된다. 그것이 우리의 주어진 사명이기 때문이다.

꿈이 없다고 말하는 아이들이 처음부터 꿈이 없었던 것은 분명히 아니다. 언제부터인가 꿈을 잃어버렸고 꿈꾸기를 그만둔 것이다. 더 어릴 적에 가졌던 꿈을 물어보라. 아마 부모는 아이가 어렸을 적 유치원이나 초등학교에 다닐 때 무엇이 되고 싶다고 한 말을 기억할 것이다. 그것은 대통령에서부터 경찰관이나 선생님, 간호사, 발명가 등 매우 다양할 것이다. 과연 그 꿈은 어떻게 형성되었을까?

두말할 것 없이 부모의 영향이 가장 크다. 그리고 그다음에는 아이가 접한 책이나 방송 매체 등일 것이다. 처음에는 자신의 꿈을 신나게 얘기하며 즐거워했던 아이들이다. 그러나 그 꿈이라는 것이 이루어지기 위해서 현실에서 갖추어야 할 조건들을 인식하는 순간부터 아이들은 압도당하고 만다.

가장 중요한 것이 공부요 학교 성적이라는 것은 아이들을 정말 우울하게 만든다. 그러면 공부를 통해서 이루는 것이 아닌 다른 꿈을 꾸고 또한, 그 꿈을 이루기 위해서 노력하면 될 것 같다. 그런데 이 과정이 용납되지 않는 것이다. 다시 말해 부모들이 보기에 하잘것없고 시시해 보이는 꿈은 꿈 자체로 인정되지 않는다는 말이다. 초등학교 때는 소방관이나 경찰관이 되겠다고 말하는 아이를 자비롭게 쳐다보면서 "그럼! 그렇게 남을 도와주는 사람이 되어야 한단다."라고 말했던 부모들이다.

그러나 중학생이 된 아이가 그런 말을 하면 "아이고, 왜 하필이면 그런 험한 일을 하려고 하느냐? 공부 잘해서 번듯이 넥타이 매고 좋은 직장 다녀야지. 그리고 경찰이 되려거든 공부 잘해서 높은 자리에 올라가야지."

아이는 이런 말을 들으면 꿈이 무너진다.

"이다음에 컴퓨터나 애니메이션 공부하고 싶어요."라고 말하는 고등학생 자녀를 "그것 가지고서 어떻게 먹고 살겠느냐? 그리고 그것도 다 대학 간 다음에 배워야 한다." 아이들의 꿈을 옆에서 만들어 주고 지켜 줘야 할 부모가 그 꿈의 평가를 경제적 기준, 직업적 측면, 사회적 지위의 관점에서만 바라보는 것 같아서 안타깝다.

물론 우리가 일상생활을 하는 데 있어서 경제적인 수입 정도나 직업의 중요성은 매우 크다. 그러나 돈 잘 벌고 소위 말해서 좋은 직업 가지고 있다고 해서 곧바로 행복으로 연결되는 것이 아닌 것은 우리도 잘 알고 있지 않은가?

아이들이 꿈꿀 때 가장 중요한 것은 아이가 하고 싶은 마음이 들어야 한다는 것이다. 그리고 그 밑바닥에는 반드시 재미 또는 흥미의 요소가 있어야 한다. 노래 부르고 기타 치는 것이 좋은 아이들은 자연스럽게 음악에 관하여 많은 꿈을 가지게 되고, 또 혼자서 열심히 컴퓨터에 몰입하는 아이들은 당연히 컴퓨터에 연관된 꿈을 꾼다. 멋진 건물을 보고서 감탄했던 아이는 건축가를 꿈꾸고, 병원에서 환자를 고치는 의사를 대단하게 여겼던 아이는 의사를 꿈꾼다. 문학 작품을 읽고 감명받았던 아이는 문학가를 꿈꾸고, 친구 중에서 제일 게임을 잘하는 아이는 프로 게이머를 꿈꾼다. 아이들은 스스로 자기 자신의 능력이나 관심의 범위 안에서 꿈을 꾸는 것이지 성적 수준이 어느 정도이기 때문에 그것에 적합한 꿈을 가져야 하는 것이 절대 아니다.

때로는 평범해지려는 삶 자체가 꿈이 될 수도 있다. 내가 특별히 잘하는 것이 없다고 여기는 아이는 그저 욕심내지 않고 주어진 환경에서 열심히 할 일을 한다는 꿈을 가질 수 있다. 무슨 꿈이 그러냐고 반문할 수 있겠지만, 평범함 때문에 괴로워하고 열등감에 빠져서 아무것도 못 하는 아이보다는 그 평범함을 자연스럽게 받아들이며 안정된 마음으로 최선의 노력을 다하는 그야말로 보통 아이가 더 행복하다.

꿈이 없는 아이들에게 해 주어야 할 얘기가 있다.

"꿈은 결코 거창하거나 대단한 것일 필요는 없다. 네가 행복해지기 위해서 하고 싶은 일이나 대상을 말하는 것이다. 그것은 어떤 직업이 될 수도 있고, 추구하는 물질일 수도 있겠지만, 우리가 듣고 싶은 것은 네가 중요하게 생각하는 가치란다. 그 가치는 '사랑'일 수도 있고, '봉사'일 수도 있고, '우정'일 수도 있고, '멋'일 수도 있고, '웃음'일 수도 있다."

이 얘기를 들려준 다음에 다시 아이들에게 꿈이 무엇이냐고 물어보자.

"그냥 평범하게 살고 싶어요."라고 대답하는 아이들이 있다면, "그것도 좋은 꿈이지. 평범함이란 참 좋고 편안한 거란다."라고 응답해 주자.

중요한 것은, 아이들이 부모의 입맛에 맞는 꿈을 얘기하는 것이 아니라 진정으로 마음속 깊이 그것에 대해서 생각하고 있느냐는 점이다.

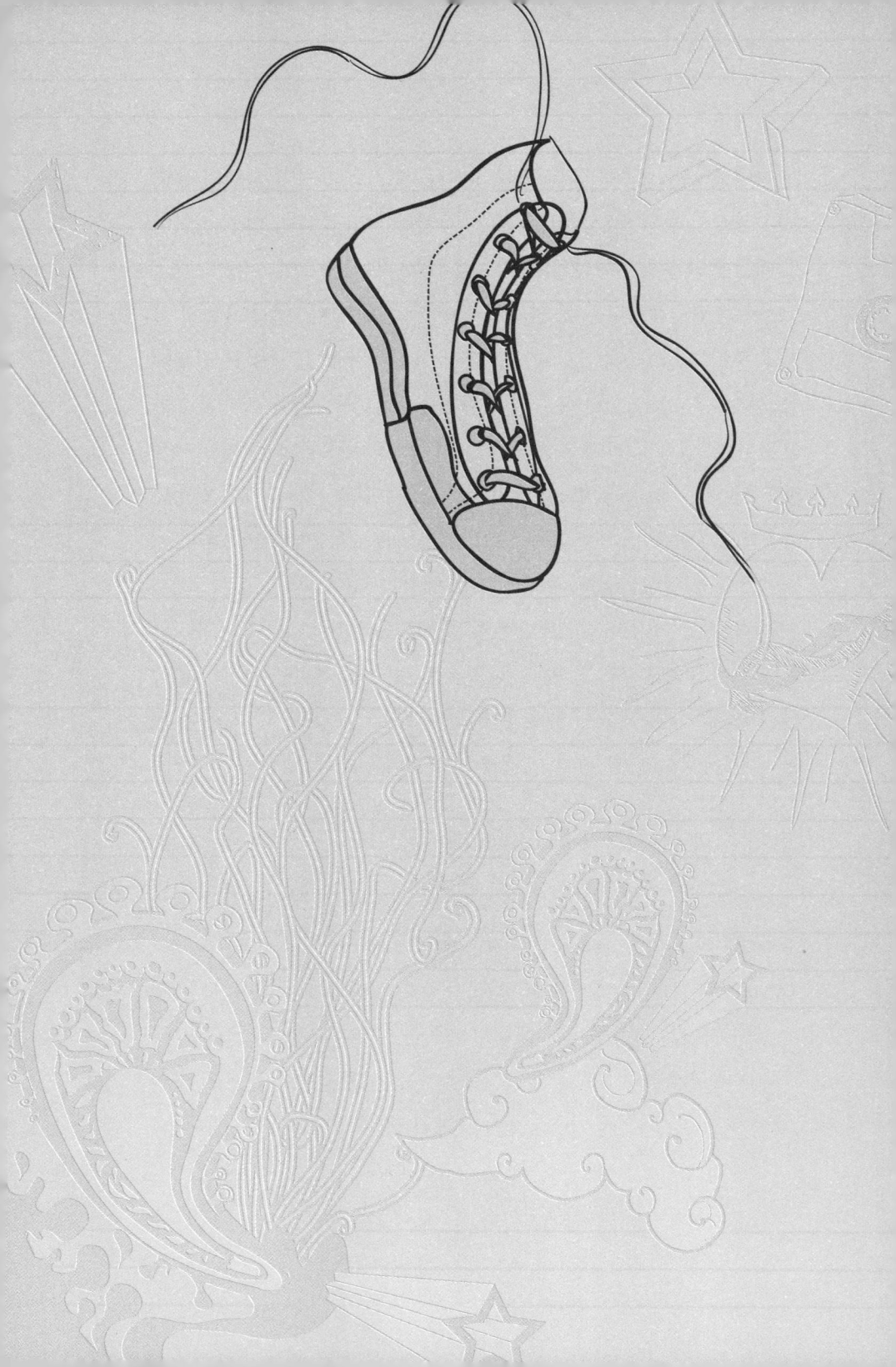

부모의 걱정들

"잘못되지 않을까 전전긍긍해요"

공부

지금도 많은 부모님이 말씀하신다.

"우리 아이가 공부 잘하기를 바라지 않아요. 그저 중간 정도만 하고 어느 정도 해야 할 공부만 하면 됩니다."

얼른 들으면 그리 욕심내지 않고 자녀에게 부담을 덜어주기 위한 부모의 마음이 느껴지는 말이다. 그런데 이처럼 말하는 부모들의 몇 년 전 말씀으로 돌아가 보면 다음과 같다.

"우리 아이가 공부를 잘하면 좋지요. 늘 1등이야 할 수 없겠지만 그래도 상위권을 유지해야 하지 않겠어요? 그렇게 되기 위해서 열심히 학원을 보내고 투자를 하고 있습니다. 결국, SKY 대학이나 최소한 서울에 있는 대학을 나와서 버젓이 대기업이나 공기업에 취직하기를 원해요. 아이가 힘들 수 있겠지만, 경쟁이 치열한 대한민국에서 살아남으려면 어쩔 수 없지요. 그러니까 지금부터 공부 기초를 잘 다져나가는 것이 중요하지요."

공부 자체를 고민하는 부모는 오히려 상대적으로 행복한 부모일 수 있다. 공부는 해야 한다. 학창 시절의 중요한 발달 과제이기도 하다. 공부를 열심히 하는 학생은 일반적으로 성실하고, 사회에 순응적이며, 목표 지향적이기도 하다.

사실 자녀가 공부를 잘하기를 바라는 부모의 마음에는 공부를 잘함으로써 매사 성실하고 모범적으로 살아가는 사회 구성원이 되기를 바라는 것이 더 크다. 따라서 부모가 아이에게 "공부 열심히 해"라는 말은 "성실하게 너의 할 일을 해라."라는 뜻이다. 그럼에도 불구하고 많은 아이는 부모의 공부 언급에 대해서 잔소리로 여기고, 때로는 격렬한 알레르기 반응을 보이기도 한다. 아이들은 왜 이와 같은 반응을 보일까?

공부가 어렵기 때문이다. 공부가 쉽고 재미있으면 아이들은 스스로 열심히 할 것이다. 그러나 공부는 자신이 생각한 만큼 쉽지 않고, 더욱 결정적인 것은 공부의 결과가 점수 또는 성적으로 나와서 서열이 매겨진다는 점이다.

내가 친구 중에 몇 번째 위치에 있는가를 아는 것은 그리 유쾌하지 않다. 경쟁은 필연적으로 긴장을 유발한다. 긴장된 상태에서 누군가가 나에게 말을 거는 것은 경계심을 갖고 방어적인 나의 태도를 만들어낸다. 그러니 부모의 질문은 아이에게 그리 반겨지지 않는 것이다.

특히 "이번 시험을 잘 봤니?", "수학을 몇 점이나 맞았지?", "중간고사 등수가 어떻게 돼?" 등의 질문은 아이가 외면하고 싶은 것들이다. 부모는 여전히 사춘기 아들의 조력자요 후견인이요 양육자요 감독관이다.

필자가 강조하고 싶은 것은 '관점을 다르게 갖기'다. 이는 공부 자체에 초점을 맞추는 지금까지의 관점과는 다르게 올바른 성격 형성을 위한 관점을 가지라는 뜻이다.

올바른 성격이란 무엇을 말하는가?

올바른 성격이란 긍정적 대인관계 지각 혹은 친(親) 사회성 등을 말한다. 그러니 이제부터는 아이에게 다음과 같이 말해보자.

"네가 공부를 잘하는 것을 바라는 것이 아니야. 중요한 것은 성실하게 하는 것이야. 엄마가 집안일을 열심히 하고, 아빠가 회사를 열심히 다니는 것과 마찬가지야. 엄마가 최고의 살림꾼이 되거나 아빠가 회사 간부가 꼭 되어야 하는 것이 아니듯이 너도 성적이 꼭 좋을 필요는 없어. 하지만 공부를 열심히 하는 것이 나중에 사회에 나가서 주어진 일을 성실하게 하는 능력을 키울 수 있어. 성실함은 습관처럼 몸에 배는 것이거든."

중2 아들에게 이와 같은 설명이 필요하다고?

그렇다. 필요하다. 아직 추상적인 사고 개념을 갖지 못한 초등학생이 아니고, 나름대로 생각의 폭이 넓어지기 시작하는 고등학생도 아니기 때문이다. 부모가 공부를 얘기하는 것이 아니라 인생의 행복과 성공을 얘기한다고 느껴질 때 아이는 부모의 말에 귀를 기울일 것이다. 이처럼 부모가 개입하여 효과적으로 인생을 지도할 수 있는 효율적 시기가 바로 중학생이라고 생각한다. 이처럼 설명하지 않으면서 부모의 속뜻이나 진정한 가르침을 아이가 알아서 이해하고 받아들일 것이라고 생각하면 큰 오산이다. 우리 아이는 아직 중학생이기 때문이다.

성격

부모가 걱정할 만한 아이의 성격적 문제는 과연 어떠한 것들이 있는가? 필자의 지난 20년간 경험을 비추어 볼 때 다음의 몇 가지 문제로 요약될 수 있다.

첫째, 부끄러움을 많이 타는 성격이다. 이는 아이의 심리 내면에 불안과 두려움이 많기 때문이라고 할 수 있다.

대개 그 두려움의 근본은 다른 사람의 평가에 대한 것이다. 따라서 이러한 아이들은 또래 관계를 잘 맺지 못하고 교사에게도 자신의 의사를 제대로 전달하지 못한다. 알고 있는 내용도 남들 앞에서 표현할 때는 우물쭈물하거나 당황하여 얘기를 못 하게 되므로 자신의 실제 능력보다 학습 능력이 낮게 평가된다. 부끄러움의 근원은 사실 부모로부터의 비난이다.

아이가 성장하면서 잘한 것과 잘못한 것에 대한 개념이 생겨나는데 그 기준은 부모의 영향이 크다. 아이가 흔히 할 수 있는 별것 아닌 일도 부모는 아이가 예의가 없다거나 버릇이 없다는 등의 지적을 여러 번 했다면 아이는 자신에 대해서 부끄러움을 가지게 된다. 이 경우 부모는 다음과 같이 몇 가지 방법들로 아이를 도와줄 수 있다.

아이에게 부끄러움의 대상, 목록을 작성하게끔 하여 정말 그것이 부끄러워할 만한 것인지 다시 생각해 보도록 한다. 아이 스스로 필요 이상의 부끄러움을 느끼고 있음을 깨닫게 되거나 혹은 부모의 조언으로 부끄러운 정도를 줄일 수 있다.

부모는 아이에게 비난보다는 칭찬을 많이 해야 한다. 칭찬이야말로 아이의 자신감을 높이고 부끄러움을 줄일 수 있는 지름길이다.

전에는 부끄러워서 잘하지 못했던 일(가령 남들 앞에서 책을 읽는 일 등)에 대해서 부모가 차근차근 해결 방법을 가르쳐 주고 부모와 함께 예행연습을 한다. 이때 아이가 한 번에 잘 수행하지 못하더라도 절대 비난하지 말고, 천천히 익힐 수 있도록 격려한다.

부끄러움 자체가 항상 나쁜 것만은 아니고 건강한 부끄러움도 있음을 아이에게 설명해 준다. 부끄러움을 어느 정도 타는 것은 다른 사람에게 선한 인상을 줄 수 있음을 알게 해 준다. 즉 아이 스스로 부끄럼을 잘 타는 자신의 성격에 대해서 지나치게 자기를 비하하지 않게끔 해 준다.

둘째, 반항적인 성격이다. 부모나 교사 등 어른, 즉 권위 대상에게 반항적 태도를 보이는 아이는 어릴 적 양육과정에서 부모와의 힘겨루기가 자주 이루어졌던 아이들이 많다. 즉 밥 먹는 문제, 씻는 문제, 공부하는 문제 등에 있어서 부모와 늘 갈등을 일으키고 이 과정에서 서로 감정적으로 대립되어 어른에 대한 적대감이 형성되어 있다. 아이들은 어른이 자신을 권위로써 누르려고 하면 더욱더 반항적이 된다.

이런 아이에게는 부모가 아이에게 냉정함과 차분함을 잃지 않으면서 대화한다. 감정적으로 대화하면 더욱 문제는 심각해진다. 반항적인 행동 목록을 구체적으로 작성하여 그것이 허용되지 않는 이유를 아이에게 글로 써서 보여 준다. 필요하면 아이의 방에 붙일 수 있다.

아이가 반항적이지 않고 순응적인 태도를 보일 때는 칭찬과 상을 주어서 긍정적 강화를 시도한다. 반항적인 모습을 보일 때만 반응을 하고, 그렇지 않을 때는 무심코 지나칠 때 아이의 관심 욕구 충족 때문에 오히려 반항적 행동이 늘 수 있기 때문이다.

아이의 감정이 격해져 있으면 논쟁을 뒤로 미룬다. 아이는 이성적이고 합리적인 생각과 판단을 뒤로 미룬 채 오로지 부모와의 감정적 대결에서 이길 생각으로 돌출적인 행동을 보일 수 있기 때문이다.

셋째, 자신감이 없는 성격이다. 자신감이 없는 아이는 '나는 잘하는 것이 아무것도 없다'라고 생각한다. 이는 사실 부모의 영향이 크다.

아이들이 자신감을 얻는 과정은 부모로부터의 칭찬과 인정으로부터 시작된다. 그다음에 부모가 아닌 다른 어른들이나 친구들로부터의 인정, 나아가서 아이 스스로 남들보다 자신이 무엇 무엇을 잘한다는 비교를 하게 되면서 자신감은 더욱 확대된다. 자신감이 없는 아이들은 또래 관계나 학습 성취에서 제대로 잘하기 힘들다.

부모는 어떻게 아이를 도와줄 수 있을까?

부모가 칭찬을 많이 해 준다. 그러기 위해서는 칭찬할 거리를 많이 만들어 주어야 한다. 객관적으로 보기에는 그다지 칭찬해 줄 것이 아니라는 판단이 들어도 칭찬을 해 준다. 아이가 잘못한 경우라고 판단되면 야단치거나 비난하지 말고, "잘 안되었구나." 라고 위로해 주고 다음엔 잘할 수 있을 것이라며 격려해 준다.

아이가 혼자 성취하기 힘든 일이나 과제에서는 부모가 도와주는 중간단계를 거친 후 아이 스스로 완성하게끔 해 준다. 중요한 것은 마지막에 아이의 손으로 무엇인가를 이루어냈음을 인식하게 해 주는 것이다.

다른 아이들과 비교하는 것은 절대 금물이다. 우리는 알게 모르게 항상 다른 사람과 우리 자신을 비교하면서 살고 있다. 인간 세상의 어쩔 수 없는 현상이기도 하다. 그러나 올바르고 바람직한 삶이란 결국 자신의 마음속에 있다는 것을 깨닫는다면 이제 더 이상 남과 비교하는 일은 없어질 것이다. 아이가 자신감을 가질 수 있는 영역은 여러 가지가 있음을 일깨워 준다. 가령 수학을 잘하거나 달리기를 잘하는 것만이 자신감을 가지는 이유가 아니라 친구들과 싸우지 않고 지내거나 밖에서 우산을 잃어버리지 않고 집에 오는 것 등도 자신감을 가질 수 있는 이유가 될 수 있다.

넷째, 자존심이 너무 센 성격이다. 자존심이 너무 세다는 것은 지나치게 남을 의식한다는 것과 연관이 있다. 남들 보는 앞에서 창피를 당하기 싫어서 자존심을 내세우고 창피가 예상되는 상황에서는 화를 내거나 피해 버린다. 또한, 친구들을 자신과 비교해서 더 잘났고 못났다는 식으로 분류하여 잘난 친구에게는 열등감을 느끼고 못난 친구에게는 지나친 우월감이나 무시하는 태도를 보일 수 있다.

이럴 때 자존심은 자기 스스로 만족하는 것이지 결코 다른 사람에게 보이는 모습으로 판단되는 것이 아님을 가르쳐 줘야 한다. 따라서 먼저 부모의 가치관이나 태도를 스스로 점검해 볼 필요가 있다. 부모 스스로도 지나치게 체면을 앞세우거나 허례허식을 강조하지는 않았는지 반성해 본다.

다른 사람들은 나를 별로 관찰하지 않고 있다고 가르쳐 준다. 부모가 그간 살아오면서 터득한 것일 수도 있다.

아이에게 "네가 생각하는 만큼 다른 사람들은 너에게 깊은 관심이 없어. 다른 사람들보다는 항상 자기 자신에게 더 집중하지."라는 말을 들려준다. 또, 자존심이 상하는 일이 있더라도 나중에 회복할 수 있음을 가르쳐 준다. 즉 순간적으로 혹은 일시적으로 자존심이 떨어질 수는 있어도 그것을 계기 삼아 더욱 발전할 수 있고, 다른 사람들 역시 쉽게 잊어버림을 설명해 준다. 그리고 아이가 주로 어떠한 상황에서 자존심이 상하는지 직접 물어보거나 관찰하여 파악한 후 이 문제에 대해서 아이와 토론한다. 자존심이 상할 필요까지 없는 상황인지의 여부와 실제 어떻게 말하고 행동해야 자존심이 상하는 상황이 벌어지지 않을지에 대한 의논이라고 할 수 있다.

다섯째, 참을성이 없는 성격이다. 참을성 없는 아이는 순간적인 만족을 위해서 바람직하지 않거나 충동적인 행동을 보여서 문제가 자주 발생한다. 이 때문에 대인관계에서도 문제를 일으킨다. 부모는 아이를 어떻게 도와줄 수 있을까?

참을성을 잃게 되는 상황을 파악하여 목록으로 작성한다. 이렇게 하면 아이의 문제를 보다 더 명료하게 알 수 있을 것이다.

쉬운 것부터 단계적으로 참을성을 키우는 훈련을 한다. 이때 적절한 상과 벌을 이용한다.

당장의 만족보다 나중의 더 큰 만족이 있음을 일깨워 준다. 이러한 가르침은 반복적으로 이루어져야 하고, 부모 스스로의 믿음도 있어야 진정성 있게 전달된다.

부모 스스로 참을성 있고 여유 있는 모습을 보여서 아이가 보고 따라 하게끔 한다. 부모가 모범을 보여야 아이가 따라 할 수 있다.

여섯째, 겁이 많은 성격이다. 겁이 많은 아이는 실패에 대한 두려움이 많다. 그리고 새로운 상황이나 낯선 대상에 대한 두려움도 많다. 아이는 환경의 변화에 잘 적응하지 못하며 늘 똑같은 방식으로 행동하려고 한다. 부모는 몇 가지 방법으로 아이를 도와줄 수 있다. 결과에 대해 예측을 하게 해 아이가 주로 실패할 것을 예상한다면 그것이 얼마나 잘못되고 비합리적인 생각인가를 일깨워 준다. 아이가 예상하는 결과가 사실은 실제보다 더욱 비관적이고 부정적이라는 것을 알려주는 것이 중요하다.

아이가 겁을 느끼는 대상을 목록 표를 이용해 작성한다. 그리고 쉬운 것부터 단계적으로 노출하며 극복을 시도해 본다. 결코 무리하지 않으면서 점진적으로 진행하는 것이 바람직하다.

결과보다는 과정이 더 중요하다고 얘기해 준다. 시험 성적에서 100점을 받는 것보다 더 중요한 것은 시험 전날 게으름을 피우지 않고 열심히 공부하는 것이 더 중요함을 일깨워준다. 좋은 결과에 대한 부담은 아이를 더욱 심리적으로 위축시키거나 겁을 내게 한다.

"너는 왜 남자답지 못하냐?", "겁쟁이" 등의 아이를 비난하는 표현은 아이의 자존감을 더욱 떨어뜨려 오히려 문제가 더 악화된다. 아이 스스로 '맞아, 나는 겁쟁이야. 그러니까 내가 제대로 할 수 있는 것은 아무것도 없어.'라는 자기 비하의 마음을 가진다면, 상황은 더욱더 나빠질 수밖에 없다.

일곱째, 주의가 산만한 성격이다. 주의가 산만한 아이, 즉 주의력이 부족하거나 학습 지속 시간이 짧은 아이들은 학습 능력에 장애를 초래하고, 이로 인해 부모에게 야단을 맞게 되면 정서적인 문제까지 야기될 수 있다. 부모는 어떻게 해야 할까?

학습 시간을 매일 일정하게 하여 습관화시킨다. 아예 공부를 한 자도 하지 않거나 혹은 몰아서 한꺼번에 공부하거나 하는 등 주의집중력의 기복을 보이게끔 하지 않는다. 매일 정해진 시간을 규칙적으로 공부하게끔 하는 것이 가장 중요하다.

일일 생활 계획표를 짜게 한 후 상과 벌을 이용하여 이를 지키게 한다. 상으로는 칭찬, 작은 학용품(또는 장난감), 외출, 외식 등이 좋고, 벌로는 신체적 체벌을 하지 않는 대신에 TV 시청 금지, 게임 금지 등이 좋다.

가능한 학습 상황에서는 엄마(또는 아빠)의 1:1 지도나 감독이 효과적이다. 여러 명이 한꺼번에 수업을 듣는 대형 학원보다는 소규모 학원 또는 개인 과외가 필요할 수 있다. 어느 정도 충분한 기간에 습관화되면 혼자 하는 것을 시도해 본다.

지시할 때 간단명료하게 한다. 복잡하거나 모호한 지시를 하지 않는다. 예컨대 "너 지금 가서 학습지를 푼 다음에 과일을 먹어. 그러고 나서 씻어라." 등의 복문을 사용한 지시 대신에 "지금 학습지를 풀어.", "과일을 먹어.", "이제 씻어라." 등의 단문을 사용한 지시를 내린다. 보다 더 구체적으로 해야 할 일을 명시해서 일러주는 것이 좋다.

집안의 분위기를 차분하게 유지한다. 물건과 가재도구를 잘 정리정돈 해 놓고 TV 소음 등도 줄인다. 심한 경우 ADHD(주의력결핍과잉행동장애)일 수도 있으니 소아청소년 정신건강의학과 전문의와 상담한다.

여덟째, 의존적인 성격이다. 간혹 부모와 떨어지기 싫어하면서 늘 곁에 있으려는 아이가 있다. 즉 부모 의존도가 지나치게 높은 아이다. 이 경우 어릴 적 부모가 아이를 과잉보호했거나 지나치게 아이에 대한 걱정을 많이 했으면, 아이가 부모로부터 심리적인 독립을 이루기 힘들기 때문이다. 즉 부모한테도 책임이 있는 것이다. 그렇다면 부모는 아이를 어떻게 대해줘야 할까?

아이에게 부모와 떨어지거나 의존하지 말 것을 명령하지 않는다. 이럴 때 아이의 불안은 더욱 증대되어 오히려 부모에게 더욱 의존하려고 할 것이다.

부모가 아닌 다른 사람, 즉 형제자매나 친구들과 지내는 것에 재미를 느끼게끔 기회를 제공해 준다.

부모는 아이와 떨어져 있다고 하더라도 항상 아이를 보살피고 있음을 말해 주고 안심시켜 준다.

부모와 떨어지는 훈련을 단계적으로 시행한다. 시간과 장소를 쉬운 것에서부터 어려운 것으로 확장해 나가며 아이가 힘들어하면 중간에 그만두었다가 나중에 다시 시도한다. 심한 경우 분리불안장애일 가능성도 있으니 이 경우 전문의와 상담한다.

이처럼 몇 가지 걱정되는 성격 유형에 대해서 살펴봤다. 이러한 성격을 아이가 성인기까지 그대로 갖고 가기를 바라는 부모는 단 한 명도 없을 것이다. 비록 아이의 성격을 완전히 정반대로 고치거나 혹은 완벽하게 개선하기 어렵다고 할지라도 부모의 노력은 계속되어야 한다.

이성 친구

　필자가 학교 다니던 시절에는 정말 능력 있고 끼 있는 몇 명의 아이들만 이성 친구를 사귀었던 것 같다. 그리고 분명히 공부 잘하는 모범생보다는 공부는 등한시하고 놀기 좋아하는 소위 '날라리' 친구들이 앞다투어 이성 친구를 사귀었고, 다른 애들에게 그것을 자랑삼아 떠들었다. 그런데 지금은 세상이 많이 바뀌어서 남자친구, 여자친구는 당연히 중학교 때부터 있게 마련이고, 연상 여학생과 연하 남학생 커플도 많다.

　우리도 그 시절에는 사실 이성 친구에 대해서 관심도 있었고 또 사귀고도 싶었지만, 우리 부모님들은 "공부에 방해가 된다, 정신 집중이 안 된다, 나쁜 길로 빠진다."는 등의 말들로 우리를 겁주었다. 그래서 이성 친구를 사귀는 아이들을 볼 때는 부럽기도 했지만, 한편으로는 올바르지 못한 학생이라고 생각하면서 스스로 모범생인 척했던 적도 있다.

사춘기에 접어드는 아이들은 급격한 신체 변화를 경험한다. 성호르몬의 왕성한 분비 덕택이다. 당연히 아이들에게는 생식 능력이 생긴다. 이 나이에는 생물학적으로 생식을 준비하는 연령이지만, 사회적으로 생식이 허용되려면 적어도 10년 가까이 기다려야 한다. 그러니 몸의 변화에 따르는 자연스러운 욕망의 분출에 아이들은 힘들어한다.

초등학교 시절의 아이들은 동성의 친구들에게 더 관심이 있다. 성 발달로 치자면 잠복기에 해당하는 이 시기는 규칙과 도덕을 중시하는 시기로, 이성에 대한 관심이 많지 않다. 동성의 아이들끼리 축구하고 게임하고 재잘재잘 대는 것이 재미있는 시기다. 그러나 초등학교 후반이나 중학교에 들어오면서부터는 얘기가 달라진다. 내가 마음에 드는 이성의 아이가 등장하고 그 아이에게 관심을 갖기 시작한다. 내가 얼마나 매력이 있을까 궁금함도 많아진다. 외모에 대한 고민이 시작되는 시기다. 이성 친구들에게 인기가 있다는 것은 곧 내가 매력적이라는 뜻으로 받아들여진다. 아이들은 자연스럽게 자신감도 올라가고 우쭐해 한다. 그러나 그렇지 못한 아이들은 왠지 처량하다. 내 친구는 착하고 예쁜 여자친구를 사귀고, 재밌고 잘 생긴 남자친구를 사귀는데. 나는 도무지 자신이 없다. 하지만 이성에 대한 관심은 있다. 여기에서부터 아이들은 괴로워한다.

그렇다면 잘 생기고 키 크고 예쁜 아이들만 이성 친구를 사귈 수 있는가? 분명 아니다. 아이들은 모두 나만의 매력 포인트를 가지고 있다. 다만 그 중요성을 모르고 있을 뿐이다. 그저 겉에 드러나는 외모나 말솜씨가 전부인 것처럼 생각하는 데 문제가 있다.

여기에는 사회적 영향이 크다고 본다. TV를 틀면 온통 꽃미남과 미녀가 우리를 쳐다보고 있고, 인기 개그맨들의 말솜씨나 몸동작은 개인기라는 이름 아래 매우 자극적이고 도발적이다. 가수들은 온통 현란한 춤 솜씨와 화려한 의상으로 우리의 시선을 끌고 있다.

아이들은 매일 화려함의 홍수 속에서 지내고 있다. 그러다 보니 평범해 보이는 나는 너무나 보잘것없다. 내가 스스로 그렇게 생각하는 데야 '다른 사람들도 나를 보잘것없게 생각할 것'이라는 생각이 자연스레 든다. 그러면서도 왠지 이성 친구 하나 없으면 바보가 된 것 같다.

어떤 여자아이가 한 말이다.

"전부터 나를 좋아했던 오빠가 있는데요. 정말 착하고 신앙적으로도 서로 통하고 그랬거든요. 그래서 저도 좋아했어요. 그런데 얼마 전부터 또래 남자아이가 마음에 들기 시작하는 것이에요. 그 아이는 나랑 동갑이고 사실 신앙심은 많지 않은데, 유머 있고 남자답고 그렇거든요. 그래서 그 아이와 키스도 하고 성관계도 했는데, 그다음부터 오빠 보기가 너무 미안한 것이에요. 이성적으로는 오빠를 좋아해야 하는데, 감정적으로는 그 아이를 좋아하게 되는 것이에요. 오빠도 이젠 어느 정도 알고 있어요. 오빠는 내가 돌아올 때까지 기다리겠다고 해요. 이럴 때는 어떻게 해야 하죠?"

오빠가 알게 되어서 무지하게 혼났고 또 오빠와 그 남자친구와 서로 싸우게 되었다는 결론을 기대했던 나의 예측은 빗나갔다. 오빠는 기다린다고 했고, 여자의 흔들리는 마음을 이해한 듯이 보였다. 문제는 그 여자아이의 마음일 뿐이었다.

"부모님은 알고 있니?"

"아뇨."

아이는 부모에게 오빠나 남자친구의 존재조차 알리지 않았다. 부모를 만나서 얘기해 봤다. 아이 부모는 자신의 딸이 이성 문제로 고민하고 있다는 것을 전혀 알고 있지 못했다. 그러나 가끔 핸드폰으로 남자아이와 통화하는 것 같다고는 했다. 그런데 부모 생각에는 '요새 아이들이 남자친구 하나쯤은 다 있다는데' 생각하면서 별로 대수롭지 않게 여겼다고 한다. 혹시 아이가 임신이라도 하게 되면 어떡하겠느냐고 물어봤다. 부모는 거기까지 한 번도 생각해 본 적이 없다고 했다. 만일 아이가 임신했다면 어쩔 것이냐고 물어보았다. 아이가 임신했느냐고 놀라는 부모에게 그것은 아니라고 안심시켰다.

부모는 말했다. "아기를 어떻게 낳아요? 당연히 지워야 하죠."

아이들의 올바른 성 의식이 무너지고 많은 십 대 아이들이 불법적으로 낙태하는 우리의 현실은 바로 어른들의 무관심에서 생긴 것처럼 느껴졌다.

이성 친구를 사귀면서 어떤 아이들은 실제 성 행동으로 이루어지고 어떤 아이들은 그렇지 않은 차이에 대한 원인은 명확하지 않다. 여기에는 여러 이유가 있다. 빈곤 계층의 아이가 좌절감과 무력감을 극복하기 위해서 성적 행동을 선택했을 수도 있고, 친구들이 성 행동을 활발히 하고 있다고 인식하여 자신도 따라 하는 경우도 있고, 포르노 영상물 등에 의한 충동적 모방으로 성 행동이 이루어질 수도 있다. 어떠한 경우이든 아이들의 성 행동은 준비되지 않은 것이며 사회적으로 용납되지 않고 있음에 문제의 심각성이 있다.

부모는 자신의 아이가 이성에 호기심을 느끼고, 이성을 사귀고 싶어 하고, 또 실제로 사귀고 있는 시기에 놓여 있음을 알아야 한다. 그리고 그 결과는 임신으로 이어질 수 있음을 예측해야 한다. 따라서 부모는 이제부터 아이에게 물어보아야 한다.

"네 남자 친구는 누구니?"
"여자 친구 한 번 데려와 볼래?"

부모는 아이에게 임신의 위험성과 그로 인한 결과와 고통에 대해서 얘기해야 한다. 만일 아이가 성 경험이 이미 있다면, 이제부터라도 올바른 피임법과 성관계의 의미 등에 대한 성교육도 같이 시켜야 한다.

올바른 피임법의 핵심은 콘돔의 사용이다. 콘돔이 가장 일차적이고 강력한 피임 수단이지만, 그다음으로 덧붙여 설명해야 할 부분은 질외사정이다. 즉 비록 콘돔을 끼고 성행위를 한다손 치더라도 사정을 여자친구의 몸속에 하지 않도록 당부한다. 콘돔에서 정액이 새어나갈 수 있기 때문이다. 사정 직전 성기를 빼서 여자친구의 몸 밖에서 사정하게끔 가르친다. 또 한 가지 중요한 방법은 여자 친구의 배란기를 피하는 것이다. 배란기는 말 그대로 난자가 생성되는 시기이므로 임신의 위험성이 무척 높아진다. 여자친구의 생리 시작 날짜로부터 13일 이후 1주일은 반드시 피해야 할 성교 시기임을 알려준다. 여하튼 모든 성관계는 항상 임신의 가능성이 따라온다는 사실을 강조하고, 쾌락만을 추구하는 성관계는 올바르지 않음도 일러주자. 서로를 충분히 사랑하고 부부 또는 연인으로서 현실을 제대로 살아갈 수 있는 역량이 갖춰질 때 이루어지는 성관계야말로 올바른 성관계임을 설명해준다.

이성의 친구가 있다고 해서 무조건 색안경을 끼고 자녀의 성적 행동을 의심할 필요는 없다.

성 행동이나 임신이 걱정되어 자녀의 이성 친구 교제를 무조건 금지하는 것도 현시대에는 맞지 않는다. 아이들은 이미 이성의 친구들과 교제할 기회에 많이 노출되어 있기 때문이다. 아이들이 이성 교제를 통해서 건강하게 자신을 발전시키고 상대의 성을 이해하는 좋은 경험으로 만들게끔 도와주는 것이 중요하다. 성 행동을 하지 않으면서 이성 친구를 사귀는 것이 아이들에게는 어울리고 또한 적절한 방식이다.

성적 일탈과 자위

사춘기는 이성에 눈을 뜨는 시기다. 사춘기(思春期)의 한자 뜻은 봄(春)을 생각하는(思) 때(期)라고 할 수 있다. 여기에서 말하는 봄은 만물이 소생하는 의미의 봄, 싹이 트거나 꽃이 피는 생식 현상을 말한다. 그러므로 아이들이 사춘기에 접어들었다는 것 자체가 생식을 생각하고 준비하며 임하는 자세를 갖추어나감을 뜻한다. 즉 이성과의 성적 결합을 꿈꾸는 것이다. 하지만 모든 아이가 실제로 이성과의 성적 결합을 경험하지는 않는다.

일부 아이들은 성적 경험을 하기는 하지만, 사회적 제약 및 관습적 사고에 의해서 대부분 성적 행동을 억제한다. 그러다 보니까 음란물에 빠지거나 자위 행동을 하는 등 대체적인 방법으로 성 욕구를 분출한다. 물론 대부분 남학생에게 해당하는 얘기다. 성적 행동을 보이지는 않지만, 이성 교제를 통해서 성욕을 자연스럽게 발산하기도 한다.

이성을 만날 때의 설레는 감정과 묘한 흥분 혹은 짜릿한 느낌 등의 원천은 사실 성욕이다. 그렇기 때문에 순간적인 분위기 혹은 자제력의 일시적 붕괴로 아이들이 성적 행동을 나타낼 가능성은 항상 열려 있다. 이와 같은 사춘기적 특성을 부모 자신도 경험적으로 알기에 늘 자녀의 성적 일탈에 대해서 염려할 수밖에 없다.

자위(masturbation)는 직접적인 성적 상대가 없이 혼자서 성기 자극을 통하여 쾌락을 얻는 행동을 말한다. 사춘기 시절의 빼놓을 수 없는 고민의 주제가 바로 이 자위 문제다. 자위에 대한 사람들의 생각은 예전과는 많이 바뀐 것 같다. 과거에는 자위 행동을 부끄러운 것 또는 부도덕한 것으로 여기는 시각이 많았는데, 현재는 정상적인 성 행동 중의 하나로 인식되고 있는 것 같다. 물론 지금도 종교적 관점과 정신의학적 관점이 차이를 보이는 것은 사실이다. 필자도 사춘기 시절에는 부모 몰래 자위를 했던 기억이 있는데, 왠지 죄를 짓고 있는 것 같았다. 지금 생각해 보면 누군가가 자위에 대해서 교육을 해 주었으면 어땠을까 하는 아쉬움이 있다.

자위를 다른 사람이 보는 앞에서 하는 사람은 아마 없을 것이다. 그러니까 자위 행동은 자신만이 알고 있는 비밀인 셈이다.
많은 아이는 자위 행동이 나쁜 것이냐고 물어보기도 하고, 아예 "저는 자위 행동을 많이 해서 하느님께 죄를 짓고 있는데 고쳐지지 않으니 어떻게 해요?"라고 고민을 털어놓는다.

자위 행동은 잘못일까? 이건 잘못이 아니다. 그럼에도 불구하고 왜 많은 아이가 자위 행동 때문에 고민하는 것일까?

우리의 중·고등학교 시절을 되돌아보자. 남학생들은 부모 몰래 음란 잡지를 돌려 보다 자위 행동을 시작하게 되고, 친구로부터 얘기를 듣고, 또는 그 이전 초등학교 때부터 우연히 알게 되어 시작하는 경우가 많다. 여학생들은 아무래도 서로 그런 얘기를 나누는 경향이 덜 하긴 하지만 역시 우연히 혹은 친구를 통해서 알게 되는 경우가 대부분이다.

사실 이러한 자위 행동은 우리가 일반적으로 알고 있는 것보다 훨씬 더 많이 그리고 훨씬 더 어린 연령에서부터 시작된다. 심지어 갓난아기도 다리를 오므리거나 비비 꼬면서 얼굴이 달아오르는 자위 행동을 보이곤 한다. 이는 프로이트(Sigmund Freud)가 주장한 유아기 성생활의 중요한 근거라고 볼 수도 있다. 그럼에도 불구하고 우리가 아이들에게 성적 행동을 연상시키는 것은 굉장한 금기로 여긴다.

천사 같은 우리 아이가 성적 행동을 한다는 것은 상상하기조차 싫다. 그러나 나한테는 이렇게 어린 유아들의 자위 문제로 고민을 털어놓거나 직접 상담을 하러 오는 경우가 많다.

아이가 사춘기쯤 되면 자위 행동이 있을 것이라는 예상을 부모도 하게 된다. 그래서 그 문제로 사춘기 아이를 데리고 오는 부모는 거의 없다. 그럼에도 불구하고 부모는 아이가 자위를 할까 봐 전전긍긍한다. 그것은 자위 행동 자체보다는 그 행동에 너무 빠져서, 즉 아이가 몸의 쾌감을 너무 추구해서 실제 이성과의 성 행동을 찾거나 혹은 공부를 게을리하지 않을까 걱정하는 것 같다. 사실 부모 입장에서는 지극히 타당한 걱정이다.

아이들이 성적 욕구를 많이 느끼게 되면 긴장도가 높아진다. 아이들은 자위 행동을 통해서 이 긴장을 누그러뜨리는 것이다. 따라서 부모는 자위 행동의 역할을 이해할 필요가 있다.

물론 격렬한 운동이나 좋아하는 취미 활동을 통해서도 성적 욕구로 유발된 긴장이 풀어질 수 있다. 하지만 그것은 전적으로 아이가 선택할 문제다. 부모로서 해 줄 수 있는 것은 그저 다른 여러 가지 활동에 아이가 접할 수 있도록 기회를 제공해 주는 정도다.

그런데 문제는 정작 본인 자신이다. 아직 성적 행동과 자위에 대한 의미를 잘 모르는 아이들이 잘못된 상식 또는 걱정으로 내게 문을 두드리는 것이다.

이러한 문제로 고민을 털어놓는 아이들의 가장 큰 고민 내용은 '걱정'이다. 과거에는 죄책감을 호소하는 아이들이 많았는데, 최근 자위가 도덕적으로 나쁜 행동은 아니라는 인식이 많이 확산되면서 그 내용은 줄었다.

그러나 아이들은 '자위 행동을 하면 몸에서 기가 빠져나가고 결국 몸이 약하게 되어 나중에는 생식 능력마저 떨어지면 어떡하나' 하는 걱정을 많이 한다. 여학생들은 '자위 행동으로 생식기관에 손상이 생겨 나중에 병에 걸리거나 임신을 하지 못하게 되면 어떡하나' 걱정한다. 모두 잘못 알고 있는 지식이고 괜한 걱정이다.

아이들은 나름대로 주관적 기준을 갖고 있다.

"매일 자위를 해요. 너무 지나치죠. 그래도 괜찮나요?"

사실 그렇게 걱정이 되면 매일 하지 않으면 될 것 같은데, 그것을 참기 힘든 것을 보니 호르몬 분비가 왕성한 아이들임에는 틀림없다.

일반적으로 알려지기에 사춘기 때의 자위 행동은 일주일에 평균 3~4회다. 그러나 개인마다 차이가 있으므로 매일 자위 행동을 한다고 해서 그것을 병적 현상으로 간주하지 않는다. 체력 저하에 대한 염려도 사실 지나친 기우다.

자위가 이후의 성적인 능력을 감퇴시킨다는 말도 과학적 근거가 없다. 의학적으로 보면 자위 행동 자체는 분명 무해한 것이고 이로 인한 부작용도 없다고 단언할 수 있다.

그러나 자위가 문제가 되는 경우가 있다. 바로 불안을 해소하기 위해서 강박적으로 자위 행동을 하게 될 때다.

아이들이 시험에 대한 불안 및 압박감, 학교생활에서 받는 스트레스를 자위 행동을 통해서 해소하는 것이다. 어떤 아이는 하루 종일 열 번 이상의 자위 행동을 경험한 적도 있다고 한다. 이 정도 되면 아이의 머릿속은 온통 자위에 대한 생각으로 가득하다. '이따가 어디에서 할까, 도구는 무엇으로 할까, 무엇을 상상하지?' 등의 생각뿐이니 학교생활을 제대로 할 리 만무하다.

어떤 아이는 여성의 스타킹만 보면 성적 흥분을 느껴서 그 여성을 상상하거나 스타킹을 훔쳐서 냄새를 맡으며 자위 행동을 한다. 이 경우 페티시즘(fetishism)이라는 성도착 증상에 동반되는 자위 행동으로써 법적인 문제를 일으킬 소지가 많다.

그러나 이럴 때는 극소수이고, 대부분 아이는 건강한 성생활, 아니 건강한 자위 생활을 한다. 그것은 다름 아니라 자연스럽게 발생하는 성적인 충동과 욕망들을 간직해 두었다가 정기적으로 자위 행동을 통해서 발산하는 것이다. 그리고 남들 앞에서가 아닌 혼자만의 시간에 그것을 즐기는 것이기 때문에 건강하다고 말할 수 있다. 하지만 자위 행동에 지나치게 집착하는 아이들에게는 일상생활에서 성적인 욕구를 승화시킬 수 있는 취미 활동이나 운동을 권하고 재미를 붙이게 하는 것이 필요하다.

자녀의 자위 행동에 대해서는 아무래도 동성의 부모가 대화를 나누는 것이 좋다. '나쁜 행동을 하지 않나' 감시하는 차원이 아니라, 자녀의 자위 행동 여부에 대해서 알고 있는 것이 좋다. 그러려면 먼저 아이에게 자위에 대한 사전 지식을 알려 줄 필요가 있다. 과거에 우리가 성에 대한 지식을 친구나 음란 잡지로부터 얻었다면, 우리의 자녀들은 부모로부터 그리고 학교에서 얻는 것이 좋다. 만일 한부모 가정 중에서도 아이가 엄마와 살고 있다면, 엄마가 결코 당황하거나 어색해하지 않으면서 대화에 접근하는 태도가 중요하다.

"엄마는 남자가 아니어서 잘 모르지만, 어른이 되기 전 남자아이나 여자아이 모두 자위를 통해서 성욕을 해소할 수 있어. 하지만 너무 지나치게 많이 해서 생활에 지장을 줄 정도가 안 되면 좋겠다."라는 정도의 말이 바람직하다.

사실 우리가 가르쳐 주기 전에 이미 인터넷에서는 성에 대한 각종 정보가 범람하고 있다. 인터넷에서의 성에 관한 정보는 교육적 내용의 전달은 거의 없고, 말초신경을 자극하는 그림들뿐이기 때문에 성에 대한 올바른 설명은 이제 부모가 담당해야 한다. '그런 것은 알아서 배워야지, 부모가 쑥스럽게 그런 것이나 얘기하고 앉아 있나' 라는 생각을 하기에는 우리 자녀가 너무 위험한 장면과 비뚤어진 정보에 노출되어 있다. 자녀가 올바른 성 관념을 가졌는지 또한 제대로 된 지식을 가진지 부모가 점검하고 가르쳐 보자.
아이가 "아빠도 자위했어요?" 라고 물어보면, "그럼. 아빠도 했지." 라고 대답해 준 다음에 얘기해 보자.

만일 아이가 지나치게 자위 행동에 몰두하는 것으로 판단되면 부모는 아이와 함께 시간을 보낼 무엇인가를 찾아야 한다. 매일 아침 집 근처 약수터로 등산을 가는 것도 좋고, 헬스클럽에서 함께 땀을 흘리는 것도 좋다. 아니면 아이에게 기타나 바둑 등 취미활동을 가르쳐서 성에 대한 욕구를 승화시키도록 도와주어야 한다.
그리고 무엇보다도 중요한 것은 아이가 불안을 해소하려고 자위 행동을 하느니 만큼 평소 생활에서 아이에게 불안을 가져다주는 요인을 파악하고 이를 해소하기 위해서 노력하는 것이다. 가령 시험에 대한 불안이 큰 아이에게는 시험 결과에 대한 부담감을 덜게끔 부모가 먼저 기대감을 낮추어야 한다. 이렇게 해서 청소년기를 성적으로 건강하게 보내는 아이들은 마음도 편안해지고 진짜 어른이 되어서는 건강한 성생활을 즐길 수 있을 것이다.

남자인 아들과
여자인 엄마

1992년 MBC 드라마 '아들과 딸'을 혹시 기억하는가? 이 드라마는 당시 최고의 시청률을 기록했던 히트 드라마로 남아선호 사상이 뿌리 깊은 집안에서 이란성 쌍둥이로 태어난 아들 귀남(최수종)과 딸 후남(김희애)의 얘기를 담담하게 그렸다.

부모의 일방적 사랑이라는 응원 하에 남자다움과 성공의 기대를 받은 최수종은 주로 소극적이고 우유부단한 모습을 보였고, 이와는 반대로 아들의 앞날에 방해되지 말라면서 조신하게 지낼 것을 강요받은 김희애는 차분하면서도 적극적이고 강인한 면모를 보였다.

거의 20년 전만 해도 남녀 차별 및 남아선호 사상이 뿌리 깊게 존재했다. 지금은 어떤가. 적어도 남아선호 사상은 거의 사라지고 있다고 해도 과언이 아니고, 남녀 차별의 정도도 상당 부분 개선되고 있다. 그러나 아들이냐 딸이냐는 여전히 중요하다. 왜냐하면, 아들과 딸을 키우는 부모는 성별의 차이에 따라서 어떻게 키우고 대처를 해야 할지 고민하기 때문이다. 특히 이제 막 사춘기로 진입하는 자녀를 둔 부모의 경우 중요한 이슈라고 할 수 있다.

우리는 일반적으로 남자와 여자의 심리 차이를 말하곤 한다. 그래서 '여자는 사람들과의 관계를 맺는 것을 매우 중요하게 여기고, 남자는 성취 지향적으로 늘 일의 결과를 중요하게 여긴다'는 말을 종종 한다. 이와 같은 남녀에 따른 성별 차이가 청소년기에는 어떻게 나타나는지에 대해서 살펴보자. 필자는 몇 가지 범주로 나누어서 남녀 청소년의 차이를 기술하고자 한다.

첫째, 성취 지향성의 영역이다. 남자와 여자아이들 모두 성취 지향적인 태도를 보인다.

물론 일부 청소년들은 무기력한 모습에 빠져서 별다른 희망과 꿈이 없기도 하다. 그러나 건강한 청소년들은 무엇인가를 이루기 위해서 부단하게 노력한다.

그러나 성취 지향의 동기가 남녀에 따라서 다소 차이가 있다. 남자아이들은 대개 다른 사람들보다 앞서기 위해서 성취를 이루고자 한다. 즉 보다 더 경쟁적이고 호전적이다. 그렇기 때문에 또래가 중요하게 여기는 일이나 가치를 추구한다. 그것이 공부가 될 수도 있지만, 많은 경우 게임, 운동 능력, 신체적 완력, 음악, 미술, 유머 등이 될 수 있다. 따라서 자신이 잘할 수 있고 두각을 나타낼 수 있는 것에 몰입하는 경우가 많다. 반면에 여자아이들은 더욱 나은 미래, 즉 안정된 직업, 수입, 가정 등을 꿈꾸면서 성취를 이루고자 한다. 지금 당장 인정과 인기보다는 보다 더 멀리 내다보는 능력을 갖고 있다.

둘째, 관계 지향성의 영역이다. 청소년기 시절에는 또래 관계를 매우 중요하게 여긴다. 부모님보다 더 친밀한 관계를 맺고, 친구 간의 유대감, 의리, 집단의식이 분명하게 자리 잡는 시기다. 대개 비슷한 성향, 취미, 사고방식을 가진 아이들끼리 또래 그룹을 형성한다. 그러나 남자아이들은 그룹 내에서 비교적 서열이 매겨져 있는 반면에 여자아이들은 한 명이 그룹의 리더 역할을 하고 나머지는 비슷한 위치에 놓여 있다.

남자아이들은 싸우는 능력이나 공부하는 능력의 순서로 1등부터 5등까지 순위 매김이 가능하지만, 여자아이들은 한 명의 리더를 두고서 나머지 아이들이 서로 충성 경쟁을 벌인다. 그 결과 친했던 아이들끼리 형성된 그룹 내에서 한 명이 따돌림을 당하는 경우는 대부분 여자아이다.

남자아이들은 이미 집단 내에서 친밀함을 형성한 다음에 상황의 변화에 따른 왕따가 생기는 경우보다는 아예 다른 집단이라고 여기는 아이 또는 소속 집단이 없는 아이를 따돌림 하는 경우가 훨씬 더 많다. 따라서 또래 관계에서도 남자아이들은 무조건 신뢰와 우정을 보이는 경우가 대부분이다. 그러나 여자아이들은 친밀감과 배려, 그리고 질투의 감정이 섞여 있는 또래 관계를 맺는다.

셋째, 감정 인지의 영역이다. 자신 및 타인의 감정을 인식하는 능력은 매우 중요하다.

청소년기 이전에도 물론 이러한 능력이 형성되어 있지만, 청소년기를 지나면서 더욱 확장되고 정교화된다. 예컨대 현재 나의 기분이 슬퍼서 내가 지금 공부를 하지 않고 빈둥거린다는 사실을 본인이 깨닫는 것과 내가 지금 빈둥거리는 이유를 스스로 잘 인지하지 못하는 것과는 큰 차이가 있다.

다른 사람이 곤란한 표정을 짓기 때문에 내가 더 이상의 질문이나 추궁을 하지 않는 것과 다른 사람의 기분을 알아채지 못하고 그 사람을 계속 밀어붙이는 것 역시 큰 차이가 있다. 이러한 감정 인지 능력에 있어서 대개 여자아이들이 더욱 민감하고 정확하다.

여자아이들은 자신의 감정 상태에 대해서 잘 기술할뿐더러 웃고 우는 등의 감정 표현 역시 능숙하다. 그러나 남자아이들은 상대적으로 여자아이들보다 감정의 인지 능력이 부족하다. 장점으로는 여자아이들이 보다 더 감성적이고, 상대방의 기분에 대해서 잘 알아차리고, 감정적 측면의 중요성에 대해서 잘 알고 있다고 할 수 있다.

그러나 단점으로는 이제 비로소 청소년기에 들어서면서부터 여자아이들이 감정의 질병인 우울증에 취약하다고 할 수 있다. 아동기 우울증은 남녀의 비율이 비슷하지만, 청소년기 이후 성인기까지 우울증의 비율은 여자가 남자보다 2배 높다는 사실로 미루어 볼 때 알 수 있다. 즉 여자아이들은 남자아이들보다 '슬픔'에 취약하다.

넷째, 충동 조절의 영역이다. 거칠게 행동하고, 폭발적으로 튀어 나가는 모습을 보이고, 과격한 언행을 일삼는 청소년의 모습을 떠올릴 때 소년이 그려지는가 아니면 소녀가 그려지는가? 두말할 나위 없이 남자아이들이 거칠고 과격하다. 이는 성호르몬, 이른바 남성호르몬인 '테스토스테론(또는 안드로젠)'이 많이 분비되는 탓이기도 하지만, 우리 사회가 부여하고 있는 '남자다움'의 영향이기도 하다. 즉 힘이 세고, 결단력 있게 밀어붙이며, 싸워 이기는 남성이 사회적 승자의 모습인 것이다.

청소년기 자체가 아직 충동 조절의 능력이 부족한 것을 특징으로 하는데, 뇌 의학적 측면에서 보자면 '전전두엽 피질'의 미성숙 때문이기도 하다. 신체적 발달 및 다른 두뇌 부위의 발달 속도보다 전전두엽 피질의 기능이 덜 빠른 속도로 발달하는 것이다.

충동 조절 및 이성적 판단을 관장하는 전전두엽 피질의 기능은 20대 중반에서 30대 초반에 이르기까지 서서히 발달한다. 반면에 청소년기 시절에 '후두엽'의 기능은 놀라운 속도로 발달하는데, 이는 시각 정보 처리를 관장한다. 그 결과 눈에 보이는 화려함, 예컨대 특이한 용모와 장신구, 그리고 아이돌 스타 등에 열광하는 것이다.

특이한 것은 피어싱, 문신 등은 남자아이들이 많이 하고, 스타의 팬클럽에 가입해서 열심히 활동하는 행동은 여자아이들이 많이 한다는 점이다. 아무래도 몸에 상처를 내는 과격함은 남자아이들이 잘하고, 누군가를 좋아하고 지지해 주는 것은 여자아이들이 잘하기 때문으로 보인다. 한편 소아청소년정신과 실제 임상에서도 충동 조절 능력의 장애를 보이는 질병들, 즉 ADHD, 품행 장애, 인터넷 게임 중독, 간헐적 폭발성 장애, 방화광, 병적 도박 등은 남자아이들이 훨씬 더 많다.

그 밖에 남자아이들이 수학을 더 잘하고, 공간 감각 능력이 더 뛰어나며, 기계 조작에 능숙하다는 것이 알려져 있다. 그러나 역시 개별적인 차이를 무시할 수 없다.

여기에서 간과할 수 없는 중요한 사실이 있다. 엄마는 여자, 아들은 남자라는 사실이다. 과연 어떻게 키워야 중2병 없이 아들과 살갑게 대화하고, 서로 통하는 그런 사이가 가능할까? 아들의 인생을 위해 엄마가 알아야 할 것들은 무엇인가?

내 아들이 문 걸어 잠그고, '엄마와 말이 안 통해'라고 생각하면서 벽 너머에 있지 않도록 말이 통하는 아들로 키우려면, 엄마의 단단한 준비가 필요한 법이다. 엄마와 아들 사이에는 여러 가지 문제점들이 도사리고 있다. 아들은 무뚝뚝한 경우가 많아서 엄마와의 대화가 그리 많지 않을 수 있다. 이 경우 엄마는 아들에게 말을 건넬 때 빙빙 돌려서 은유적으로 말하지 말고 직접 표현하는 것이 바람직하다. 또한, 곧바로 비난하거나 지적하는 것은 아들의 반항심을 유발할 수 있으므로 삼간다.

아들이 엄마의 말에 집중하지 않는 경우도 종종 있다. 이 경우 아이의 눈을 똑바로 쳐다보면서 한 번에 한 가지씩만 지시하거나 설명을 한다.

한꺼번에 너무 많은 말을 한다거나 엄마가 딴짓하면서 아들에게 얘기하지 말라. 아들이 엄마의 다양한 사랑 표현을 쑥스러워할 수 있다. 이 경우 엄마는 직접적인 말로 표현하면 된다.

형용사를 많이 사용하거나 부가적인 표현을 하는 것보다는 간단명료하게 하는 것이 좋다. 예컨대 "엄마는 너를 사랑해." 라고 말하는 것이 "엄마는 너를 하늘만큼 땅만큼 무지무지하게 사랑해."라고 말하는 것이 좋다. 아이가 응답하기를 쑥스러워하면 "너도 엄마를 사랑하지?"라고 대신 말해줘서 아이가 고갯짓으로 긍정하게끔 정도로 멈춘다. 아들은 엄마의 참견을 무척 싫어한다. 아이의 문제에 참견하는 경우에는 아이의 생각을 먼저 들어본 다음에 엄마의 의견을 제시하는 게 좋다.

엄마는 아들을 어떻게 야단쳐야 할지 난감해하는 경우가 많다. 큰 소리나 신체적 벌칙은 오히려 아이의 반항심과 적개심만 유발할 뿐이다. 아이의 눈을 똑바로 쳐다보면서 간결하고도 단호하게 야단을 쳐야 한다. 아이의 인격 전체를 비난하지 말고, 잘못된 행동에 대해서만 야단을 치는 것도 중요한 사항이다.

엄마가 아들과 대화를 나눌 때 해야 할 것들과 하지 말아야 할 것들에 대해서 살펴보자.

아들과의 대화법 DO & DON'T

이렇게 하라!

1. 남자아이들은 엄마의 말씀을 보다 더 단순하게 생각하고 받아들이는 경향이 있기에 돌려서 은유적으로 말하지 말고 직접 표현하는 것이 바람직하다.
2. 아이의 눈을 똑바로 쳐다보면서 한 번에 한 가지씩만 지시하거나 설명을 한다. 주의집중력이 부족하거나 산만한 경우에 특히 더 그렇다.
3. 간단명료하게 말하는 것이 좋다. 예컨대 "엄마는 너를 무척 사랑해"라고 말하는 것이 "엄마는 너를 낳았기 때문에 이 세상 누구보다도 더 하늘만큼 땅만큼 무지무지하게 사랑해."라는 것보다 좋다.
4. 아이가 먼저 말을 꺼낼 때는 무조건 끝까지 들어라. 여자아이들처럼 조잘대지 않는 남자아이가 말을 시작하는 것은 훌륭한 자기표현의 기회이자 언어적 연습 시간이다. 중간에 말을 끊지 말고 잘 들어주자.

이렇게 하지 말라!

1. 될 수 있으면 '금지'의 말을 자주 하지 않는다. "뛰지 마!" "돌아다니지 마!" "떠들지 마!" 등 아이의 말과 행동을 제한하는 말을 자주 하면, 아이는 자존감이 저하될뿐더러 반항심도 생길 수 있기 때문이다.
2. 아이의 표현을 확대하여 해석하지 않는다. 남자아이들은 아빠처럼 힘이 세어지고 싶어진다. 권력이나 지배에 대한 욕구도 생겨난다. 어려서부터 공룡이나 로봇 장난감을 좋아하고, 싸움 놀이도 즐기지 않았던가?

때로는 "내가 나중에 어른이 되면 가만히 두지 않을 거야.", "이 세상은 뒤집고 바꿔야 할 것이 너무 많아." 등의 표현을 서슴없이 내뱉기도 한다. 이때 엄마가 "힘만 세서 뭐해?" "그런 말은 나쁜 것이야." 등의 부정적인 반응만을 보인다면, 아이는 자신을 나쁜 아이 취급하는 엄마에게 실망하고 화도 느낄 것이다.

3. 남자라는 말을 강조하지 않는다. "너는 아들이니까." "너는 남자니까!"라는 말을 수시로 하는 엄마가 있다. 아이에게 남자에 대한 고정관념을 심어줄뿐더러 더 강하고 잘해야 한다는 심리적 부담감을 안겨주는 표현이다.

4. 엄마의 힘으로 제압하는 것 같은 표현을 하지 않는다. "어린 게 어딜 감히!", "엄마한테 크게 혼날 줄 알아!" 등의 말은 아이에게 두려움을 안겨줘서 행동을 통제할 수도 있다. 하지만 시간이 지나면서 그 효과는 점차 경감되고 오히려 복수심과 반항심을 부추기기도 한다. '내가 더 크면 엄마를 꼼짝 못 하게 할 거야.' 등의 다짐을 은연중에 하게 되고 실제로 체격이 많이 커진 아이는 신체적으로 엄마를 위협하는 행동을 당장 보이기도 한다. 한 번 그러한 행동을 보인 아이는 두 번 세 번 더해 갈 수도 있다.

한편, 엄마를 가볍게 혹은 만만하게 여기는 아들도 꽤 많이 있다. 이 시기의 남자아이는 자신이 아빠보다는 힘이 약할 것 같다고 여기지만, 엄마보다는 분명히 힘이 세다고 느끼곤 한다. 그래서 아빠의 말에는 꼼짝 못 하지만, 엄마의 말을 가볍게 여겨서 별로 귀담아듣지 않곤 한다. 특히 아빠가 자신의 편을 들어주는 느낌을 받게 되면 더욱더 엄마를 가볍게 취급하는 경향이 생긴다. 이때는 부모의 상호 협력이 절실하게 필요하다. 먼저 아빠가 아이 앞에서는 절대 엄마를 무시하거나 가볍게 여기는 태도를 보여서는 안 된다.

또한, 엄마가 아이를 훈육할 때 아빠도 옆에서 함께 하거나 최소한 훈육을 방해하는 태도를 보여서는 안 된다. 엄마 역시 적절한 훈육을 하면서 "이따 아빠에게 얘기해서 어떻게 할지 결정하자"는 식의 아빠에게 권한을 위임하는 태도를 보이지 말라. 엄마는 아무런 힘과 결정권이 없는 것처럼 느끼는 아이는 이미 엄마의 훈육을 무시하거나 가볍게 여기는 태도를 보일 가능성이 크다.

청소년 우울증

　건강 문제는 한 개인의 일생을 통틀어서 가장 중요한 문제라고 말할 수 있다. 특히 부모로서 자녀의 건강 문제를 걱정하지 않는 사람은 전혀 없을 것이다.
　아이가 갓난아기 시절 갑자기 보채고 열이 펄펄 끓어서 큰 병원 응급실로 아이를 둘러업고 뛰어가 본 기억이 있는가? 핏덩어리의 연약한 팔에 잘 보이지도 않는 혈관을 찾아서 의료진들이 이곳저곳 주삿바늘을 찔러댈 때 마치 내가 고통을 느끼는 것처럼 안타까워하지 않았는가? 또는, 아이가 장염에 걸려서 설사를 계속하고 음식을 제대로 먹지 못했던 일이나 심한 감기에 걸려서 기침을 연신 해대며 괴로워했던 모습들도 있을 것이다.
　그렇지만 계속 성장해서 사춘기에 다다른 지금 아이의 건강 문제는 무엇들이 있을까? 앞의 장에서 말한 몸과 관련된 건강 문제가 있고, 또 한 가지는 정신건강 문제로 양분될 수 있다.

사실 몸과 관련된 고민은 많이 있겠지만, 실제로 몸이 아픈 경우는 그리 많지 않다. 비교적 건강한 시기라고 할 수 있기 때문이다. 요즘은 과거와 다르게 위생 상태가 매우 좋아졌고, 영양 상태는 모자란 것이 아니라 오히려 넘쳐나서 문제다. 따라서 감염병이 별로 없고, 영양실조가 아닌 비만을 걱정해야 한다. 그밖에 유·아동기 때부터 이어져 온 사고와 관련된 건강 문제, 즉 골절이나 열상 등은 여전히 걱정해야 할 문제들이다. 이때부터 본격적으로 문제가 되는 것은 정신건강 문제다.

아이들의 정신건강 문제를 챙겨야 할 것에 대해 알아보자.

첫 번째로 청소년 우울증이 있다. 필자가 정신의학을 공부하면서 놀랐던 것 중의 하나가 아이들도 우울증을 앓고 있다는 사실이었다. 나도 정신과 의사가 되기 전에는 우울증이란 아주 극소수의 어렵게 사는 사람들에게만 생기는 병으로 알고 있었다.

지금도 많은 부모에게 청소년 우울증에 대해서 강의하거나 교육하면 "아니, 아이들도 우울증이 있나요?" 라는 질문을 종종 받는다. "그럼요. 청소년 우울증뿐 아니라 소아 우울증도 결코 드문 질환이 아닙니다. 그리고 특이한 것은 어린이나 청소년의 우울증은 성인의 우울증과는 그 모습이 다르게 나타난다는 점입니다." 가 그 질문에 대한 내 대답이다.

우울증을 평생 한 번 이상 앓게 될 확률은 얼마쯤 될까? 놀라지 말

라. 여성의 10~25%와 남성의 5~12%에 해당한다(미국정신의학회의 진단 및 통계 편람 제4판). 쉽게 말하면 우리 주변의 여성 중 네 명 내지 열 명에 한 명꼴로 평생에 한 번은 우울증을 앓게 되고, 남성은 여덟 명에서 스무 명 중 한 명꼴로 우울증을 앓게 된다는 얘기가 된다. 청소년도 결코 예외가 아니다. 2015년 보건복지부에서 전국 중, 고교생 6만8043명을 대상으로 실시한 청소년건강행태온라인조사 결과에서 23.6%의 우울감 경험률(최근 12개월 동안 2주 내내 일상생활을 중단할 정도로 슬프거나 절망감을 느낀 적이 있는 사람의 분률)이 보고되었다. 청소년 4명 중 거의 1명 정도가 일상생활에 지장을 주는 수준의 우울한 기분을 최소 2주간 경험했다는 뜻이다.

우울증은 왜 생기는 걸까?

한마디로 말하기는 어렵다. 그러나 많은 사람이 오해하는 것처럼 결코 마음이 나약해서 생기는 것은 절대 아니다.

우울증은 그 사람의 타고 난 유전적 그리고 생물학적 요인 및 그 사람을 둘러싼 사회적, 심리적 요인이 복합적으로 작용하여 발병한다. 생물학적으로 우울증에 잘 걸리게끔 취약한 개인은 비교적 작은 스트레스나 괴로운 생활 사건에 의해서 우울증이 잘 생기고, 반대로 우울증에 잘 걸리지 않는 생물학적 요인을 타고 난 사람은 아주 큰 스트레스를 받거나 지속적이고 반복적인 괴로운 사건에 의해서 우울증이 생긴다.

이렇듯 우울증은 누구나 걸릴 수 있는 질병임에도 불구하고 우울증을 의지가 약한 사람이 걸리는 질병이나 고생해 보지 않고 배가 불러서 생기는 질병으로 취급하는 것은 곤란하다. 그와 같이 생각하는 것은 우울증 환자에게 우울증을 앓게 된 책임을 물으려는 의미가 있기 때문이다. 병에 걸린 사람에게 그 책임을 묻는 것은 나중 일이고 우선 그 사람의 질병에 의한 고통을 치료 과정을 받게 함으로써 덜어주는 것은 지극히 당연하고 타당한 인도적인 처사다.

청소년 우울증이 중요한 이유는 자살 가능성 때문이다. 우울증을 심하게 앓거나 오래 앓는 아이들은 마지막 선택으로 결국 죽음을 생각하게 되고 마침내 자살 시도를 하게 된다. 따라서 청소년 우울증을 조기에 발견하고 빨리 치료하는 것은 급증하는 청소년 자살을 예방하는 데 있어서 매우 중요하다.

청소년 우울증은 어떻게 나타나는 걸까?

가장 흔하게 나타나는 증상은 역시 우울한 기분의 호소다. 또한, 의욕이 없어지고 매사에 흥미가 없어지며 무슨 일을 하는 데 있어서 집중력이 떨어진다. 따라서 학업을 게을리하게 되어 성적이 떨어진다.

식사나 수면 등의 생리적 현상에도 영향을 미쳐서 잠을 잘 못 드는 불면 증상 또는 과도하게 잠을 자려고 하는 수면과다 증상이 있고, 심하게 입맛이 없거나 반대로 지나치게 폭식 증상을 보인다. 또, 자기를 비하하고 매사에 부정적이며 앞날에 대해서도 비관적으로 생각한다. 이러한 증상이 2주 이상 지속하면 우울증이 의심되므로 반드시 정신과 전문의와 상담을 거친 후 치료에 들어가야 한다.

우울한 기분을 호소하지 않는 청소년도 많은데, 그들은 우울하거나 슬픈 기분을 말하는 대신에 신경질이 나고 짜증이 난다는 표현을 한다. 그래서 그들은 화를 잘 내거나 때로는 난폭한 행동을 보이기도 한다. 이 경우 얼른 생각하기에 우울증을 떠올리기란 쉽지 않다. 그러나 앞에서도 말했듯이 청소년 우울증의 경우 기분이 몹시 처지는 우울증 외에도 신경질적인 기분을 보이는 우울증으로 나타나기 쉽다는 것이 성인 우울증과는 매우 다른 모습이다.

부모는 청소년 우울증에 대해서 어느 정도의 지식을 가지고 있어야 이를 빨리 감지하고 적절한 시기에 치료를 시작할 수 있다.

우울증은 쉽게 치료할 수 있는 질병이다. 정기적인 상담을 하면서 동시에 약물치료를 받으면 치료가 잘 된다. 중요한 것은 약물치료를 받아야 한다는 점이다. 과거보다는 효과 면이나 부작용 면에서 매우 우수한 항(抗)우울제가 많이 개발되었고 앞으로도 더욱 좋은 약제가 개발될 것이다.

많은 사람은 우울증을 마음의 병으로 알고 있는데 그 병을 약으로 고친다고 하니까 의아하게 생각한다. 그러나 우리의 마음, 특히 그중에서도 감정에 장애가 생긴 것이 우울증으로서 이는 뇌의 기능 중에서 감정을 담당하는 부위에 이상 기능이 생긴 것으로 볼 수 있다. 그리고 그 이상 기능은 뇌 속의 신경전달물질 체계의 교란에 의한 것이다. 따라서 교란된 신경전달물질 체계를 다시 복구시키기 위해서는 약물을 대략 6개월에서 1년간 투여해야 한다. 그러면 신기하게도 우리 몸 스스로 잃어버린 기능을 회복할뿐더러 다시 기능을 잃지 않게 끔 안정된 시스템을 갖추게 된다. 이렇듯 우울증이 약물로 치료되는 이유는 마음은 뇌의 작용이라는 사실 때문이다.

그러나 안타깝게도 아직 많은 부모가 자녀의 우울증을 인정하지 않으려는 경향이 있다. 예전보다 많이 개선되기는 했지만, 아직도 정신과 하면 부정적인 모습을 떠올리며 자녀가 우울증 진단을 받으면 마치 사회에서 낙오자로 낙인찍히는 것처럼 받아들인다. 그러니 치료를 꺼리게 되고 무슨 운동이나 여행 또는 좋은 책을 통해서 고치려고 한다. 즉 아이 스스로 마음을 잡고 우울증에서 벗어나게끔 하려는 것이다.

나는 부모의 그와 같은 마음을 충분히 이해한다. 세상에 어느 부모가 자기 자식에게 정신과 약을 먹이는 것을 좋아하겠는가? 그러나 아이가 만일 천식이나 당뇨병에 걸렸다고 가정하면 좋은 공기를 마시게 하거나 적당한 운동이나 음식 섭취만 시킬 것인가? 분명히 그렇지 않을 것이다. 그와 같은 노력을 물론 하면서도 동시에 올바른 치료를 위해서 약을 먹일 것이다. 우울증도 마찬가지인 셈이다. 생활 속에서 스트레스를 잘 이겨내고 충분한 정신적 휴식과 안정도 중요하지만, 그것은 어디까지나 예방적 차원 또는 치료의 보조적 수단일 뿐이다. 더 중요한 것은 정신과 전문의의 처방에 따라서 항우울제를 복용시키는 것이다.

청소년에게 우울증을 진단 내릴 때 아이들이 보이는 반응은 대개 두 가지다.

하나는 "무슨 우울증이냐? 나는 단지 생활에서 짜증과 신경질이 나고 기분이 좋지 않을 뿐이다."라는 식의 반응이고, 다른 하나는 "우울증이요? 그럼 제가 이렇게 힘들었던 것이 우울증 때문이었다는 말이에요?"라는 반응이다.

후자의 경우 아이 스스로 안심하기도 한다. 자신의 마음이 힘들었던 것이 설명되기 때문이고, 그것이 우울증이라는 병 때문이라면 앞으로 나아질 수 있다는 의미를 깨닫는 것 같다.

전자의 경우도 설명을 통해서 아이에게 치료의 필요성을 설득하고 나을 수 있다는 희망을 심어 주면 대개 치료를 받아들인다.

그런데 오히려 부모가 아이의 문제를 약으로 고친다는 것에 납득을 하지 못하고 그냥 집에서 노력해 보겠다면서 아이를 데려간다면 아이와 나는 당혹스러울 뿐이다. 물론 그러한 부모를 설득해야 하는 것이 의사인 나의 일이기도 하지만, 한 사람으로서의 어른의 편견은 때로는 매우 완고해서 설득에 실패하는 경우도 간혹 있다.

결국, 아이가 나중에 입원하게 될 정도로 상태가 악화하고 나서야 후회를 했던 부모를 몇 명 본 적이 있다. 아이가 칼로 손목을 긋거나 약물을 과량 복용해서 자살 시도를 하고 응급실에 실려 가는 것이다. 우울증은 절대로 가볍게 넘어가서는 안 되는 질병이다. 한 개인의 영혼을 파괴하여 그의 능력을 저하시키고 급기야 스스로 죽음을 선택하게 하는 무서운 질병이다. 특히 청소년기 우울증은 제때 치료하지 않으면 만성화되고 자꾸 재발되는 경향이 있으므로 주의해야 한다.

그 밖에도 불안장애(사회 공포증, 범(汎)불안장애, 강박장애 등), 품행 장애, ADHD, 틱 장애, 수면장애, 식사장애, 조현병, 조울증, 적응장애, 인터넷·스마트미디어 중독 등 매우 다양한 정신건강 문제를 보일 수 있어서 아이를 잘 관찰하여 병이 의심되면 정신건강의학과 전문의를 찾아가는 것이 필요하다.

인터넷·스마트미디어

인터넷·스마트미디어는 이 시기 남자아이들이 가장 친근하게 접하면서도 부모를 걱정하게 하는 것이다. 무엇보다도 인터넷·스마트미디어에 중독되는 현상이 우려된다.

사실, 청소년기 자체가 불안정한 시기이므로 인터넷·스마트미디어 중독에 취약하다고도 할 수 있다.

청소년기는 사춘기와 더불어서 시작된다. 사춘기는 대개 여자가 남자보다 1~2년 먼저 시작되어서 2~4년 정도 지속되는데, 개인별 차이가 꽤 크다. 연령적으로는 대개 만 11, 12~14, 15세 정도에 해당한다.

청소년기는 시기적으로나 개념적으로나 사춘기를 포함한다. 즉 신체적 성장 외에도 정신적 성숙에 보다 더 초점을 맞춘 개념으로서 사춘기와 함께 시작되어 자아 정체성 형성, 심리적 재구성, 인격의 발달 등이 이루어지는데 이는 사춘기 이후에도 지속한다. 따라서 청소년은 만18~19세 정도까지로 볼 수 있고, 뇌 발달적 관점에서는 만25세까지로 보기도 한다.

이 시기의 심리적 발달 과제는 절대 만만하지 않다. 마틴과 볼크마(Andr's Martin & Fred R. Volkmar, 2007)는 다섯 가지의 심리적 과제를 제시했다.

첫째, 만족스럽고 현실적인 신체상을 갖는다.

둘째, 부모로부터의 독립성이 증가하고 적절한 자기보호와 조절의 기능을 획득한다.

셋째, 가족 외부의 사람들과 만족스러운 대인관계를 맺는다.

넷째, 증가하는 성적, 공격적 충동에 대해 적절한 조절과 표현 능력을 발달시킨다.

다섯째, 정체성의 확립이다. 여기에는 개인적인 도덕의 발달, 직업 및 경제적 독립에 대한 잠정적인 계획이 포함된다.

우리 아이가 이와 같은 다섯 가지 과제를 다 완수한다면 참 좋을 것이다. 그러나 청소년기에는 발달적 특성상 정서적 어려움이 존재할 수밖에 없기에 절대 쉽지 않다. 혹은 궁극적으로 과제 완수에 이른다고 할지라도 험난한 과정을 거치는 경우가 꽤 많다.

청소년들은 추상적 개념의 사고발달과 함께 정체성 확립이라는 과제에 직면하게 되어 그것들 자체가 정서적 불안정 상태에 놓이게 한다. 또한, 부모와의 정서적 독립을 위한 이차 분리 개별화 과정을 밟게 되므로 정서적 격동기라고도 볼 수 있다. 충동 조절의 어려움을 흔하게 보이는데, 이는 뇌 발달적 특성에서 기인한다. 우리의 뇌에서 충동을 조절하는 데 핵심 역할을 하는 부위는 전두엽이다. 전체 뇌의 앞쪽, 즉, 이마 부위에 해당하는 전두엽 중에서도 더 앞쪽인 전전두엽 또는 안와 전두엽이 작동하여 이성적으로 행동하고 충동과 욕구를 어느 정도 절제할 수 있다. 그러나 사춘기 아이들의 뇌는 아직 전두엽의 성숙과 발달이 미숙하다. 비록 몸은 어른에 육박하리만큼 커졌지만, 뇌는 그러하지 못하다.

뇌의 발달은 신체의 발달보다 더디어서 대개 25세까지 서서히 발달한다. 즉 신체의 발달 속도를 뇌의 발달 속도가 따라가지 못하기 때문에 몸은 어른이지만 정신은 여전히 아이라는 뜻이다. 결국, 신체적 발달과 정신적 발달의 불일치로 인하여 주변 사람들은 물론이고 본인도 혼란스럽다. 게다가 이 시기에는 심각한 정신과적 문제가 발생할 가능성도 있다. 청소년 우울증, 불안장애, 품행 장애, 식이장애(거식증이나 폭식증으로 대개 여학생들에게서 생겨남), 정신병적 장애(관계사고, 피해망상, 환청 등이 생겨날 수 있음), 조울증(양극성 장애), 각종 중독(인터넷 게임이나 스마트폰 중독, 니스 흡입 등) 등이 그것들이다. ADHD나 틱 장애 등은 청소년기 이전부터 발생하여 계속 지속하거나 완화 혹은 악화의 과정을 밟는다.

인터넷·스마트미디어 중독은 청소년의 정신건강에 어떠한 영향을 미치는지 영역별로 살펴보자.

첫째, 행동적 영역이다. 가장 심각하고도 우려되는 문제 행동은 도벽이다. 아이들이 게임을 하기 위해서 관련 아이템을 사들이고, 문화상품권을 등록하며, PC방을 이용한다. 여기에는 필수 불가결하게 돈이 필요할 수밖에 없다. 필요한 금액이 대부분 용돈의 범위를 벗어나게 되므로 부모의 지갑에 손을 대고, 친구나 다른 사람들의 돈을 훔치는 등 도벽 행동을 보일 수 있다. 심한 경우 동급생이나 후배의 돈을 빼앗는 금전 갈취까지 이어지기도 한다. 이 과정에서 폭언이나 폭력 등의 공격적 행동이 동반되는 경우가 매우 흔하다. 학교나 학원 수업에의 무단결석, 지각, 조퇴 등을 일삼고, 부모의 확인에 거짓말로 대응하는 등 점차 비행의 종류가 다양화되고 정도도 심해진다. 같은 게임을 좋아하는 친구들끼리 어울려서 마치 갱단과 같은 비행 집단을 형성하는 경우도 있다.

둘째, 정서적 영역이다. 인터넷·스마트미디어를 사용할 때는 기분이 좋거나 비교적 안정되어 있지만, 그렇지 않은 경우의 평소 정서 상태는 그렇지 못하다. 즉 불안, 초조, 우울, 무기력, 무감동, 불쾌, 짜증, 분노 등의 부정적 정서 상태에 놓이게 된다. 특히 부모의 강제적 제한이나 기기의 고장 등으로 인하여 자신의 의지에 반하는 미(未)사용 상태에서는 불안, 짜증, 분노 등의 정서가 곧바로 폭력적 언행으로 이어지는 경우가 매우 많다. 즉 인터넷·스마트미디어를 사용하지 못하게 되는 상황에서 처음에는 불안하고 초조한 모습을 보이다가 시간이 지나면서 부모에 대한 원망을 표현하며, 급기야 적대적 태도로 돌변하면서 물건을 집어 던지거나, 부수거나, 욕을 하거나, 부모를 때리는 등의 패륜적 모습을 보일 수 있다.

셋째, 생리적 영역이다. 주로 식사와 수면에 해당한다. 인터넷·스마트미디어 중독 상태의 아이는 식사를 제때 하지 않고, 게임 등에 몰입하느라 식사 거부와 폭식 등이 번갈아가면서 나타난다.

게다가 인터넷·스마트미디어 사용 시간을 보다 더 많이 확보하거나 혹은 중간에의 사용 중단 시간을 줄이기 위하여 매우 빠른 속도로 식사한다. 음식을 제대로 씹지 않고 넘기고, 먹기 편하거나 씹기 쉬운 음식만을 섭취하며, 아예 패스트푸드만 고집하는 등 위장관계 질환의 발병, 비만, 영양 부족 등으로 이어지기 쉽다.

수면은 어떠한가? 예컨대 인터넷 게임이 잘 되면 더 재미있고 빠져들게 되고, 반면에 잘 안 되면 더 잘하기 위해서 밤을 지새우느라 아침에 제시간에 일어나지 못한다. 밤과 낮이 바뀌게 되고, 불면증 또는 주간 과다 수면이 생겨난다. 게다가 잠들기 직전까지 인터넷·스마트미디어 사용으로 인하여 흥분된 뇌는 쉽게 진정되지 않게 되어 수면 중간에 자꾸 깨게 되거나 얕은 잠을 자게 되거나 인터넷·스마트미디어 사용과 관련된 내용이 꿈에 나타나는 등의 비정상적으로 잠을 자게 된다. 이러한 수면 이상이 지속하면 주의집중력의 저하, 기억력 저하, 각종 안전사고 발생 가능성의 증가, 우울증 또는 조울증(양극성 장애)의 발병 가능성 증가 등으로 이어진다.

넷째, 지적인 영역이다. 인터넷·스마트미디어 중독으로 인하여 학업을 게을리하게 되고, 미래의 꿈도 사라지며, 독서 등 다른 활동에의 흥미가 현저히 감소한다. 따라서 성적 저하, 지식 및 상식 수준의 부족, 예체능 영역에서의 능력 저하 등의 결과를 초래한다.

다섯째, 관계적 영역이다. 가장 먼저 부모와의 관계가 악화하고, 나아가 가족 구성원 전체와 갈등 또는 대립 관계에 놓이게 될 수 있다.
인터넷·스마트미디어 중독 상태에 있는 청소년은 자신의 동생, 형, 누나, 언니, 오빠에게도 무관심한 태도를 보이는 경우가 매우 많다. 친구 관계에서도 비슷한 성향을 가진 소수의 친구와 어울리거나, 친구들과 아예 어울리지 않거나, 인터넷에서 만난 어른들과 비(非)상식적이고 부적절한 관계를 맺는 결과를 초래한다.
인터넷·스마트미디어 중독은 신체 건강에도 부정적인 영향을 미친다. 장시간의 인터넷·스마트미디어 사용은 근육 골격계의 이상, 변형, 통증 등을 초래한다.
목, 허리, 등, 어깨, 손목, 손가락 등의 통증, 결림, 근육 뭉침 등이 빈발하고, 모양도 이상하게 변형되기 쉽다. 또한, 시력을 저하시키고, 운동 부족으로 인한 소화불량, 어지러움, 다리의 저림, 복부 비만 등이 생길 수 있다.

소아 청소년들은 아직 성장 과정에 놓여 있기에 이와 같은 부정적 영향 때문에 신체 발달이 올바르게 이루어지지 않을 공산이 매우 크다. 한편, 적절한 운동, 식사, 수면, 휴식 등이 이루어지지 않은 채 신체적 피로가 계속 쌓이게 되어 만성적 피로 상태에 놓이게 되면, 결과적으로 면역 기능이 저하되므로 각종 질병에 취약해질 수밖에 없다.

인터넷·스마트미디어 자체가 나쁜 것은 아니다. 게임이라고 무조건 다 나쁜 것도 아니다. 중요한 것은 적절하게 사용을 해서 중독이나 과다사용에 빠지지 않음이다.

부모는 자녀의 인터넷·스마트미디어 중독을 막기 위해서 대화와 타협을 해야 한다. 질책이나 비난보다는 설득과 격려의 말을 해 준다. 그리고 과도한 사용 대신에 아이가 좋아할 만한 건전한 취미 활동이나 가족 단위의 즐거운 활동 등 적절한 대안도 제시해야 한다. 이 과정에서 보상과 불이익의 적절한 사용이 중요하고, 일관성을 유지해야 하며, 인내와 끈기가 또한 필요하다. 무엇보다도 이 모든 것이 부모-자녀의 관계가 좋고, 나아가 가족관계가 좋을 때 가능함을 명심하자.

도덕

똑똑하고 공부 잘하는 아이를 키우는 데 치중한 작금의 현실은 우리 사회를 보다 더 경쟁적이고 메마른 분위기로 만들고 있다. 또한, 최근 급증하는 각종 성범죄나 '묻지 마' 폭력 사건들은 도덕성이 결여된 범죄자들이 얼마나 많은지 우리를 놀라게 한다. 이 두 가지 현상에 직접적인 상관관계가 얼마나 있겠는지를 정확하게 수치화시켜서 말하기는 어렵지만, 훌륭한 인성과 배려의 덕목을 갖춘 인재를 키우지 못하는 사회적 분위기와 오로지 자기의 욕구와 욕심을 채우기 위해 타인의 피해를 아랑곳하지 않는 비도덕적인 사람들의 증가는 분명한 연관성이 있다고 볼 수 있다.

2014년 4월 16일 발생한 세월호 참사 사건 역시 우리 사회 구성원들의 비도덕성이 어우러져서 결국 죄 없는 학생들을 죽음으로 몰고 갔다고 볼 수 있다. 필자는 강력 범죄를 막기 위해서는 무엇보다도 예방이 중요하다고 생각하는데, 그 첫걸음은 바로 가정에서 부모가 어린이를 양육할 때부터 이루어져야 한다고 생각한다.

극악무도한 범죄자들도 어린 시절 귀여웠던 때가 있었고, 그들 역시 부모나 부모를 대신하는 어른들에 의해서 길러졌을 것이기 때문이다. 따라서 이제부터는 학습 지능을 강조하는 대신에 도덕 지능을 보다 더 강조하는 방향으로 아이를 키울 것을 제안한다.

도덕지능이란 하버드 의대 정신건강의학과 교수인 로버트 콜스(Robert Coles)가 주창한 용어다. 그는 도덕, 즉 인간이 지켜야 할 도리 또는 바람직한 행동 기준을 갖춘 사람으로 성장하기 위해서는 지능지수(IQ)나 감성지수(EQ) 외에 도덕지능(MQ)이 필요하다고 주장했다.

한편 미국의 교육심리학자 미셸 보바(Michele Borba)는 도덕지능을 갖추기 위한 7가지 핵심 덕목을 제시했는데, 다른 사람의 입장에서 생각해보는 공감능력, 옳고 그름을 아는 분별력, 충동을 조절하여 올바른 생각과 행동을 하게 하는 자제력, 다른 사람과 동물을 소중히 대하는 존중, 타인의 행복에 관심을 갖는 친절함, 의견이 다른 사람을 존중하는 관용, 정정당당하게 행동하는 공정함이 그것들이다.

우리 사회에서도 이미 공부만 잘하고 남을 배려할 줄 모르는 아이가 자라나서 사회생활을 할 때 다른 사람들과 잘 융화되지 못하고, 조직에 잘 적응할 줄 모르며, 그 결과 우수한 실력이 있음에도 불구하고 사회적 성공을 거두지 못하거나 스스로 행복하지 않다고 여기는 경우가 나타나고 있다. 앞으로의 미래 사회는 도덕성이 가장 큰 경쟁력으로 대두될 것이다. 도덕성을 갖춘 사람은 타인으로부터 존경과 인정을 받을 것이기 때문이다. 즉 도덕성을 갖춰야 다른 사람들과의 적대적 경쟁 관계에서 벗어나, 성취 결과에서도 시기와 질투를 받지 않으며, 훌륭한 인적 네트워크를 형성할 수 있다. 결과적으로 높은 도덕지능은 아이의 인생에 큰 도움이 되고, 밝고 행복한 미래가 보장된다.

부모는 다음과 같은 원칙들을 기억하여 아이를 키우면 좋겠다.

첫째, 항상 '옳고 그름'을 생각하고 판단하는 모습을 보인다. 아이에게 "지금 휴지를 바닥에 버리는 것은 잘못된 행동이야. 주머니 속에 넣었다가 나중에 휴지통에 넣는 것이 옳은 행동이지."라고 설명해 주자.

둘째, 착한 마음, 즉 남을 배려하는 마음가짐을 강조한다. "네가 큰 소리를 치면 다른 사람들이 시끄럽게 여겨서 기분이 좋지 않을 거야."라고 설명해 주자.

셋째, 법과 규칙을 잘 지키는 모습을 보여준다. 시간이 늦었어도 빨간 불에 횡단보도를 건너거나 운전할 때 차선을 지키지 않는 모습 등을 보여줘서는 안 된다. "지금 늦기는 했지만, 신호등을 잘 지켜서 가는 것이 더 옳은 행동이야."라고 자신 있게 설명해 주자.

넷째, 아이가 자제력을 갖추게끔 키운다. 아이는 자신이 원하는 대로 즉각 충족함을 원한다. 하지만 점차 그것이 나중에 이루어질 때까지 기다리거나 혹은 포기하는 능력도 갖춰나가야 한다. 이것이 곧 자제력이다.

자제력을 갖춘 아이는 충동 및 욕구 조절이 가능하기에 다른 사람들과 조화롭게 잘 지낼 수 있고, 자기 스스로도 좌절감과 분노를 덜 느낀다. "지금 당장 화가 나서 물건을 집어 던지고 싶더라도 그것은 나쁜 행동이니까 다른 방식으로 화를 풀어보자."라고 얘기해 주자.

한 번 더 강조하고 싶은 덕목은 공감 능력이다.

공감은 다른 사람의 감정이나 생각을 함께 느끼고 이해함을 의미한다. 따라서 우리가 서로 공동체를 이루면서 살아가기 위한 필수적 덕목이라고 말할 수 있다.

일반적으로 남성은 논리적 사고, 판단, 업적, 성취, 결과, 공격성, 자기주장, 리더십 등의 영역에서 더 발달했지만, 여성은 공감, 언어, 감정, 동기 등의 영역에서 강점을 보인다. 이는 남녀 간의 뇌 기능의 차이 및 호르몬 등의 차이 때문에 그렇다고 설명하지만, 성별의 차이가 아닌 개인적 차이도 결코 무시하지 못한다. 그렇다면 이와 같은 공감 능력은 어떻게 형성될까?

공감 능력은 아이가 먼저 부모로부터 자신이 이해받고 있다는 느낌을 받고 나서야 형성된다. 즉 발달 과정상 내가 먼저 엄마나 다른 사람들로부터 사랑과 관심을 받는 과정을 거친 다음에야 다른 사람들의 감정과 생각, 그리고 행동 동기를 함께 느끼게 되는 것이다. 이는 결국 사회성 발달과 직결된 문제다. 또한, 형제자매 또는 친구들과 교류 및 상호작용을 하면서 자연스레 '공감', '존중', '경쟁', '타협' 등의 능력을 발달시켜 나간다.

부모가 아이의 공감 능력을 키워주기 위해 실천해야 할 부모의 구체적인 노력은 다음과 같다. 아이에게 "저 아이는 지금 무슨 생각을 할까?" 또는 "저 사람은 지금 어떤 감정일까?" 등의 질문을 자주 던지고, 아이의 대답을 듣고 난 후 부모도 함께 의견을 말하면서 '감정 이입'을 가르칠 수 있다.

또한, 평소 부모가 다른 사람의 입장을 이해하고 공감하는 태도를 아이 앞에서 자주 보여준다면, 아이는 마치 거울을 보는 것처럼 부모의 공감 능력을 모방해 나갈 수 있다. 다른 사람들에 대한 공감 능력을 갖춘 아이들은 자연스레 보편적 도덕성을 깨닫게 될뿐더러 단지 머리로만 아는 것이 아니라 가슴으로 느끼게 되어 도덕적 언행을 실천하게 될 것이다.

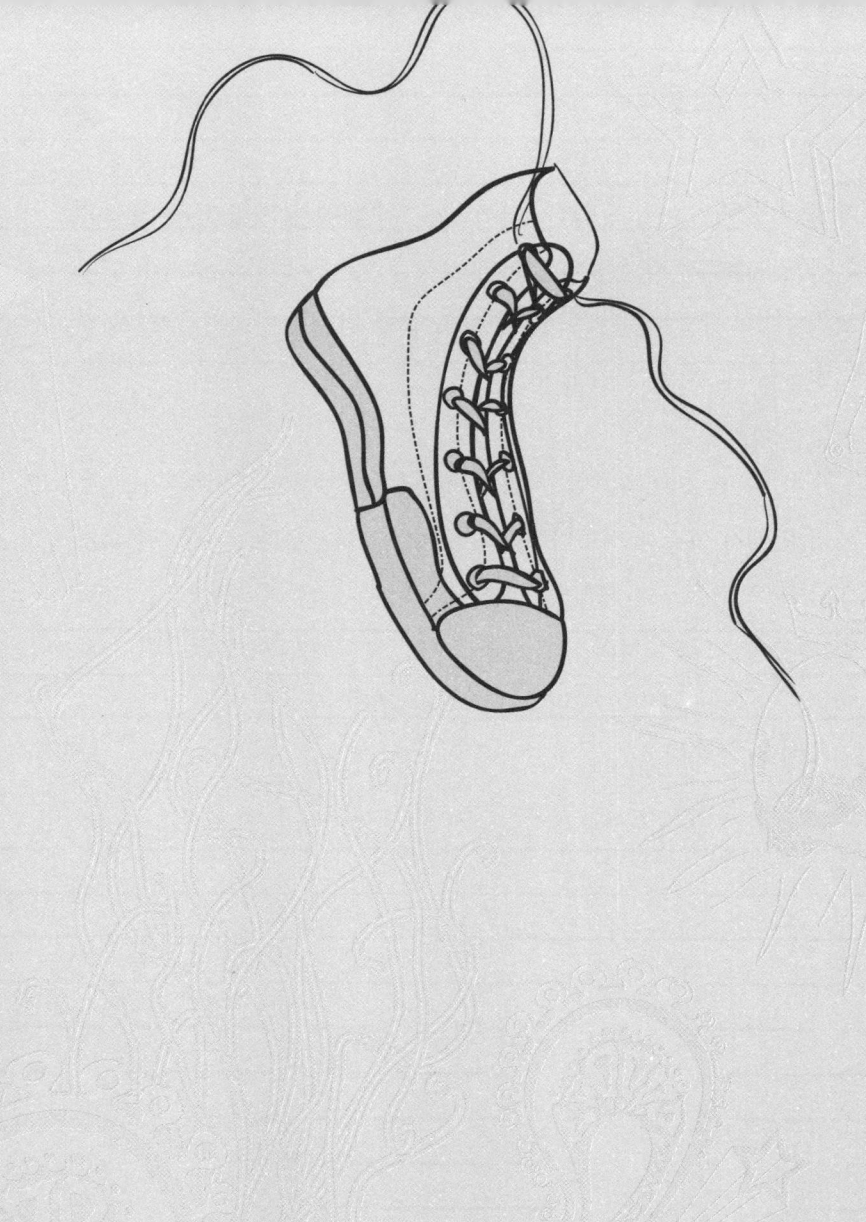

아들과 부모의 화해, 용서, 그리고 하나 되기

"서로 존중하고 쿨하게 인정해요"

최초의 기억을
떠올려 보라

 오늘의 나는 어디에서 비롯되는가? 그것은 나의 과거에 있다. 즉 현재의 나는 바로 과거의 나로부터의 연속에 있다고 할 수 있다.
 현재의 나는 과거의 나와 매우 다를 수 있다. 하지만 지금 현재 달라진 나 역시 과거의 어떤 모습의 나와 분명하게 연관되어 있음을 부정할 수 없다. 또한, 과거의 내가 어떤 생각과 판단, 그리고 결정을 했기 때문에 현재의 나에 이르게 되었다고도 할 수 있다. 여기에서 말하는 과거란 수십 년 전부터 바로 어제에 이르기까지 매우 광범위하다. 그렇다면 부모인 나는 과거의 나, 어느 시점의 나로부터 비롯되는가? 내가 기억할 수 있는 과거의 나로부터 시작될 것이다. 과거의 나를 향해서 여행을 떠나는 것은 현재의 나를 이해하는 것에 가장 핵심적인 도움을 줄 것이고, 더 나아가 나의 아들을 이해하는 중요한 열쇠로 작용할 수 있다.
 먼저 나의 생애 첫 번째 기억을 떠올려보라. 즉 내가 기억할 수 있는 가장 어린 시절의 나의 모습 혹은 사건이나 장소를 떠올린다. 금세 떠오르지 않을 수도 있다. 하지만 눈을 감고 과거로 거슬러 올라가다 보면 마치 파노라마처럼 여러 장면이 떠오르다가 마침내 다섯 살 때 그 시절로 멈추게 되는 것을 발견할 것이다.

일단 좋았던 기억이 떠오르면 무척 행운이다. 나의 의식에서의 삶은 긍정적 정서로부터 출발했기 때문이다. 이 경우 나의 인생은 늘 행복하게 살아왔다고 생각할 가능성이 커진다.

필자도 다섯 살 때의 기억을 최초의 것으로 간직하고 있다. 그것은 슬펐던 상황에서 슬픔을 느끼지 못한 채 마냥 신이 나고 즐거웠던 경험이었다. 할머니의 장례식이 끝난 후 우리 가족과 친척들은 큰 버스를 타고 장지로 이동했다.

필자는 엄마의 무릎을 타고 오른쪽 맨 앞 좌석에 앉아서 마치 내가 운전하는 것처럼 버스 운전기사를 흉내 내고 응원했다. 다른 차들을 앞지르거나 혹은 그저 넓은 도로를 주행하는 버스를 어린아이가 움직인다고 착각해서 신이 났고, 내가 그전에 우겼는지는 모르겠지만, 운전기사의 옆쪽 맨 앞자리에 앉았으니 그야말로 버스를 제대로 타서 좋았다. 엄마는 그런 나를 따뜻하게 품고 계셨다. 어른들도 철부지 어린 나를 이해했는지 아무도 나무랐던 기억이 없었다. 장례식에서조차 엄마가 나를 지켜주고 보살펴줬던 기억 덕분일까? 엄마와 나의 관계는 지금도 최고라고 자부한다.

아빠와의 기억을 떠올려보자. 아마 여섯 살 때쯤? 잠자기 전 아빠는 가족 모두에게 이불을 뒤집어쓰라고 명령하셨다. 우리 삼남매와 엄마는 이불 속으로 온몸을 집어넣었고, 그때부터 아빠는 모기약을 분사하셨다. 우리는 모기약 뿌리는 소리와 슬금슬금 나는 냄새에 킬킬대고 재미있어했다. 잠시 후 아빠의 이차 명령! 이제 이불 밖으로 얼굴 내밀어도 돼! 모기약 냄새가 진동하는 방안에서 우리는 이제 모기에 물리지 않겠지 안심하며 잠을 청했다. 이것이 나의 두 번째 기억이다. 두 번째 기억에서 엄마는 물론 아빠와 두 동생이 등장하고 있으니 제법 행복한 기억이다. 그래서인지 필자는 지금도 아빠와는 물론이려니와 동생들과도 좋은 관계를 유지하고 있다.

간혹 최초의 기억이 바뀌기도 한다. 그동안 무의식 저편에 깊이 간직되었던 더 어릴 적 기억이 불현듯 떠올려지는 것이다. 매우 드문 현상이기는 하다.

확률은 물론 아들에게서 훨씬 더 높다. 왜냐하면, 이제부터 부모인 나와 아들 사이에 일어나고 경험되어질 일들이 아직 많이 남아 있기 때문이다. 그러기 위해서는 일단 아들의 최초 기억을 확인해 보자. 아이에게 "네가 생각나는 가장 어릴 적 기억은 무엇이야?"라는 말을 던져본다.

아이가 엄마 또는 아빠와 즐겁게 놀러 갔던 일이나 부모가 자신을 귀여워해주고 안아줬던 일 등을 기억하면 감사할 만한 일이다. 그러나 아이의 최초 기억이 부모에게 야단을 맞았거나 혹은 부모와 떨어져서 울었던 사건 등이라면 그 당시 아이의 감정은 불안, 슬픔, 두려움 등의 부정적인 것들이었다. 그러니 이제부터 경험되어 훗날 아이의 머릿속에서 잊히지 않고 기억될 새로운 무엇인가가 필요하다. 지금 당장 아들에게 물어보자! 무엇을 하고 싶은지, 단 부모와 함께한다는 조건 하에서. 어릴 적 가족이 함께 나들이를 많이 하지 못했다면 주말여행을 떠나자. 경비가 많이 들 것 같으면, 당일치기로 놀이공원, 수목원, 박물관, 공연장, 영화관, 쇼핑몰 등 가볼 수 있는 곳은 많을 것이다. 아이의 기억이 오래 남게끔 아이 앞에서 부모가 활짝 웃어 보이고, 함께 사진도 찍으며, 아이가 좋아하는 음식도 먹어보자. 아이가 기존에 갖고 있던 그리 좋지 않았던 경험적 기억들의 위에 즐겁고 새로운 기억들로 덧칠하는 작업은 꽤 의미 있고 해볼 만하다.

정신건강을 증진시키자

아들을 잘 키우기 위해서 중요한 것이 또 하나 있다. 그것은 부모인 나의 정신건강이다. 물론 신체건강 역시 기본적으로 매우 중요하다.

"당신은 건강합니까?" 가까운 친구나 가족, 그리고 나 자신에게 던져야 할 질문이다.

대부분 세 가지 대답이 가능하다. "예, 건강합니다. 아픈 곳이 하나도 없습니다."라고 대답할 수 있으면 제일 좋은 일이다. "아니요. 저는 고혈압약을 3년째 복용하고 있습니다. 하지만, 혈압이 잘 조절되고 있어서 지금은 건강을 유지하고 있습니다." 두 번째로 좋은 대답이다.

가장 우울하고 슬픈 대답도 있다. "저는 걸어 다니는 종합병원입니다. 심장, 간, 허리, 무릎 등 멀쩡한 곳이 하나도 없습니다."

건강하다는 것은 무엇을 의미하는 것일까? 건강하다는 것의 사전적 정의는 정신적으로나 육체적으로 아무 탈이 없고 튼튼한 상태를 뜻한다.

세계보건기구(WHO)에서는 건강의 정의를 '단순히 질병이나 불구가 없는 것을 의미하는 것이 아니고, 신체적, 정신적, 사회적, 그리고 영적으로 행복한 역동적인 상태'라고 규정짓는다.

사전과 WHO에서 강조하고 있는 정신적 건강을 우리는 잘 챙기고 있는 것일까? 필자는 그렇지 않다고 본다.

우리 대한민국의 구성원들은 건강을 단순히 신체적 질병이 없는 상태로 생각하는 경향이 뚜렷하다. 이제 우리나라도 선진국 소리를 들어서 별로 부끄럽지 않은 나라가 되었고, 앞으로도 끊임없이 발전하는 사회가 될 것으로 기대하고 있으며, 국민 개개인의 복지와 안녕을 결코 소홀하게 여기지 않는 아름다운 나라를 지향하고 있으므로 정신적 건강에 대한 인식 개선이 시급하다고 생각한다. 즉 정신이 건강한 것은 신체가 건강한 것 못지않게 중요하다.

'정신'이란 무엇인가? 인간을 '신체(soma)'와 '정신(psyche)'의 두 면으로 나눌 때 신체적 현상에 대응하는 인간 특유의 생각, 감정, 언어, 행동 현상을 말한다.

'정신건강'이란 인간의 생각, 감정, 행동이 어떻게 생성되고, 조절되며, 어떠한 의미를 가지고, 대인관계에서 어떠한 역할을 하는가에 대한 질문에서 인간의 생각, 감정, 행동의 세 가지 측면이 서로 밀접한 관계를 맺고 조화와 평형을 이루면서 자신의 환경에 잘 적응하는 것과 함께 만족감을 느끼는 것을 말한다.

'정상(Normality)'과 '비정상(Abnormality, 또는 이상)'에 대해 오퍼와 삽신(Daniel Offer & Melvin Sabshin, 1984)은 다음과 같이 말했다.

첫째, 질병 또는 병적 상태의 유무에 따라서 결정된다. 즉 병이 없을 때를 말하는 것으로서 외관상 보이는 행동이 정상범위 이내에 있고, 겉으로 드러나는 정신병리 증상이 없다. 건강과 질병에 대한 전통적인 의학적 접근 방법이다.

둘째, 이상적 상태에 놓여 있는가에 따라서 결정된다. 정신의 다양한 요소가 조화롭고 적절하게 결합하여 적절한 기능을 발휘한다.

셋째, 평균 상태에 놓여 있는가에 따라서 결정된다. 통계학적 관점에서 정규분포 곡선의 가운데에 놓여 있으면 정상이고, 양쪽 극단에 놓여 있는 경우 비정상이라고 본다.

넷째, 과정으로서 이해하는 관점이다. 즉 정상과 비정상은 절대적인 개념이 아니라 시간 경과에 따라서 늘 변화할 수 있다. 정상적 행동은 상호작용적 시스템의 최종적 결과다. 더욱 성숙한 기능을 얻기 위해서 발달과 변화의 단계를 거치게 된다.

필자는 부모가 정신적으로 건강해야 자녀의 정신건강도 증진할 수 있어서 정신건강의 의미와 중요성을 강조한다.

개인의 정신건강을 지키기 위한 마음가짐은 다음과 같다.

첫째, '즐기는 힘'을 가져라. 인생과 자기 일을 즐기는 사람과 그렇지 않은 사람의 심리적 차이는 무엇일까? 가장 중요한 차이는 '자발성' 또는 '자기 주도성'의 차이다. 인생이나 자기 일을 즐기는 사람은 당연히 능동적으로 그리고 적극적으로 삶과 일에 몰두한다. 스스로 계획을 세우고, 자기를 늘 관찰하며, 피드백 또한 스스로 내린다. 이른바 자기 관찰, 자기 감독, 자기 결정권 등이 일을 하는 원동력이 된다.

또한, 일에 대한 보상을 즐거움으로써 얻기에 일을 지속하는 게 좋다. 그러나 일을 즐기지 않는 사람은 항상 일에 대한 부담, 스트레스, 책임감 등에 짓눌려 있으므로 일을 뒤로 미루게 되거나 다 마치더라도 최선을 다하지 못했다는 후회와 자책감 등에 시달릴 수 있다. 일에 대한 보상을 금전적 보상이나 타인의 평가로서 얻기에 자기 스스로 충분하게 만족하기 어려운 경우가 많이 생긴다. 사람은 누구나 다 즐거움을 느끼는 일을 지속하려고 한다.

청소년들이 인터넷 게임에 몰두하는 이유는 즐겁기 때문이다. 반면에 공부를 싫어하는 이유는 즐겁지 않기 때문이다. 따라서 인생과 자기 일을 즐기는 사람은 누가 시키지 않아도 오래오래 그리고 더 발전적으로 자신의 인생과 일에 몰입하는 셈이다. 예전에는 공부 잘하는 사람이 성공한다고 했는데, 최근에는 잘 노는 사람이 성공한다고들 말한다.

변화된 사회의 양상에 부응한 것인데, 어떤 이유 때문일까?

공부 잘하는 사람이 일반적으로 성실하고 근면하기에 주어진 과제를 잘 수행하는 능력이 뛰어나다. 과거에는 자신에게 주어진 과제를 잘 수행하기만 하면 어느 정도 성공이 보장되었다. 그러나 현재는 창의성과 지식 창출이 더욱 중요한 시대가 되었다. 그렇다면 열린 마음과 자유, 여유, 즐거움, 사색 등이 필요하다. 그러다 보니 잘 놀고 즐겨야 머리가 잘 돌아간다. 생각해 보라. 자신에게 주어진 과제의 양이 엄청나고 똑같은 방식으로 문제를 해결하는 사람이 어떻게 새로운 아이디어를 낼 수 있겠는가? 한 마디로 머리를 비우고 스트레스를 덜 받으며 잘 놀고 즐거워야 두뇌의 유연성이 증가한다. 유연성이 증가한 두뇌는 창의력과 집중력을 발휘할 수 있다.

잘 노는 것의 또 다른 장점은 원만한 대인관계 능력이다. 잘 노는 사람은 다른 사람들과 즐겁게 그리고 친밀하게 지내는 방법을 안다. 최근 사회는 인적 네트워크가 중요하기에, 그리고 다른 사람들에게 호감을 주는 것도 중요하기에 잘 노는 사람들이 성공한다.

현재를 즐기기 위한 노하우는 바로 이것이다. 먼저 즐거움을 억지로 찾으려고 하지 말라. 그리고 잘하는 것 또는 남들보다 앞서는 것으로 즐거움을 느끼려고도 하지 말라.

현재 자신에게 주어진 상황과 업무를 긍정적으로 인식하는 것이 출발점이다. 가령 영업사원이 있다고 치자. 그는 자신보다 업무가 훨씬 더 편하면서도 급여가 더 많은 직종을 부러워할 수 있다. 이것은 부정적인 인식이다. 긍정적인 인식이란 자신이 아무나 하지 못하는 영업을 할 수 있다고 생각하는 것이다. 또한, 영업하면서 만나게 될 사람들에 대한 궁금증, 호기심, 이해의 마음을 가지고서 업무에 임한다면 매사 즐거울 수 있다.

즐거움이 지속하면 업무에 대한 집중도와 수행능력이 늘 수밖에 없다. 미래에 대한 긍정적인 예측 또한 현재의 즐거움을 배가시킬 수 있다. 즐기는 힘이 곧 창의력의 원천이라는 의견도 있다. 그 이유는 무엇인가? 창의력의 결과는 즐거움이다. 따라서 거꾸로 즐거움을 먼저 느껴보자는 것이다.

아르키메데스가 부력의 원리를 깨닫고서 벌거벗은 몸으로 '유레카!'라고 외쳤듯이 무엇인가 발견하거나 새로운 것을 생각해내는 만큼의 기쁨은 없다. 아르키메데스는 목욕하며 쉬면서 부력의 원리를 발견했다. 뉴턴도 정원에 앉아 쉬면서 사색을 즐기다가 사과가 떨어지는 것을 통해 만유인력을 발견했다. 마음이 즐거우면 매사 너그러워지고 주변의 자극을 받아들이는 포용력이 생긴다. 기분이 좋으면 다른 사람들의 부탁을 잘 들어줬던 경험이 있을 것이다. 즐거운 두뇌는 주변을 잘 탐색하고 관찰하며 새롭게 자극을 받아들이는 힘이 생긴다. 즐거운 뇌는 시야가 넓어지고 통찰력이 커진다. 그것이 곧 창의력이다.

둘째, 나 자신의 행복을 위해 무엇이 필요한가 생각해 보자. 불안한 마음을 버려야 한다. 내가 손해 보면 어떡하나, 남들보다 뒤처지면 어떡하나, 다른 사람들로부터 비난받으면 어떡하나, 체면을 구기면 어떡하나 등의 걱정에서 벗어나자.

나 자신의 혁신은 온전히 나 자신을 지금부터 열심히 관찰, 탐색, 반추, 자성하는 것으로 시작하되 될 수 있으면 자신을 칭찬하고 격려하자. 자기 비난이나 자기 실망을 이제 멈추자. 이러한 정신활동 외에 실제 즐거움을 유발할 수 있는 활동을 하자. 즉 즐거운 삶에 시동을 거는 것이다. 이제까지 경험했던 것 중에서 가장 좋아하고 즐거움을 느꼈던 것을 다시 시작하자. 당장 돈이 생기지 않아도 혹은 도움이 되는 것 같지 않아도 시작하라. 즐거움을 느끼는 것 자체가 곧 도움이다. 그러고 난 다음에 나의 안녕과 정서적 안정을 위해 노력하라.

주변 사람들의 시선을 의식하지 말라. 안분지족이야말로 여기에 필요한 한자성어다. 어떻게 하면 즐겁고, 편안하며, 행복할 수 있을까 생각해서 나아가야 할 방향과 실천해야 할 행동들을 결정하라. 단, 쾌락의 추구만을 위한 삶은 분명하게 경계하라.

셋째, 희망을 갖고 살자. '희망(hope)'이라는 단어만큼 우리 생활에 활력소를 주는 말은 아마 세상에 없을 것이다. 지금 당장 몸이 고달프고 생활고에 찌들어 힘들어하면서도 미래에 대한 희망, 즉 앞으로 더 나아질 것이라는 예상과 무엇인가를 이루고 얻고자 하는 기대 때문에 우리는 다시 웃을 수 있다.

희망이란 하나의 생각일까, 아니면 감정의 한 부분일까? 사전을 찾아봤다. 첫째, '앞일에 대하여 어떤 기대를 하고 바람'이라고 설명되어 있다. 둘째, '앞으로 잘될 가능성'이다. 그렇다면 분명히 하나의 생각, 즉 사고의 영역이다.

희망은 마치 '행복'이라는 단어처럼 긍정적 감정과 사고를 동시에 담보하는 위대한 단어다. 긍정적 감정과 사고를 한꺼번에 이끌어내는 이 단어는 개인의 정신건강 향상에 무척 유용하다. 필자는 정신의학자로서 희망의 의학적인 효과에 대해서 설명하고자 한다.

우리가 희망을 가질 때 가슴이 벅차오르면서 행복하고 즐겁다는 느낌이 들게 되는데, 이는 뇌의 이마엽(전두엽) 부분의 감정 중추가 자극되는 결과로 이해되고 있다. 희망으로 가득 차 있는 사람은 또한 신체의 각 기관의 기능들이 매우 좋아진다. 뇌에서는 베타 엔도르핀(Beta Endorphin)이라는 물질의 분비가 촉진되어서 기분이 좋아짐과 동시에 기민성과 기억력이 증진되며 긴장감을 풀어 준다. 심장에서는 스트레스 호르몬인 코티졸(cortisol)의 분비가 억제되고, 혈압과 혈당을 정상적으로 유지하며, 혈액 순환을 개선하는 효과가 있다.

폐에서는 코티졸의 분비를 억제하고 신경조직의 이완을 통해서 폐 속의 깊은 곳까지 신선한 산소를 공급해 준다. 위, 간, 대장 등 소화기관에서는 인터페론 감마(interferon-γ)라는 면역 물질의 분비를 증가시켜서 바이러스 등에 대한 저항력을 길러 주며, 각종 소화기암의 예방 효과도 있다.

혈액에서는 면역물질인 자연살해세포(NK 세포)를 활성화해서 면역 기능을 증가함과 동시에 암세포를 공격하고, 콜레스테롤이나 중성지방의 수치를 줄여 준다. 또, 엔도르핀이나 엔케팔린과 같은 신경 펩타이드를 분비시켜서 요통 등의 통증을 감소시켜 주는 효과도 있다. 한마디로 희망이라는 녀석을 마음속에 담아두기만 하면 만병통치약을 먹은 것이라고도 할 수 있음이다.

정신건강을 챙기고 인식을 개선하기 위해 다음 몇 가지는 꼭 기억해 두자.

첫째, 정신건강의학과에 대한 편견을 버리기다. 정신과 또는 신경정신과에 대해서 일반인들이 생각하는 이미지는 그리 좋지 않다. 현재 정신과에서 치료를 받는 환자들은 대개 스트레스, 불안, 우울, 불면, 대인관계의 갈등 등의 문제를 해결하기 위함이다. 그러나 일반인들은 정신과 치료를 받는 환자들에 대해서 환청이나 망상 등의 증상을 가진 조현병(과거 '정신분열병'으로 불림)이나 심한 대인기피 및 무기력 증상을 가진 만성 우울증을 떠올린다. 그것은 마치 일반 병·의원을 방문하는 환자들을 감기, 배탈, 설사, 고혈압, 당뇨병 등으로 세분화시켜서 바라보는 것이 아니라 모두 다 심각한 암이나 희귀 면역 질환 환자들로 간주하는 것과 마찬가지다.

학회에서는 몇 년 전부터 부정적인 인식이 강한 정신분열병을 '조현병(調絃病)'이라는 명칭으로 개정했다.

조현은 '현악기의 줄을 고르다'는 뜻이다. 정신이 갈라지고 분열된다는 의미가 아니라 신경계 혹은 정신의 튜닝이 적절하게 이루어지지 않아 마음의 기능에 문제가 생긴 질환이라는 과학적 해석을 은유적으로 표현한 것이다. 정신과 또는 신경정신과라는 진료 과목명 역시 일반인에게 부정적인 이미지를 주는 것이 현실이므로 '정신건강 의학과'를 새 명칭으로 선정했다.

둘째, 정신건강 문제에 대한 부끄러움을 없애기다. 사람들은 자기가 정신과 진료를 받는 것을 될 수 있으면 밝히려고 하지 않는다. 다른 사람들이 나를 어떻게 바라볼까 두렵기 때문이다. 속된 말로 나를 '사이코'나 '정신이상자'로 취급하여 멀리하지 않을까 걱정한다. 이러한 염려가 불식되기 위해서는 정신건강에 문제가 생긴 사람을 나약하고 적응 못하여 사회생활에 실패한 사람으로 취급하는 분위기가 사라져야 한다.

실제로 정신과 의사 중에도 우울증이나 불안장애로 치료를 받는 사람들이 꽤 있다는 것을 밝히면, "어휴, 환자들에게 얼마나 시달리고 스트레스를 받으면 그렇게 되나요. 그런 의사 선생님들은 환자를 진료하지 못하지요?"라고 반응한다. 이러한 분위기에서 누가 떳떳하게 말할 수 있겠는가?

셋째, 정신질환 병력에 대한 사회적 불이익을 철폐하기다. 정신과 진료를 받으면 평생 기록이 꼬리표처럼 따라다녀서 결혼이나 취업을 못하는 것 아닌가 하는 우려가 꽤 많이 있다.

결론부터 말하자면 전혀 사실이 아니다. 그럼에도 불구하고 일부 시민들은 이러한 걱정을 사실로 받아들인다. 필자가 진료했던 청소년 환자들이 나중에 성인이 되어서 결혼을 하고, 출산하며, 나아가 의사, 교수, 교사, 판검사 등 사회적인 대접을 톡톡히 받는 직업을 가지고 행복하게 살아가는 경우가 무척 많다. 정신과 진료 기록은 함부로 다른 사람이나 기관이 열람할 수 없기 때문이다.

그러나 이러한 걱정이 사라지지 않는 가장 큰 이유는 민간 보험회사의 행태다. 최근에는 의료실비보장 보험이 인기리에 판매되고 있다. 그런데 보험을 파는 기업에서 종종 정신과 치료 병력이 있는 사람들의 가입을 거절하는 것이다. 사전 고지 의무 사항에 과거 병력을 밝히게 되어 있으니 어쩔 수 없는 노릇이다. 만일 사전 고지를 하지 않고 보험에 가입하게 되면, 추후 보험금 지급 상황이 발생할 때 계약을 해지할 수 있기 때문이다. 의사의 소견서나 확인서를 통해서 현재는 완치 상태임을 밝히거나 일상생활에 문제없이 잘 지내고 있음을 밝혀야 가입을 받아준다고 하니 참으로 번거롭고도 억울한 절차다.

<u>스스로 위로하라</u>

우리나라가 점차 저성장, 저고용, 고령화 등의 단계로 진입하면서 우리의 삶도 점차 변화되고 있다. 과거의 평생직장 개념은 사라진 지 이미 오래되었고, 최근의 경기 불황은 우리의 가정생활에 직격탄을 날리고 있다. 수입의 감소, 빚과 이자 부담의 고통, 실직의 두려움 등이 매일 우리 어깨를 짓누르고 있다. 미혼 직장인은 결혼과 출산에 대한 스트레스에 시달리고 있고, 기혼 직장인은 그(또는 그녀)대로 아버지로서의 스트레스 혹은 워킹 맘으로서의 불안감에 힘겨워하고 있다. 아버지들은 경제적 불안 외에도 위치적 불안과 기능적 불안이 있다. 예전에는 가정에서 가장 높은 사람으로 대접받던 아버지였다.

언제부터인가 아버지는 집에 돈만 벌어다 주면 되는 사람 또는 자녀의 학원비를 충당해 주는 사람으로 전락했다. 이제 아버지는 자녀의 시험 스케줄에 맞추어서 여가 활동 계획을 잡아야 한다. 가족 전체의 필요성에 맞추어서 아버지는 나름대로 몸을 낮추지만, 때로는 내가 지금 무엇을 하는지 또는 가장의 역할을 제대로 하는지에 대해서는 늘 의문이다. 게다가 직장에서 상사와 후배직원, 그리고 동료들과 어떻게 관계 맺음을 이어나갈지 또 어떻게 하면 훌륭하게 자신의 업무를 수행해나가야 할지 고민하는 것은 기본이다.

기능적 불안 또한 상당하다. 아버지는 여러 가지 기능을 동시에 수행해야 한다. 아버지는 집안의 가장이자 아내의 남편이자 아이들의 아빠. 그런데 우리 사회는 이른바 '슈퍼 대디'를 원하고 있다. 돈을 잘 벌어오는 것은 아버지가 기본적으로 갖추어야 할 기능이고, 자상하고 따뜻한 남편이어야 함은 물론이고 자녀와 잘 놀아주고 친구 같은 아빠가 되어 주기를 기대한다.

만일 그렇게 하지 못하는 경우에는 곧바로 옆집 아빠 또는 내 친구 아빠와 비교당한다. 어릴 적에 아버지의 눈도 잘 마주치지 못했던 아빠로서는 도대체 내 아이와 어떻게 놀아주고 대화해야 할지 모른다. 모처럼 마음먹고 아이와 놀아주면, "아빠는 재미없어."라는 반응이 되돌아온다.

회사에서는 늘 성취도에 피드백이 주어지고 더 잘하라는 압력을 받는 아버지가 집에서 전혀 쉴 수가 없다.

직장 여성, 이른바 워킹 맘은 어떠한가? 그녀야말로 더욱 성공적인 '슈퍼 우먼'을 강요받고 있다. 훌륭한 직장 여성은 기본이요, 훌륭한 아내, 엄마, 며느리 등 1인 4역은 최소한 수행해야 한다.

회사에서 자신의 역량이 부족함을 깨닫고 마음을 굳게 먹으면서 '이제부터 정말 열심히 해야겠다.'는 각오를 다졌건만, 아이가 다니는 학교 선생님으로부터 아이의 문제를 전달받는 전화를 받으면서 마지막에 "어머니가 조금 더 신경을 쓰셔서 아이 과제물을 챙기시면 좋겠습니다."라는 소리를 듣고는 정말 주저앉아 울게 된다. 두 마리 토끼를 쫓다가 둘 다 놓치는 형국에 놓인 자신의 신세를 한탄하면서 말이다. 과연 나의 마음을 누가 알아준단 말인가! 그렇다. 누군가에게 나의 마음을 적절하게 표현하는 것이 필요하다. 그리고 나 자신도 스스로 나의 마음을 알아주고 달래주는 과정도 매우 중요하다.

먼저 꾸준히 일기 쓰기를 권유한다. 매일 일정량의 글을 읽고 쓰는 활동을 하는 사람은 그렇지 않은 사람보다 더욱 오랫동안 자신의 인지 기능을 유지할 수 있다. 자기 생각, 감정, 행동 등을 글로 쓰다 보면, 무엇인가 정리되는 느낌이 들면서 잘못된 점에 대한 반성과 함께 자기 발전에 대한 의지가 생겨날 것이다. 감정의 정화 효과는 부수적인 것이라고 할 수 있다.

규칙적으로 운동하기도 좋다. 규칙적인 운동은 뇌 건강의 필수 요소다. 운동하면 뇌 속 산소량이 증가해 두뇌 활동이 활발해지기 때문이다. 운동을 통해 일정한 체중을 유지하고 혈압, 혈당, 콜레스테롤 등을 관리하는 것은 단지 신체적 건강뿐만 아니라 정신건강의 유지에도 도움이 된다. 특히 걷기 운동은 뇌로 가는 산소와 영양 공급을 늘려 뇌세포를 활성화하는 효과가 있고, 일상에서 받은 스트레스를 줄여주기 때문에 기억력 향상에도 효과적이다.

좋은 식습관 갖기도 중요하다. 신선한 채소와 과일에 들어 있는 비타민과 미네랄은 활성산소를 제거해 뇌 손상을 막는 효과가 있다. 따라서 과일, 채소 등 항(抗)산화 식품을 충분하게 섭취하고, 하루에 6잔 이상의 물을 마시는 등 수분을 보충하면 도움이 된다. 오메가3지방산이 풍부한 등이 푸른 생선이나 비타민 E를 다량 함유한 견과류 등도 두뇌 활동을 활발하게 도와주거나 안정시키는 효과가 있다.

양질의 휴식을 취하는 것도 필요하다. 휴식을 취한다고 TV나 잡지를 보는 것보다는 신체 일부를 가볍게 자극하는 것이 좋다. 두뇌를 피곤하지 않게끔 하면서 가벼운 자극으로 감각신경을 통해 뇌를 활성화한다. 따라서 밖으로 나가 바람을 쐬면서 산책을 하거나 가벼운 달리기를 하는 것이 훨씬 큰 도움이 된다.

하루 7시간 이상 숙면을 하는 것도 중요하다. 몸이 피곤하고 힘들면 두뇌 기능이 떨어지는 것은 당연한 일이다. 그 결과 짜증을 잘 내게 되고, 업무에 대한 집중력이 저하된다. 우리의 두뇌는 잠을 자는 동안 체력과 정신력을 축적하고 면역 기능을 조절하기 때문에 하루 7시간 이상 푹 잠을 자는 것이 좋다.

자신의 업무나 취미에 집중해본다. 한 번에 한 가지 일에 집중하는 연습을 한다. 특히 머리를 자주 쓰는 게임이나 놀이 등 두뇌 활동은 건망증에도 효과적이다. 즐겁게 꾸준히 하는 것이 가장 중요하다는 걸 명심하자.

부모인 여러분은 나의 안식처가 있는가? 만일 없다면 이제부터라도 나의 안식처를 마련해 본다. 생활이 바쁘고 해야 할 일들이 많을수록 나의 안식처를 마련할 필요성이 커진다. 그것은 마음이 편안하게 느껴지는 장소(특정한 의자, 소파, 방, 휴게소 등)와 사람(배우자, 친구, 부모, 선후배 등)이다. 즉 휴식과 재충전을 위한 장소와 편안하게 대화를 나눌 수 있는 사람을 마련하자.

부모인 나에게는 사회적 지지망(social support network) 또는 체계(social support system)가 필요하다. 사회적 지지망은 내가 어렵거나 힘든 상황에 놓여 있을 때 나를 지지해주고 위로해 줄 수 있는 네트워크를 말한다. 즉 나의 주변에 의지할 수 있는 사람 혹은 나를 돌봐주고 사랑해주며 인정해 줄 수 있는 기관을 확보해 놓을 필요가 있다. 인간은 결코 혼자서 살아나갈 수 없다. 비록 성인이 되어서 경제 활동을 한다손 치더라도 늘 어려움과 한계에 부딪히기 때문이다. 그렇다면 가족(배우자, 부모, 형제자매, 친척), 친구들, 이웃 사람들, 직장 사람들, 동호회 사람들 등과 평소 긴밀한 관계를 맺으면 그 자체가 사회적 지지망이 되는 것이다. 또한, 각종 상담기관, 사회 서비스, 공적 제도, 보험 등은 위기 상태의 나를 보호해 주고 다시 일어서게끔 도와주는 체계라고 할 수 있다. 이러한 망과 체계는 알아서 움직여주지 않는다. 결국, 나 자신의 적극적 도움 요청과 활용이 중요하다.

화를 잘
표현하라

　많은 사람이 심하게 화를 낸 후 곧바로 밀려드는 죄책감에 괴로워하거나 혹은 자신의 좋지 않은 모습을 드러낸 것에 대해서 후회한 적이 있을 것이다. 사실 이것은 사람인지라 어쩔 수 없기도 하다. 특히 아들에게 화를 심하게 낸 다음에 힘들어하는 부모를 심심치 않게 볼 수 있다. 그것은 아들이 먼저 화를 냈는지와 상관없이 사랑하는 자녀에게 결국 화를 크게 냈다는 사실 자체가 부모를 속상하게 만들기 때문이다.

　화를 심하게 냄은 감정 조절이 잘 되지 않기 때문에 일어나는 현상이다. 물론 이러한 일이 절대로 벌어지지 않으면 가장 좋겠으나 누구라도 완벽할 수는 없는 법이다. 감정을 잘 조절한다는 것은 자신의 부정적 감정을 무작정 참기만 하는 것도 아니고, 그것을 과잉 분출하는 것도 아니다. 자신의 감정이 긍정적이든 부정적이든 간에 그것을 잘 인식하고, 다른 사람들이 수용할 만한 방법으로 표현하는가, 그리고 한 걸음 더 나아가서 그런 부정적인 감정을 어떻게 나름대로 방법을 통해 긍정적인 감정으로 돌려놓을 수 있는가의 문제다. 이 문제를 잘 해결할 수 있는 사람이 바로 감정 조절능력이 뛰어난 사람이다. 만일 내가 화를 잘 내는 사람이라고 느껴진다면, 다음의 방법들을 기억해 보자.

1. 화가 날 때 숨을 깊게 들이마신 후 다시 천천히 내뱉어 본다.

   이렇게 세 번 정도 하면 신기하게도 화가 사라질 것이다.

2. 마음속으로 하나부터 열까지 숫자를 세어 본다. 열까지 다 세고 난 다음에는 화가 없어질 것이다.

3. 화가 났을 때 곧바로 말을 하지 말고, 한 번 더 생각해 본 다음에 말을 한다. 그러면 나쁜 말 혹은 극단적으로 과격한 표현이 튀어나오는 것을 막을 수 있다.

4. 화가 났을 때 물건을 던지고 싶은 마음이 들 때는 그 자리에서 다른 곳으로 옮긴다. 다시 돌아온 다음에는 그 마음이 사라질 것이다.

5. 내가 어느 때 화가 자주 났는지 곰곰이 생각해 본다.

   그런 일이 일어나지 않도록 미리 노력한다. 즉 상황의 예방에 힘을 쓴다.

6. 조급한 마음을 버린다.

   무엇이든지 급하게 생각하고 행동하면 일이 잘 풀리지 않아서 짜증이 나고 화를 내기 쉽기 때문이다.

7. 분노 일지를 쓴다.

하루에 내가 몇 번이나 분노를 느꼈는지 혹은 짜증을 냈는지 그리고 어떠한 상황에서 또는 주로 어느 시간대에 그러한지를 여러 각도에서 관찰하여 한 달만 기록해 보면 자신의 모습이 데이터로 변환되어 눈 앞에 펼쳐질 것이다. 그러면 냉정하고 객관적으로 자신의 모습에 대해서 생각해 볼 수 있게 된다. 어떠한 특정 상황에서 매번 분노를 느끼는 것이 확인된다면 그 상황을 만들지 말라. 만일 피할 수 없는 상황이라면 그 상황 자체에 대하여 약간의 변화를 시도해 보라. 이렇게 분노 일지를 기록함으로써 점차 분노가 줄어드는 자신의 모습을 발견하게 되면 상당한 자긍심과 성취감을 가지게 될 것이다.

8. 평소에는 즐거움을 느낄 수 있는 활동을 찾아라.

반드시 돈이 들어가는 취미나 여가활동을 얘기하는 것만은 아니다. 돈을 쓰지 않으려면 혼자만의 조용한 시간을 매일 확보하여 명상하든지 독서를 하든지 일기를 쓰든지 TV를 보든지 음악을 듣든지 그림을 그리든지 등 자신에게 적합한 활동을 골라서 시도해 보라. 종류는 아무것이나 좋다. 그리고 그 시간을 즐김과 동시에 신체적 및 정신적 휴식의 시간으로 활용하라.

9. 대화를 나누어라.

혼자서 스스로 마음의 평안을 얻는 것도 중요하지만, 그것만으로는 부족할 때가 많다. 따라서 마음속에 쌓인 불만과 화를 대화를 통하여 해소하도록 한다.

제일 이상적인 대화 상대는 배우자이다. 만일 배우자가 부적합하다고 느껴진다면, 친구들, 동네 이웃, 형제자매 등을 찾아보라. 그들과 얘기하다 보면 마음속이 후련해지는 '환기(ventilation)' 효과를 느낄 것이다.

10. 삐치기로 대신하기

　　어른의 삐치기는 대개 감정 조절의 결과라고 할 수 있다. 즉 원래의 감정은 더 큰 강도의 분노, 좌절, 미움 등인데, 그러한 감정들을 원초적으로 표현하다 보면 파괴적이고 비사회적인 방법으로 나타날 수 있다. 따라서 삐치는 행동으로서 나름대로 수위 조절을 한다. 즉 화를 삭이는 수단으로 그나마 삐침을 선택하는 것이다.

　혹시 부모인 내가 평소 화를 잘 내는 것이 인식되고, 이로 인해 아들과 트러블이 자주 발생한다면, 다음의 분노지수를 점검해 보자.

분노지수 체크리스트

1. 사소한 자극에도 발끈하고 화를 잘 내는 편이다.
2. 화를 내지 않아야겠다고 마음을 먹지만 번번이 실패한다.
3. 화가 난 상황 자체를 나중에 기억하지 못하는 경우가 있다.
4. 주변 사람들로부터 '다혈질적인 사람'으로 평가받는다.
5. 분노 때문에 잠을 이루지 못한 적이 있다.
6. 화를 참으려고 하면 가슴이 답답해지거나 호흡이 가빠져서 결국 폭발하게 된다.
7. 화가 나면 욕을 한다.

8. 화가 나면 물건을 던지거나 부순다.

9. 화가 나서 사람을 때린 적이 있다.

10. 화를 참지 못해서 친구, 이웃, 친척 등과 헤어진 적이 있다.

1~2: 가볍지만, 결코 무시할 수 없는 분노지수를 갖고 있음
3~5: 중등도 이상의 분노지수를 갖고 있으므로 꾸준한 자기 관리와 노력이 필요함
6~8: 심각한 정도의 분노지수를 갖고 있으므로 전문가와의 상담이 필요함
9~10: 극심한 정도의 분노지수를 갖고 있으므로 시급한 치료를 요함

화를 잘 가라앉히기 위한 또 하나의 방법은 나의 안식처를 발견하는 것이다. 말 그대로 내가 편안하게 쉴 수 있는 대상을 찾아내서 쉼을 가지다 보면 평소 나의 분노지수가 내려갈 것이다. 나의 안식처는 안락한 공간(침대, 소파, 의자, 서재 등), 여유 있는 시간(휴일, 주말, 저녁, 점심, 아침, 휴가 등), 편안한 사람(가족과 친구) 모두 다 가능하다.

아들의 말을 경청하라

'듣기'는 아들과의 성공적인 커뮤니케이션으로 가는 첫걸음이자 왕도다. 일반적으로 많은 사람이 말을 잘하는 사람을 소통의 달인으로 여기고 있다. 그러나 사실은 그렇지 않다. 말을 잘하는 사람보다는 말을 잘 듣는 사람이 소통을 더 잘하는 사람이다. 왜 그럴까?

듣기가 중요한 이유는 바로 다른 사람에 대한 이해와 공감을 늘리는 데 있어서 말하기보다 듣기가 더 먼저 이루어지기 때문이다.

상대방의 말을 듣지 않은 채 내가 하고 싶은 말을 유창하고 멋들어지게 말해 봤자 그것은 일방적인 설명이나 정보의 전달에 그치지 않는다. 자신은 별로 말하지 않은 채 상대방의 이야기만 잔뜩 들은 사람은 그(또는 그녀)에게 친밀감이나 신뢰감을 별로 느끼지 않는다. 그저 내 앞에 말 잘하는 사람이 자기 이야기만 오늘도 잔뜩 늘어놓았음을 재확인할 뿐이다.

그러나 오늘도 내 얘기를 정성껏 귀 기울여 들어주고, 공감과 조언을 해 주며 대화를 나누는 상대방에 대해서는 친밀감과 신뢰감을 느끼는 데 그치지 않고 존경과 감사의 마음마저 우러나온다.

직업적으로 대화나 면담을 많이 하는 정신과 의사 역시 말 잘하는 사람보다는 말 잘 듣는 사람이 더 훌륭하다. 실제로 정신과 전문의가 되기 위한 전공의(혹은 레지던트) 과정에서는 반복적으로 그리고 집중적으로 환자의 말을 적극적으로 귀 기울여 듣는 훈련을 받는다. 그래야 환자의 마음을 파악하고 이해한 후 치료를 할 수 있다고 믿기 때문이다. 듣기의 중요성은 다음과 같다.

첫째, 상대방으로부터 유용한 정보를 직접 전달받을 수 있다.
둘째, 상대방이 어떤 유형 또는 성격의 사람인지를 파악할 수 있다.
셋째, 내가 어떻게 말할 것인가 혹은 설명할 것인가 결정할 수 있다.
넷째, 상대방의 진심을 이끌어내고 주저하거나 망설여지는 이야기도 하게 만들 수 있다. 물론 듣기만으로 커뮤니케이션이 다 완성되는 것은 아니다.

듣기 다음의 과정은 질문하기와 말하기가 있다. 그러나 순서를 살펴볼 때 듣기가 가장 먼저 중점적으로 이루어지고, 그다음에 질문하기와 말하기가 버무려져서 최종적인 커뮤니케이션이 완성된다고 할 수 있다. 그래서 듣기는 흔히 소통의 왕도라고 표현되곤 한다. 듣기는 결코 쉽거나 수동적인 과정이 아니다.

올바른 듣기란 많은 에너지와 노력이 투입되는 고강도의 정신 활동이다. 그것은 적극적이고, 능동적이며, 공감적인 마음의 작용으로서 성공적인 대인관계 확립을 위한 초석이기도 하다. 하물며 아들과의 대화에 있어서 듣기란 성공적인 부모-자녀 관계의 기초가 될 수 있다. 성공적인 듣기를 위해서 이제부터 적극적(또는 능동적) 듣기(active listening)를 해보자.

첫째, 나의 관심을 아들에게 집중한다. 그러기 위해서는 아들을 정면으로 마주 보고, 부드러운 시선으로 아들을 바라보며, 몸을 약간 앞으로 숙여서 진지하게 경청해야 한다. 신문이나 컴퓨터 등 대화의 방해 요인을 제거한다. 내가 아들의 이야기에 최대한 집중하고 있음을 강력하게 표현할 것이다.

둘째, 적절한 반응을 보인다. 아들의 말을 들으면서 고개를 끄덕이고, 얼굴을 약간 앞으로 내밀며, 양 눈썹을 모으는 등의 몸짓과 함께 추임새를 자주 활용한다. 그러면 아들이 말하고 싶은 동기를 끌어올릴 것이다.

셋째, 내 얘기를 하고 싶은 충동을 적절하게 억제한다. 아들의 얘기를 듣다 보면, 갑자기 자신의 경험이나 주장이 떠올라서 순간적으로 아들의 말을 끊고 끼어들기도 한다. 많은 부모가 무척 자주 저지르는 실수다.

실제로 많은 아이가 "우리 엄마(또는 아빠)는 제 말을 끝까지 듣지 않고 중간에 자꾸 자기 말씀만 하세요."라고 불평을 늘어놓는다. 아들의 말이 완전히 끝날 때까지 기다리는 것이 바람직하다.

넷째, 짐작과 판단을 피한다. 아들의 말 중간에 이미 결론을 짐작하거나 혹은 판단적인 태도를 드러내는 것을 바람직하지 않다. 서로 간의 대화가 완전하게 끝나기 전에는 무(無) 판단, 무(無) 비판, 무(無) 편견, 무(無) 결론적인 태도를 유지한다. 그래야 아들이 경계심을 벗고 편안하게 말하기를 지속할 수 있다.

다섯째, 상황을 잘 파악한다. 그러기 위해서는 주의집중력을 잃지 않고 끝까지 아들의 말을 열심히 들어야 한다. 또한, 아들의 말을 요약하거나 확인할 필요도 있다.

여섯째, 아들의 감정을 정확하게 인식한다. 아들이 말한 내용, 태도, 몸짓, 표정 등을 종합하여 아들의 감정을 내가 느끼게 된다. 혹시 불확실하면 솔직하게 코멘트하거나 질문하라. 더 나아가서 아들의 말을 공감하면서 들어보자. 이른바 '공감적 듣기(empathic listening)'다.

공감은 다른 사람의 관점이나 역할을 수용하고, 그(또는 그녀)의 감정을 정서적으로 공유함이 표현되는 복합적 과정이다. 적극적 듣기와 비슷하지만, 보다 더 상대방의 마음을 이해하려는 입장을 강하게 취한다. 즉 아들과의 대화에서 아들을 배려하고, 존중하며, 도와주려는 마음가짐을 더 많이 갖는다. 따라서 내용 이해와 파악도 중요하지만, 아들의 감정에 보다 더 초점을 맞춘다. 즉 아들의 감정을 알고, 인정하고, 수용하는 것이다. 아들의 말을 부모가 아닌 아들의 입장에서 듣는 것이다.

공감적 듣기에 실패하는 이유는 상대방의 말을 열심히 듣는다고는 하지만, 자신의 입장에서 듣고, 그 결과 내 느낌과 의견이 더 중요해지며, 오히려 말하기에 급급해지기 때문이다.

칼 로저스(Carl Rogers)에 의하면, 공감적 듣기는 '편견 없이 상대방의 개인적인 인식의 세계로 들어가서 그 사람에 대해 깊은 이해를 할 수 있게 되는 과정'이라고 했다. 그는 진실성, 조건 없는 긍정적 존중, 공감적 이해의 세 가지가 중요하다(인간 중심 이론)고도 말했다.

공감적 듣기의 의사소통 전개과정은 일반적으로 공감적 수용, 공감적 이해, 공감적 반응의 3단계로 이루어진다.

아들과의 대화를 통한 관계 증진에 도움이 되는 태도는 다음과 같다.

첫째, 지지(supportiveness)다. 아들을 지지하는 태도를 보이면 아들은 자신의 마음을 열고 솔직하게 말을 할 것이다.
둘째, 민감성(sensitiveness)이다. 아들에게 관심이 많고 아들의 감정과 성향을 예민하게 알아차릴 수 있는 능력이다.
셋째, 반응성(responsiveness)이다. 단지 민감하게 알아차리는 것으로 그치지 않고 행동으로 반응해준다.

> 넷째, 일관성(consistency)이다. 민감하게 알아차리고 행동으로 반응해주되 변함없이 꾸준히 해야 한다.

아들이 어느 순간 '아! 우리 부모님은 정말 진심으로 내 얘기에 귀를 기울이시는구나!' 라는 인식을 하게 되면 성공적이다. 그것은 '우리 부모님은 정말 나를 사랑하시는구나!'와 '우리 부모님과 얘기하면 마음이 편안하다.'라는 판단으로 귀결되어 부모-자녀의 관계가 최고조로 좋아질 것이다.

아들에게 물어보라

"제발 물어보세요!"

이런 이야기를 다른 사람에게 들은 적이 있는가? 혹은 다른 사람들에게 말했던 적이 있는가? 아들과의 성공적인 커뮤니케이션의 또 한 가지 중요한 요소는 질문하기다.

생각 외로 우리는 질문을 서로 주고받지 않는다. 질문이야말로 상대방의 생각과 감정을 알 수 있는 가장 직접적이고도 분명한 방법인데도 말이다. 질문이야말로 다른 사람들의 마음을 직접 인식하고, 확인하며, 판단할 수 있는 최선의 심리 커뮤니케이션 방법이다. 앞에서는 말을 잘 듣기가 성공적인 커뮤니케이션으로 이어지는 첫걸음이자 왕도라고 했다.

말을 잘 듣는 데 필요한 요소 중 하나가 바로 질문이다. 내가 상대방에게 물어보지도 않았는데, 상대방이 알아서 술술 자신의 속마음을 털어놓거나 각종 지식과 정보를 전달해 주는 경우는 거의 일어나지 않는다.

A가 B에게 직접 무엇인가를 물어본 후 정말로 열심히 들을 때와 C의 지시로 인해 B가 A에게 무엇인가를 말해 줄 때를 생각해 보라. 누가 더 왕성하고 활발한 커뮤니케이션이 이루어질 것인가 예측하기 어렵지 않다.

C의 지시와 개입이 없을 때 A의 자발적인 질문은 B가 긍정적인 반응을 보이게 만들 것이다. 혹시 C의 지시와 개입이 있다해도 A가 활발하게 질문을 할 때와 그렇지 않을 때의 B의 반응 차이 역시 확연해질 것이다. 우리 속담에 '열 길 물속은 알아도 한 길 사람 속은 모른다.'는 말이 있다. 그만큼 사람의 마음속은 들여다보기 어렵고, 안다 손 치더라도 수시로 바뀔 수 있으며, 잘못 파악하는 경우도 다반사라는 뜻이다. 그렇기에 우리 인간들은 서로 질문을 통해서 수시로 상대방의 마음을 알고, 나 자신의 마음도 표현해 왔다.

질문이야말로 인간만이 가진 위대한 언어적 힘이라고 할 수 있다. 성경에서도 '구하라, 그러면 너희에게 주실 것이요(Ask, and it will be given to you)'(마태복음 7장 7절)라는 유명한 구절이 있다. 영어 'Ask'는 모두 알다시피 '묻다', '질문하다', '물어보다'의 뜻이다. 즉 물어보고 질문하며 요청해야 상대방으로부터 내가 원하는 것을 얻을 수 있음이다. 그러한 '얻음'의 유용한 도구는 바로 다름 아닌 '질문하기'다.

질문하기는 왜 중요한가? 상대방의 생각과 감정을 직접 알 수 있고, 중요한 지식, 정보, 기술, 노하우 등을 전달받을 수 있으며, 질문으로 시작해서 토론으로 이어지고, 재질문과 대답 등을 통해 새로운 지식과 창조가 이루어진다(유대인은 교육법에서 '항상 질문하고 또 질문하라!'를 강조함). 또한, 상대방에 대한 관심과 존중의 표현이다(최근 자녀교육에서도 부모가 자녀에게 질문할 것을 강조하는데 이를 '질문 육아(Question Parenting)'라고 함).

질문은 두 가지 형태로 나뉜다. 하나는 개방형 질문(Open-Ended Question, 열린 질문)이다. 예컨대 "지금 기분이 어떠세요?"라고 질문을 하는 것이다. 상대방은 "기분이 좋아요.", "기분이 안 좋아요.", "우울해요.", "들떠 있어요.", "기뻐요." 등 자유롭고 다양한 대답을 할 수 있다. 이러한 질문은 상대방으로부터 진정성(genuineness)이 높고, 자연스러운 반응을 이끌어 낸다. 그러나 신빙성(reliability)이 낮고, 비생산적인 답변이 나올 수도 있다. 정확도(precision)가 낮고, 질문의 의도가 모호할 수 있으며, 시간 효율성이 낮으며, 빙빙 도는 대답이 나올 수 있다는 단점도 있다.

다른 하나는 폐쇄형 질문(Closed-Ended Question, 닫힌 질문)이다. 예컨대 "지금 기분이 좋은지요, 아니면 나쁜지요?"라는 질문이다. 이러한 질문은 진정성이 낮고, 상대방을 리드한다. 또한, 신빙성이 높고, 초점을 좁힐 수 있으나 답변을 암시할 수 있기도 하다. 그러나 정확도(precision)가 높고, 질문의 의도가 분명하며, 시간 효율성이 높으며, '예, 아니요.'의 답변을 유도할 수 있다는 장점도 있다. 부모는 아들에게 될 수 있으면 개방형 질문을 던진다. 처음부터 대답이 잘 나오지 않으면 먼저 폐쇄형 질문부터 한다.

그러나 어떤 형태의 질문에 대해서도 아이가 "몰라요."라는 대답으로 일관하는 경우가 있다. 부모의 마음을 답답하게 만드는 상황이다. 아이들이 부모의 질문에 이처럼 입을 닫는 이유는 무엇일까?
'모른다.'의 의미에는 몇 가지가 있다.
첫째, 정말로 모를 때다. 부모가 "슬플 때는 언제야?"라고 질문했을 때 "잘 모르겠어요."라고 대답한다. 실제로 자신의 감정을 잘 깨닫지 못하는 아이가 꽤 있다. 감정보다는 이성을 강조하는 경향이 있는 아이다. 여기에는 사실 부모의 영향이 크다. 특히 짜증, 불안, 슬픔, 분노, 혐오 등의 부정적 감정을 표현하는 것을 부모가 금기시해 왔다면 아이는 어느새 '자신의 진짜 감정'을 느끼는 법을 잊어버리게 된다.

둘째, 부모와 말하기 싫을 때다. 부모와의 대화를 거부하는 것이다. 모른다고 말해야 부모가 더 이상의 질문을 하지 않을 것이라고 예상하기 때문이다.
가령 "미래에 꿈꾸는 직업이 뭐야?"라는 부모의 질문에 "잘 모르겠어요."라고 대답한다. 자신의 꿈을 갖고 있지 않은 상태이거나 혹은 자신 스스로도 무엇이 중요하고 어떤 삶을 원하는지 모른다고 할 수 있지만, 그 이면에는 부모가 원하는 대답이 예상되거나 혹은 예전에 이미 많이 얘기해 왔지만, 부모와 자신과의 의견 차이가 컸기 때문일 수 있다.

셋째, 부모의 질문 내용 자체를 회피하는 것이다. 가령 "어떤 수업(또는 과목)이 어려워?"라는 부모의 질문에 "모르겠어요."라고 대답한다면, 아이는 아마 마음속으로 '엄마, 이제부터 공부 얘기는 하지 마세요. 저는 공부와 관련된 얘기를 하기 싫어요.'라는 말을 하는 중이다. 이와 같은 모르쇠 유형의 대답은 언어적 표현이 가능한 만 2~3세부터도 가능하지만, 정점에 달하는 것은 사춘기 진입 이후라고 볼 수 있다. 부모와의 세대 차이, 부모에게서 독립하고자 하는 욕구의 증대, 학습 요구량이 많아지는 발달적 과제 부담 등이 부모와의 대화 욕구를 꺾어버리기 때문이다. 성별도 어느 정도 관계가 있다. 대화와 감성적 소통을 중요하게 여기는 여자아이들보다는 행동부터 앞서고 보다 더 공격적인 남자아이들이 더욱 그럴 수 있다. 그러나 성별 차이보다는 개인 간 차이가 분명히 더 크다고 할 수 있다.

부모의 질문이 적절하지 않은 경우도 고려해야 한다. 부모는 어떤 질문을 피해야 하는가?

첫째, 단정적 질문이다. 예컨대 "너는 분명히 지금 머릿속으로 어떻게 하면 학원을 빠질까 궁리하고 있지?"라는 질문이다. 부모가 아이를 이미 부정적으로 평가하고 있음을 얘기하고 있으므로 아이의 자존감을 상하게 하고 아이의 긍정적 변화에 대한 동기를 저하시킨다.

둘째, 강요적 질문이다. "이제부터 축구를 하는 시간을 줄이든지 아니면 게임 시간을 줄이든지 네 생각은 어때?"라는 질문이라면? 어느 쪽이든 아이가 별로 원하지 않는 대답을 강요하는 것보다는 아이를 설득하고 타협하는 것이 바람직하다. 아이 입장에서는 '엄마는 늘 이런 식이야!'라는 생각으로 반발한다.

셋째, 모호한 질문이다. "네가 앞으로 잘 지내기 위해서 어떻게 하면 좋을까?" 이러한 질문에 대해서는 아이가 실제로 대답하기 곤란하다. 무엇을 어떻게 하기를 바라는지 아이가 오히려 더 궁금하고, 아이 입장에서는 무작정 잘 지내고 엄마 말씀 잘 들으라는 지시로밖에 여기지 않는다.

부모는 모르쇠로 일관하는 아이에게 어떻게 대응해야 하는가? 야단치거나 다그치는 대신에 이면에 숨어 있는 아이 심리 상태, 특히 감정을 이해하려고 노력하자.

아이의 마음을 추정하는 말로 아이 대신에 말해주는 것도 도움이 된다. 예컨대 "지금 얘기하기 싫구나. 화가 난 것 같아 보인다." 등의 말로 아이의 감정 파악에 주력한다. 아이는 그래도 우리 부모가 나의 마음을 알아주려고 노력하신다고 생각하여 마음의 문을 열 것이다. 아이에게 한 번 더 물어보는 것도 필요하다. 아이가 한 번 모른다고 해서 곧바로 대화를 중단하면, 아이는 한편으로 부모가 자신에게 관심을 별로 주지 않는다고 생각한다. 한 번 더 질문해서 모른다고 하면, 반복해서 물어보는 것보다 질문을 나중으로 미루는 것이 좋다. 이는 아이에게 대답하라는 부모의 압박 대신 말하기 싫다는 아이의 마음을 존중해 주는 의미가 있다.

사춘기 아들의 문제 유형에 따라서 부모가 어떻게 대화를 나누고 반응해야 할지도 살펴보자.

첫째, 냉소적 유형이다. 부모의 무슨 말이나 행동에 대해서도 냉소적으로 반응하고 행동하는 아이들이다. 예컨대 "공부를 열심히 하는 것이 학생의 본분이니까 최선을 다해."라는 부모의 말씀에 대해서 "그렇게 열심히 해서 좋은 대학교 나와 봤자 실업자 되는 사람들이 대부분이에요. 우리나라는 경쟁이 치열해서 열심히 해도 안 돼요." 등의 말로 대답하곤 한다. 부모 앞에서 세상을 비꼬고 다른 사람들을 신랄하게 비판하며 매사 부정적으로 보는 언행을 서슴지 않는다.

사실 알고 보면 사춘기 특성인 '반항'이 이와 같은 태도로 표출되는 것이라고 할 수 있다. 이때 부모는 절대 아이에게 말려들어서 이성을 잃거나 흥분해서는 안 된다. 오히려 침착하게 아이의 말에 함께 은유와 풍자를 사용해서 대응해 주면 좋다. 가령 앞의 상황에서 "실업자 생활 오래 안 하는 사람들은 성실함을 갖추고 노력하는 사람들이야. 평생 실업자들은 별로 없어. 개미와 베짱이 알지? 베짱이도 노는 것 같았지만 사실 알고 보면 음악 연습을 열심히 한 것이야."라는 말로 아이와의 대화를 유지하는 것이 바람직하다.

반면에 "너는 왜 매사 그렇게 뒤틀려서 얘기하지?"라는 말을 하면 아이를 비난하고 다그치는 셈이므로 아이는 대개 "저는 원래 그래요."라면서 대화를 중단하고 다른 곳으로 사라질 것이다.

둘째, 신경질적 유형이다. 부모의 어떤 말이나 행동에 대해서도 신경질적으로 반응하거나 짜증 섞인 말투와 표정으로 행동한다. 예컨대 "공부를 열심히 하는 것이 학생의 본분이니까 최선을 다해."라는 부모의 말에 대해서 "그만 좀 잔소리하세요. 내가 다 알아서 한다니까요? 엄마가 그렇게 말한다고 해서 제가 할 줄 알아요?" 등의 말로 대답하곤 한다. 이것도 사춘기 특성인 '반항'의 한 모습이다.

부모는 아이의 신경질적 태도에 대해서 언급과 지적을 하되 절대 함께 신경질을 내거나 억압적으로 대해서는 안 된다. 자칫 잘못하면 서로 누가 이기나 힘겨루기 상황이 벌어지고, 부모와 자녀 간에 더 큰 다툼으로 번져서 서로 상처를 입을 수 있기 때문이다. 아이에게 "엄마는 너를 결코 비난하려는 게 아니고, 너를 위해 가르치고 충고하는 것이야. 그런데 네가 너무 무례하게 화내면서 말을 하는구나. 그런 말투는 고치면 좋겠다."라고 반응한다. 아이를 최대한 덜 자극하면서 부모의 훈육 책임을 잊지 않고 다 하는 것이 중요하다.

반면에 "너! 그런 식으로밖에 말하지 못해?"라는 식의 직접적인 비난은 아이에게 도발 욕구를 자극해서 더 큰 반항을 불러일으키기 쉽다. 아이는 "제 마음이에요. 엄마도 좋게 말하지 않잖아요."라는 식으로 도전과 반항을 이어나갈 것이다.

셋째, 충동적 유형이다. 부모의 어떤 말이나 행동에 대해서도 충동적 또는 극단적으로 반응하거나 공격적인 행동을 보인다. 예컨대 "공부를 열심히 하는 것이 학생의 본분이니까 최선을 다해."라는 부모의 말씀에 대해서 책을 찢으면서 "공부할 책이 없으니까 이제부터 저는 공부 안 해요." 등의 언행을 보인다. 부모 앞에서 죽어버릴 것이라는, 혹은 학교를 그만둘 것이라는 등의 과격한 표현을 마치 협박처럼 자주 한다.

이는 알고 보면 사춘기 특성인 '충동성'의 모습이다. 부모는 아이의 충동적 언행에 대해서 예방적 차원의 대응이 가장 좋다. 즉 아이가 충동적인 언행을 보이기 전에 수위 조절을 잘해야 한다는 뜻이다. 아이가 표정이 일그러지고 숨소리가 거칠어지기 시작하면 이미 늦다.

아이에게 한두 번이 아닌 여러 번에 걸친 지적을 절대 하지 말라. 또한, 아이의 감정을 자극하는 신경질적인 비난 또는 화난 목소리 역시 보이지 말라. 일단 아이가 극단적인 행동을 보이면 그 즉시 말려야 한다. 엄마가 그만할 것을 혹은 엄마가 잘못했음을 표현해서 아이의 흥분된 감정을 누그러뜨리는 것이 필요하다. 그렇지 않으면 실제로 극단적인 행동이 큰 사고로 이어질 수 있기 때문이다.

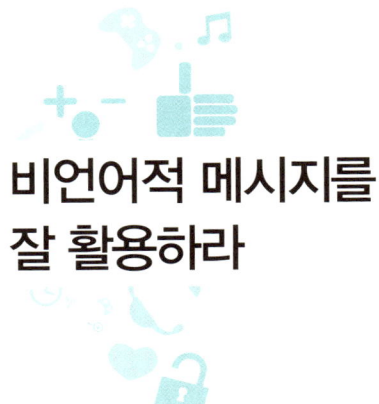

비언어적 메시지를
잘 활용하라

비언어적 의사소통(Nonverbal Communication)이란 얼굴의 표정, 눈짓, 몸짓, 손짓, 자세, 신체의 동작, 말투 등을 비롯해 비언어적 음성인 한숨, 흐느낌, 탄식, 괴성, 환호성 등 언어기호 이외의 수단에 의한 의사소통을 말한다. 대개 언어적 의사소통과 함께 이루어지지만, 간혹 비언어적 의사소통 단독만으로 이루어지기도 한다.

지금 나의 기분이 좋지 않아서 대화를 나누고 싶지 않을 때 상대방에게 "제 기분이 좋지 않으니 얘기는 나중에 하면 좋겠습니다."라고 말하면서 실제로 암울한 표정을 짓는다(언어적 의사소통과 비언어적 의사소통이 동시에 이루어짐). 그러나 어떤 경우 굳이 얘기하지 않는다. 즉 고개를 가로젓거나 손사래를 치면서 아무런 말을 하지 않으면(비언어적 의사소통이 단독으로 이루어짐), 상대방은 나의 의미, 즉 대화하고 싶지 않음을 알아차려서 더 이상의 질문을 하지 않거나 혹은 나의 가라앉은 기분을 풀려고 노력할 것이다. 비언어적 의사소통은 대개 언어적 의사소통과 일치하지만, 상충하는 경우도 다반사다. 그럴 때 과연 사람들은 무엇을 더 믿겠는가?

서로 높은 언성이 오갔던 부부 중 한 사람이 배우자에게 "혹시 내 얘기에 화가 났어?"라고 묻는다. 이때 그는 "아니, 나 화나지 않았어."라고 말하면서 문을 쾅 닫고 나가버린다. 그렇다면 상대방은 그의 말을 믿을 것인가? 당연히 믿지 않을 것이다. 비록 말로는 화가 나지 않았다고 했지만, 말투와 표정에서 이미 그가 화났음을 감지할 수 있고, 결정적으로 문을 쾅 닫고 나가버림으로써 누구나 다 느낄 수 있을 정도의 화를 표현한 것이다.

이처럼 언어적 의사소통과 비언어적 의사소통이 불일치하거나 서로 상충하는 경우 사람들은 경험적으로 비언어적 의사소통의 의미를 더 중요하게 받아들인다. 아마 그래서 상대방의 눈치를 보거나 표정을 살피는 일이 종종 벌어진다고 할 수 있다.

가족 간에도 사회적 대인관계 상황에서도 비언어적 의사소통은 중요하다. 만일 가족 간에 서로 편안하게 속마음을 얘기할 수 없다면 얼마나 슬픈 일이겠는가?

언어적 의사소통을 훌륭하게 하면서 비언어적 의사소통마저 잘한다면 그야말로 금상첨화라고 할 수 있다.

비언어적 의사소통의 비중은 어느 정도일까? 일반적으로 의사소통을 떠올릴 때 언어로 이루어진 의사소통만을 생각하기 쉽지만, 실제로는 그렇지 않다. 비언어적 의사소통은 언어적 의사소통 못지않게 중요하고, 의사소통에서 많은 비중을 차지하고 있다. 최소한 절반 이상의 비중을 차지하고 있다고 주장하는 학자들이 많다.

메라비언(A. Mehrabian)은 의미의 전달에 있어서 비언어적 메시지가 93%의 몫을 담당한다고 했고, 버드휘스텔(R. Birdwhistell)은 표현 수단으로서의 행동과 언어의 비율은 각각 65%와 35%라고 했다.

사실 비언어적 의사소통은 언어적 의사소통보다 더 본질적이고 진실한 의미가 담겨 있을 때가 많다. 가령 말로는 칭찬하고 있지만 표정은 굳어 있거나, 말로는 놀리거나 비난하고 있지만 표정은 친근감이 들어있는 웃음을 짓고 있으며, 말로는 축하 인사를 하고 있지만 표정과 말투로 미루어 볼 때 질투와 분노의 느낌을 전달받게 되는 경우가 있지 않은가? 또한, 거짓말 탐지기가 과학적으로 입증되어 실제로 수사 현장에서 이용되고 있음을 봐도 알 수 있다.

거짓말 탐지기는 피검사자가 말하는 동안 호흡, 맥박, 혈압 등의 생리적 반응을 과학적으로 분석해 거짓말을 가려내는 기술이다. 이는 단순하게 들어서 알 수 있는 언어적 내용만으로는 파악할 수 없는 비언어적 반응을 기계로 읽어내는 것이다.

한편으로는 인간에게 보다 더 보편적이고 공통적인 의사소통 방법이다. 화가 났다는 말을 알아듣지는 못해도 그 사람의 표정과 몸짓을 보면 알 수 있고, 외국 여행지에서 몸짓과 손짓으로 표현해도 상대방이 많이 알아들으며, 언어는 달라도 기쁨, 슬픔, 분노, 혐오, 공포, 놀라움, 괴로움(고통), 경멸 등의 감정을 표현하는 표정은 나이, 성별, 인종을 떠나서 일치한다. 게다가 말을 배우기 이전의 영·유아들도 표정을 통해서 의사소통할 수 있고, 유일한 음성 표현인 '울음' 역시 언어적 의미 전달이라기보다는 비언어적 의미 전달이라고 할 수 있다. 비언어적 의사소통은 신호와 약속의 의미가 있다.

경찰관의 수신호를 통해서 자동차를 정지하거나 직진 또는 좌우 회전을 한다. 조용히 할 것, 손뼉을 칠 것, 손을 들 것, 이리로 오거나 저리로 갈 것, 시작하거나 멈출 것 등 여러 가지 신호를 손짓으로 표현한다. 생선, 채소 등의 경매를 미리 약속한 손짓으로 표현한다. 새끼손가락 걸기, 포옹하기, 머리 쓰다듬기, 등이나 어깨 두드리기 등의 동작을 통해 사회적으로 약속된 의미를 주고받는다.

부모는 이와 같은 비언어적 의사소통을 아들과 주고받을 수 있다. 그러기 위해서는 우선 아이의 몸짓과 표정, 그리고 동작을 통해서 아이의 상태를 잘 파악하는 노력이 중요하다.

아이가 지치고 뭔가 짜증이 나 있는 것 같은 표정을 지을 때 "피곤해? 짜증 나?"라는 말을 건넬 수 있다. 하지만 때로는 아이가 그것마저도 대답하기 힘들 수 있다면? 이미 아이의 비언어적 메시지를 통해서 상태를 알아차린 부모이기에 어깨를 두드리면서 "힘들지?"라며 "뭐 필요한 것 없어?"라는 위로의 말을 던질 수 있다. 이때 부모의 비언어적 메시지 전달 또한 중요한데, 아이를 안타깝게 바라보거나 한없이 사랑하는 표정을 짓는 것이다. 아이는 힐끔 부모의 표정을 보거나 뭔가 분위기로 전달되는 부모의 사랑을 느낄 수 있기 때문이다.

아이의 상태를 파악하는 수용적 의미의 비언어적 메시지 외에 한 걸음 더 나아가서 표현적 의미의 비언어적 메시지를 전달하는 것도 필요하다. 아이의 잘못을 그때그때 지적해서 역효과를 불러일으켰다면, 이제부터는 말 대신 표정을 사용해 보자. 근엄한 표정, 이맛살을 찌푸리는 얼굴, 실망하거나 화난 표정 등 다양한 감정 표현이 나올 것이다. 아이와의 원활한 대화가 이루어지기 어려운 상황이라면 이와 같은 함축적 표정이 보다 더 효과적일 수 있다.

평소 아이의 옷차림에 대해서도 유의하면서 지켜보자. 간섭과 잔소리를 위한 관찰이 아니다. 아이가 무엇을 표현하고 어떠한 감정 상태에 있는지를 유추하기 위함이다.

아이의 차림새, 의복, 자세, 위생 상태 등 전체적인 형태(gestalt)를 통해 세련됨, 화려함, 단정함, 평범함, 너절함, 헝클어져 있음, 소심해 보임, 인상적임, 강렬함, 매력적임, 카리스마 넘침, 세어 보임, 유순함, 날카로워 보임, 젊어 보임, 나이 들어 보임, 완고해 보임, 능글맞아 보임 등을 느낄 수 있을 것이다. 아이의 특징적인(개인적인) 요소(individual element)도 살펴보자. 머리카락이 뻗쳐 있는지, 염색하는지, 화장하는지, 옷차림새가 계절에 적합한지, 옷이 구겨져 있는지, 특징적인 자세를 하는지 등을 통해서 아이의 현재 상태를 알 수 있다.

　올바른 비언어적 의사소통 방법에 대해서 알아보자.
　첫째, 시선 접촉(또는 눈 맞추기)을 적절하게 유지한다. 눈은 마음의 창이라는 말이 있다. 눈을 맞추지 않고 다른 곳을 쳐다보면서 대화할 때 상대방은 나를 신뢰하기 어려울 것이다. 나 또한 눈을 마주치지 않으면서 얘기하는 상대방의 진심을 알기 어렵다.
　그러나 지나친 눈 맞춤 혹은 뻥 뚫어져라 쳐다보는 강렬한 눈빛은 삼가야 한다. 아이에게 공격성, 적대감, 우월감, 지배심 등으로 해석될 수 있기 때문이다. 사랑의 눈빛은 기본이지만 진하지 않은 부드러운 톤이어야 아이가 부담스러워하지 않는다.

　둘째, 적절한 자세를 취한다. 팔짱을 끼고 몸을 뒤로 젖힌 자세는 매우 거만해 보인다. 또한, 지나치게 경직되어 마치 차렷을 하는 것과 같은 자세는 말하는 사람에게 부담을 느끼게 한다. 몸을 아이에게로 향하고 약간 앞으로 구부린 자세, 그러면서 몸의 힘을 약간 뺀 자세가 적절하다.

　셋째, 적절한 몸짓 또는 손짓을 활용한다. 이러한 방법을 이용하면 마치 윤활유를 친 기계처럼 대화의 질이 높아지고 흐름 역시 부드럽게 이어질 것이다. 아이의 의견에 동의할 때 고개를 끄덕이는 것과 그렇지 않은 것은 매우 차이가 난다. 반대 의사를 표현할 때도 중간에

끼어들지 않고 아무 말 없이 고개를 내젓는다면, 아이는 나의 몸짓을 통해서 발언의 수위를 조절할 수 있다. 손뼉을 치거나 엄지손가락을 치켜세우는 동작을 통해 아이에 대한 동의의 강도를 높일 수 있고, 이때 아이 역시 강한 인상을 받게 된다.

넷째, 표정을 잘 활용한다. 얼굴의 표정이야말로 인간의 감정을 가장 직접적이면서도 다양하게 표현할 수 있는 수단이다. 훌륭한 배우는 대사를 잘 외우거나 말을 잘하는 사람이 아니라 '천의 얼굴'을 가진 사람이다. 즉 다양한 표정을 통하여 인간의 모든 감정을 자유자재로 표현하는 사람을 말한다.

우리의 일상적인 심리 커뮤니케이션 역시 마찬가지다. 표정을 잘 활용해서 나의 감정을 적절한 정도로 표현해야 대화가 풍부해진다. 기본적으로 웃는 얼굴, 또는 긍정적 표정이 기본이 되는 것이 바람직하다.

그렇다고 해서 계속 웃는 표정만 지어 보인다면, 이 또한 가식적인 모습으로 비칠 수 있다. 따라서 부정적 감정을 표현하는 표정도 지을 수 있지만, 강렬하지 않게끔 혹은 지속하지 않게끔 가벼운 정도의 간헐적인 표정을 짓는 것이 좋다. 즉 긍정적인 표정을 최대한 늘리고, 부정적인 표정을 최소로 줄인다.

아이가 보이는 비언어적 의미를 부모는 어떻게 이해할 것인가? 사실 비언어적 의미의 대부분은 이미 우리가 알고 있다. 이는 사회적으로 약속된 것이기 때문이다. 또한, 관습적 또는 보편적 특성이 있다. 그러나 몇 가지 중요한 상황에 대해서는 잘 살펴볼 필요가 있다. 첫째, 거짓말하기다.

미국 캘리포니아 대학의 연구 자료에 따르면, 사람은 하루에 평균 200번, 시간으로 따지면 약 8분에 한 번 꼴로 거짓말을 한다고 한다. 이는 엄청난 숫자지만, 사실 큰 의미는 없다. 왜냐하면, 별로 중요하지 않은 사소한 거짓말이거나 상대방의 기분을 좋게 하려거나 혹은 배려의 마음마저 담긴 하얀 거짓말(white lie)이기 때문이다. 그러나 상대방이 나에게 거짓말을 해서 자신의 잘못을 감추려고 하거나 책임을 회피하려고 한다면? 때로 그와의 관계에서 돌이킬 수 없는 손상이 생기거나 둘 중의 하나 혹은 양쪽 모두 상처받을 수 있다. 그렇다면 아이의 경우 거짓말을 할 때 어떤 비언어적 신호를 드러내는 것인가?

아래의 사항들을 참조할 수 있다. 그러나 100% 정확하지는 않다는 것이 한계점이다.

1. 입을 손으로 가리기 – 자신의 거짓말을 들키지 않기 위해서 무의식적으로 거짓말을 하는 입을 감추는 것이다.
2. 냉소적이거나 공격적인 태도를 보이기 – 자신의 거짓말이 드러나는 것을 피하려고 상대방에게 이와 같은 반응을 보이면, 상대방은 추가적인 질문이나 탐색을 주저하게 된다.
3. 지연된 반응(대답)을 하기 – 자신의 거짓말을 더욱 사실인 것처럼 보이

> 려고 중간에 생각을 하기 때문에 평소보다 더 느린 반응을 보인다.
> 4. 기타 – 눈 맞춤을 회피하기, 흥분된 목소리, 떨리는 목소리, 떨리는 손, 꽉 쥔 손, 긴장된 표정, 침을 자주 삼킴, 헛기침하기, 얼굴이 붉어짐, 입을 씰룩거림, 눈이 떨림, 눈을 자주 깜박임 등

둘째, 자신 없음(또는 하기 싫음)이다. 어떠한 일이나 과제가 내게 주어질 때 사실 속마음으로는 자신이 없다. 또는 자신이 없는 것 외에 사실 내가 충분하게 할 수 있음에도 흥미가 부족하여 또는 지시를 내리는 사람이 마음에 들지 않아서 그 일을 하기 싫을 때가 있다. 따라서 말로 정확하게 의사를 표현하는 것이 가장 좋지만, 만일 그럴만한 상황이 아닐 때 어떻게 비언어적으로 표현하겠는가? 아마 자신 없는 (또는 하기 싫은) 표정을 짓는 것 외에 다음과 같은 몸짓 언어를 보일 것이다. 한 발짝 뒤로 물러서기, 몸을 움츠리기, 추가적인 반응을 보이지 않기, 고개를 숙이기, 한숨 내어 쉬기, 머리를 긁적이며 난감해하는 모습 보이기, 꾸물대기 등이다.

셋째, 흥미 있음이다. 어떤 일에 흥미가 생기면 자발적, 주도적, 능동적으로 그 일을 할 수 있다. 매우 바람직한 현상이다. 그러나 주변 환경 또는 상황적 이유에 의해서 내가 그 일에 참여조차 할 수 없다면? 참으로 안타까운 상황이다. 내가 이 일을 하고 싶은 이유를 설득력 있게 말로 표현해서 참여하는 것이 가장 바람직하다.

그러나 그와 같이 하기 어렵다면? 아이는 다음과 같이 비언어적 표현을 보일 것이다. 즉 흥미 있는 표정을 짓는 것 외에 그 일과 관련된 대화에 몸을 바짝 다가서면서 적극적으로 듣는 모습 보이기, 시선을 두기, 반짝반짝 빛나는 눈 보이기, 내 생각을 말하고 싶은 태도, 관련 자료나 서적을 읽기 등의 몸짓 언어를 보일 것이다.

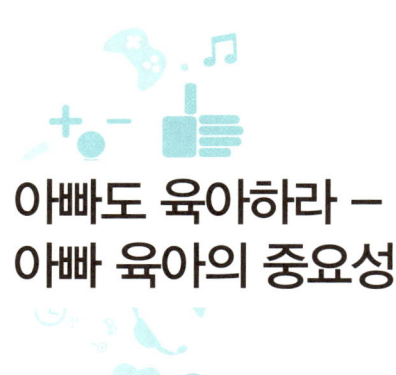

아빠도 육아하라 – 아빠 육아의 중요성

요즘 젊은 아빠들은 예전 아빠보다 적극적으로 육아에 참여하고 있다. 여러 방송 프로그램에서도 아빠가 아이의 육아에 참여하거나 일정한 시간 동안 전적으로 육아를 맡는 내용을 다루고 있다. 그런 프로그램이 인기를 끌고 있고, 높은 시청률을 자랑한다는 것 자체가 대한민국이 이제 아빠 육아의 필요성과 중요성에 대해서 공감을 하고 있다는 뜻이기도 하다. 그러나 현실은 과연 그러한가?

과거보다는 많이 나아지기는 했지만, 그것은 주로 심정적 측면에서의 발전과 개선이다. 실제 행동적 측면에서는 여전히 대한민국의 아빠가 바쁘고 일에 치여 있다고 할 수 있다. 그럼에도 불구하고 필자는 아빠 육아를 강조한다. 바쁜 시간을 쪼개고, 사회적 에너지를 분산시켜서라도 자녀의 육아에 참여하는 아빠가 많아질수록 대한민국이 더 건강하고 행복해질 수 있다고 믿기 때문이다.

아빠 육아가 자녀에게 미치는 긍정적 영향은 무척 많다.

먼저, 아이의 사회성과 논리를 발전시킨다. 아빠 육아는 자녀의 사회성 향상, 리더십 함양, 논리적인 사고 능력 배양 등에 긍정적인 영향을 미친다. 이는 아버지가 어머니보다 더 잘 가르치고 또 더 영향을 줄 수 있는 덕목들이다.

어릴 적 아빠 육아의 핵심은 놀아주기라고 할 수 있고, 청소년기 아빠 육아의 핵심은 대화하기라고 할 수 있다. 즉 아빠와 자녀의 대화가 중요하다. 선우성과 조한규(1999)가 청소년의 건강 습관과 스트레스의 관계에 대해서 연구한 결과에 의하면, 청소년과 부모 간의 대화 시간을 주당 6시간을 기준으로 나누었을 때, 대화 시간이 많은 그룹이 유의하게 스트레스 점수가 낮은 편이었다. 부모와의 대화가 중요한데, 그중에서도 항상 접하는 엄마보다도 일하는 아빠가 얼마만큼 자녀의 대화에 적극적인가가 중요하다. 즉 엄마뿐만 아니라 아빠와도 골고루 대화를 나눈다면, 자녀의 스트레스 지수가 낮아진다고 했다. 특히 아빠가 아들에게 모범을 보이고 대화를 많이 나누는 것이 무척 중요하다. 길리간(Gilligan, 1993)은 남성적인 인식은 규칙과 보편적인 원칙을 강조하는 '정의의 도덕 논리'이고, 여성적인 인식은 대인관계와 양육자를 강조하는 '돌봄의 도덕 논리'라고 주장했다. 따라서 아빠-자녀 대화가 풍부하게 이루어진다면, 아이는 자연스레 아빠를 동일시하면서 닮게 될 것이고, 그 결과 도덕성, 사회적 규범의 준수, 이성적인 판단 능력 등이 발달할 것이다. 또한, 아버지가 어머니보다 사회적 활동을 많이 하는 것이 일반적이므로 사회성과 리더십의 발달에 긍정적인 영향을 미치게 된다.

필자의 경험에 의하면 아빠가 아이의 치료에 협조하면 아이가 더 빨리 좋아짐을 알 수 있었다. 즉 소아청소년 정신건강의학과 전문의로서 경험한 임상 사례들을 살펴보면, 아빠가 아이의 치료에 협조적이고 변화하려고 노력해서 실제 아이와 많이 대화를 나누는 경우 치료의 속도와 호전비율이 현저하게 향상되는 것을 느낀다.

예를 들어 중학교 1학년 영수(가명)의 경우 주의집중력이 부족하여 학교 과제를 제대로 수행하지 못하였는데, 저녁에 아빠가 퇴근하여 공부도 봐 주면서 함께 대화를 나누니까 아동의 주의집중력도 좋아지고 따라서 성적도 좋아졌다.

부모, 즉 엄마와 아빠의 양육 태도는 서로 동일해야 하는가? 한 내담자의 고민을 들어보자. '아내는 아이를 오냐 오냐 하고 받아주면 버릇이 없어진다며 엄하게 키워야 한다고 생각하는 편입니다. 그러나 저는 일단 아이가 떼를 쓰면, 혼내기보다는 달래주고 싶은 마음이 앞섭니다. 또, 무엇을 어떻게 혼을 내야 할지도 모르겠습니다. 따라서 본의 아니게 아이를 야단치기보다는 주로 어르고 달래는 편입니다. 그런데 아내는 그런 제 훈육 스타일이 마음에 들지 않는다면서, 제가 아이를 자꾸 받아주니까 자기가 아무리 혼을 내도 저 때문에 소용없게 된다고 화를 냅니다. 이럴 땐 어떻게 해야 하나요? 아내가 아이를 야단칠 때 아빠는 어떻게 해야 하는 건지 궁금합니다. 그냥 방관하고

있으면 되나요?'

　반대의 경우도 많다. 아빠는 무척 엄하게 아들을 대하고, 엄마는 아들을 감싸주려고 한다고 해서 아빠가 엄마를 못마땅하게 여기거나 혹은 엄마가 아빠의 방식이 틀렸다고 여긴다. 아들이 반항적인 태도를 보이면 보일수록 부모의 갈등은 더욱 깊어져만 간다. 이럴수록 엄마와 아빠의 양육 태도가 일관되어 있음은 매우 중요하다. 그렇다고 해서 둘 다 엄하거나 둘 다 허용적일 필요는 없다.
　여기에서 말하는 일관성은 동일한 아이의 언행에 대해서 엄마와 아빠가 일치되는 반응을 보이라는 뜻이다. 가령 아이가 떼를 쓸 때 일단 무시하기로 했으면 엄마와 아빠가 같은 태도를 보여야 훈육의 효과가 분명하다. 엄마는 무시하려고 표정 관리를 하는데, 아빠가 안쓰러운 마음에 아이에게 다가서면 당연히 아이는 아빠를 상대로 더욱 떼를 크게 쓰기 때문이다. 하지만 평소 아이에게 다가서는 방식은 엄마와 아빠의 차이가 엄연하게 존재할 수 있다. 가령 아빠는 아이를 많이 쓰다듬어주고 달래주는 등 애정의 표현을 많이 하고, 엄마는 주로 아이의 문제 행동을 지적하는 등 훈육의 표현을 많이 할 수 있다.
　그러나 일단 엄마나 아빠 한쪽이 야단을 치는 동안에는 가만히 있거나 동조하는 입장을 취하는 것이 중요하다.

　좋은 아빠란 어떤 아빠를 말하는가? 좋은 아빠는 민주적 권위 유형의 아빠다. '민주적 권위 유형'의 아빠는 가장 바람직하고 이상적인 아빠의 유형이다. 아이와 아빠는 서로 친구처럼 가깝다. 아이가 무엇을 좋아하는지 잘 파악하고 있고, 아이와 스킨십도 자주 하면서 재미있게 잘 놀뿐더러 아이를 인정해 주고 받아준다. 의사 결정의 과정에서도 아이의 의견이 잘 반영되고 대부분 받아들여진다.

그러나 항상 수평적인 관계만은 아니다. 권위라는 말에서 알 수 있듯이 아빠는 아이보다 높은 위치에 있음이 분명한 것이다. 즉 아빠가 지시하는 내용에 대해서 아이가 수긍하고 따르게 된다. 민주적 권위 유형의 아빠는 아이에게 합리적으로 지시를 내린다. 따라서 아이는 반발하지 않으면서 아빠의 의견을 따르고, 자신의 의견이 존중되었듯이 아빠의 의견도 존중되며 결국 따라야 할 것을 인정한다. 쌍방향의 의사소통임에는 틀림없지만 위계질서가 분명하게 존재하는 아빠와 아이 간의 관계를 말하는 것이다.

다음과 같은 유형들의 아빠는 '나쁜 아빠' 또는 아이들이 싫어하게 되는 아빠들이다.

1. 아이를 억압하고 지배하려는 독재 유형의 아빠
   아이는 아빠를 무서워할 수밖에 없다. 아빠는 늘 야단만 치고 칭찬에는 매우 인색하다. 자그마한 잘못에도 소리를 지르거나 때리는 아빠를 좋아하는 아이는 없을 것이다.
2. 아이에게 별로 관심이 없는 무관심 유형의 아빠

아이가 무슨 활동을 좋아하는지 또는 어떤 음식을 싫어하는지 잘 모르는 아빠들이 해당한다. 이 경우 아이가 아빠에게 놀거나 대화하자는 신호를 보내도 알아차리지 못하고 무시하기 일쑤이므로 아이는 아빠를 싫어하게 된다.

3. 아이에게 아무것도 해 주지 않는 무책임 유형의 아빠

    이러한 유형의 아빠는 육아는 전적으로 엄마의 책임이라고 생각하고, 자신은 돈만 벌어오면 된다고 생각한다. 집에 와서 잠만 자고 아이의 얼굴을 볼 기회가 전혀 없는 아빠에게 아이는 낯선 느낌을 늘 받는다.

4. 아이와 대화할 줄 모르는 무능력 유형의 아빠

    아빠는 아이를 좋아하지만, 도대체 어떻게 대화를 나눠야 할지 잘 모른다. 혹시 아이와 대화를 나누다 보면 금세 아이와 언성이 높아지곤 한다. 아이에게 몇 번 불편하다는 느낌을 전달하면 이제 아이는 아빠만 와도 도망치려고 할 수 있다.

5. 엄마의 신뢰를 잃어버린 불신 유형의 아빠

    부모의 사이가 좋지 않을 때 엄마는 아이에게 자신의 감정을 그대로 전달하곤 한다. 따라서 엄마에게 동화된 아이는 엄마를 대신해서 아빠를 더욱 미워한다. 이 경우에는 대개 엄마와 아이가 한 편이 되고 아빠는 반대쪽 적군으로 자리매김한다.

6. 아이에게 실망감을 안겨다 준 배신 유형의 아빠

    아이와 원래 관계가 좋았으나 아빠가 바쁘다는 핑계로 아이와의 시간 약속을 잘 지키지 못하거나 아이에게 소홀하게 대한다면, 아이는 아빠를 금세 싫어하게 될 수 있다.

아빠와 아들이 행복한 관계를 유지하려면 엄마가 아빠를 도와주는 것도 필요하다. 아이에게 아빠에 대한 '좋은' 이미지를 심어주는 것이 중요하다.

아이 앞에서 아빠의 흉을 보는 엄마가 있는데, 이는 아빠-자녀와의 행복한 관계 성립에 치명적인 걸림돌이 된다. 아빠의 언행을 긍정적으로 아이에게 해석해 주는 것이 좋다.

아이 앞에서 될 수 있으면 부부 싸움을 하지 않을뿐더러 사이좋은 모습을 자주 보여준다. '우리 아빠는 내가 좋아하는 엄마와 매우 친하구나! 그러니 나도 아빠랑 친하게 지내면 좋겠다.'는 생각이 아이에게 저절로 들 것이다.

아빠에게 긍정적인 피드백을 자주 해 주는 것이다. 아이와 친해지려고 노력하는 아빠에게 "아빠는 역시 제대로 아이를 다룰지 모르네요."라고 얘기해 주는 것보다는 "아빠는 정말 좋은 아빠예요. 아이와 친해지려고 애쓰는 모습이 보기 좋네요."라는 얘기를 들려줘야 아빠는 신이 나서 앞으로도 더 많은 시간을 아이와 함께 보내려고 할 것이다.

그런데 과거의 아버지들과 지금 아빠들의 모습을 비교하면 많이 달라진 것 같다는 말들도 많이 한다. 옛날 아버지들과 지금 아빠들의 모습을 보면 과연 어느 시대의 아빠가 더 존경받고 권위도 있었던 것일까?

'관계'는 정을 나누며 친밀해지는 것이다. 사회 조직에서처럼 업무나 성과 위주의 방식이 아니다. 물론 예전에는 가정 내에서도 돈을 벌어 온다는 '성과'에 의해 아버지의 지위가 좌우되기도 했다. 하지만 지금은 엄연히 시대가 변한 것이다. 특히 요즘 자녀들은 친밀함을 쌓고 소통하는 데 익숙한 세대다. 옛날처럼 아버지가 하는 말이라면 이유 불문하고 들었던 시대의 아이가 아니다. 그들과 조금 더 가까이 가서 소통하고 싶다면, 우선 아버지가 변할 필요가 있다.

최근 젊은 아빠들은 슈퍼 대디 콤플렉스에 빠질 만큼 다양한 역할을 요구받기도 한다. 하지만 다행스럽게도 아빠들은 자녀 양육에서의 아빠의 중요성에 대해서 점차 인식을 함께 하고 있다. 가족 내에서도 아이들과 눈높이를 맞추고, 조금이라도 더 오랜 시간을 함께 보내기 위해 노력하는 것이다. 하지만 소통이란 한 번에 잘 이루어지는 것이 아니다. 꾸준한 연습과 노력이 필요하다. 지금의 아빠들은 과거의 아버지보다 자녀들과 더 친밀해질 것이고, 그 결과 오히려 더 많은 신뢰와 존경까지 받을 수 있다.

필자는 아빠들에게 다음과 같은 세 가지 마음가짐을 주문한다.

첫째, 아이를 독립된 인격체로 인정하고, 그의 생각을 최대한 존중해 준다. 비록 자녀가 아직 미숙하고 부족하더라도 아이의 생각을 먼저 확인하려고 한다. 그리고 비록 그것이 틀리거나 실패할 확률이 있다손 치더라도 스스로 경험을 해 보게끔 한다. 실패를 통해서 배울 수 있다는 것을 알기 때문이다. 부족하지만 생각할 줄 아는 자녀를 인정함으로써 점차 아이의 생각을 키워 나갈 수 있다. 여기에는 아이를 독립된 인격체로 인정하고 존중해 주는 부모의 따뜻한 마음이 있다.

둘째, 아이의 능력을 과대평가하지도 또는 과소평가하지도 않는다. 부모는 자녀에 대해서 비교적 객관적이고도 정확하게 알 수 있고, 나아가서 과학적으로 파악한다. 그러므로 그에 맞는 맞춤식 교육과 양육이 가능해진다. 분석이 정확해야 올바른 해법이 나오는 것이다. 따라서 부모는 자녀의 능력을 과대평가해서 그에게 벅찬 과제를 강요하지 않는다. 또한, 그의 능력을 과소평가하여 늘 달라붙어서 안달복달하지도 않는다. 아이의 능력을 정확하게 평가하는 것이야말로 부모의 또 다른 능력이다.

셋째, 아이의 선택과 행동을 기다리면서 지켜본다. 부모는 아이의 선택과 행동을 먼저 지켜본다. 그리고 그 결과에 따라서 언제 어떻게 개입할지를 결정한다. 따라서 예상되는 부정적인 결과가 있다손 치더라도 초조해하지 않는다. 100% 실패가 아닌 이상 비록 실패할 확률이 성공할 확률보다 높다고 예상될 때도 아이의 결정을 용인한다. 나중의 더 큰 배움과 성과를 위해서 기꺼이 단거리 경주는 희생하는 것이다.

보통의 아빠가 실천할 수 있는 자녀지도 방법에 대해서도 다음과 같이 주문한다.

1. 아이에게 상대방 입장에서 생각하는 훈련을 시켜라. "네가 이렇게 행동했을 때 상대방은 기분이 어떨 것 같니?"라는 질문을 던져라. 아이의 사회성은 앞으로 살아나가면서 필요한 중요한 요소이기 때문이다.
2. 아이와 놀아 주거나 대화를 나눈다. 가르치고 혼내는 것보다는 아이와 서로의 의견을 교환하는 중에 아빠와 아이의 정은 생겨날 것이다.
3. 가끔은 아이에게 따뜻한 말과 감정 표현을 하라. 그래야만 아이가 '우리 아빠는 날 사랑하지 않고 미워한다.'라는 사고에서 벗어날 수 있다.
4. 아이에게 가르친 것이 있다면 반드시 아빠도 그에 대한 모범을 보여라. 가령 나쁜 말을 쓰지 말라고 혼냈는데 아빠 자신은 전화에 대고 욕설을 한다면 아이가 어떻겠는가?
5. 아이의 반응을 항상 잘 관찰해야 한다. 아이의 심리 상태를 잘 파악하여 아이가 힘들어하는 게 보인다면 즉각 과제의 양을 줄여야 한다.
6. 주변의 선배 아빠들의 경험을 물어보아서 자문하고 이를 참고한다. 여러 사람으로부터 정보를 얻는 것이 좋고 이를 종합할 줄 알아야 한다.
7. 자꾸 수시로 이것저것 아이에게 시키는 것보다는 한 가지 교육을 꾸준히 가르칠 줄 알아야 한다. 새로운 것 또는 특이한 것이 늘 좋은 것만은 아니다. 교육은 충분한 기간에 아이에게 적용한 후에 그 성과가 평가되어야 한다.
8. 과격하고 극단적인 표현은 삼가라. 아빠의 감정이 격앙될 때 해서는 안 될 말을 하곤 한다. "나가서 없어져 버려.", "이런 식으로 할 거면 공부 다 때려치워!", "너는 학교 다닐 필요도 없어.", "이다음에 거지나 될 것이다." 등 이루 열거할 수 없을 정도의 표현이 많다. 아이들이 아빠의 순

간적인 극언에 받는 마음의 상처는 상상을 초월한다. "우리 아빠가 진짜로 나를 집에서 쫓아내려고 한다."면서 무서움에 덜덜 떠는 아이에서부터 "우리 아빠는 말하는 게 원래 저래요."라면서 아빠를 무시하고 냉소적인 태도를 보이는 아이들까지 실로 반응도 다양하지만, 그 아이들 모두의 공통점은 아빠의 사랑을 잃어버렸다는 '상실'의 슬픈 감정을 경험하고 있다는 것이다.

9. 칭찬은 두 번, 야단은 한 번 해라. '기쁨을 나누면 배가 되고 슬픔을 나누면 반이 된다'는 명언이 있다. 긍정적인 감정이나 상황을 자꾸 부풀리고 확대하면서 반대로 부정적인 감정과 상황을 축소할 필요가 있다. 이것은 부정적인 상황 자체를 부인하는 것과는 다르다. 아이를 두 번 꾸짖을 필요는 없다. 두 번 꾸짖는다고 앞으로 더 잘할 것이라는 보장도 없을뿐더러 야단치는 횟수가 늘어날수록 본래의 취지인 '훈육'에서 멀어지고 아이의 감정을 상하게 만들어서 '반감'만 키울 것이다. 그러나 칭찬은 두 번 하라. 한 번 칭찬하면 아이는 자신이 무엇을 잘해서 칭찬을 받았는지 알게 되어서 다음에 또 좋은 행동을 보이려고 할 것이다. 두 번째 칭찬하면 아이의 기분이 더욱 좋아져서 칭찬의 지속 효과가 더욱 커지고 아이의 마음속에 '칭찬받은 기억'이 오래 남아 있을 것이다. 이것이 아이의 마음을 기름지고 풍요롭게 만드는 비료의 역할을 한다.

10. 아빠가 아이를 위해 행동하는 것에 대한 아이의 느낌을 점검하라. 때로는 아이가 부담으로 여기거나 부당한 간섭으로 여길 수 있기 때문이다.

아빠는 나침반이다. 나침반은 한 마디로 방향을 가리키고 알려주는 도구다. 아빠는 엄마의 육아와는 다소 다르다. 일반적으로 엄마처럼 늘 아이와 붙어 있지 않기에 아이와의 상호작용의 양은 적지만, 마치 나침반처럼 아이의 나아가야 할 방향을 제시해 주는 큰 역할을 해준다. 평소 아이와 친밀감과 유대감을 잘 형성한 아빠라면 당연히 아이는 아빠를 나침반 삼아서 따라갈 것이고, 아빠에게 어느 쪽으로 가야 하는지 물어보기도 할 것이다. 그러나 제대로 역할을 하지 않는 아빠는 아이에게 전혀 필요하지 않아서 구석에 치워놓은 나침반일 뿐이다. 대한민국의 아빠들이 모두 훌륭한 나침반이 되기를 기대한다.

그래도 가족이다

우리는 가정을 이루며 산다. 가정에서는 가사와 양육이 이루어진다. 그리고 가족이 거주한다. 자녀가 있는 경우에는 가정의 가장 중요한 과제가 양육이라고 할 수 있다.

자녀는 유전적으로 부모를 닮고, 형제자매 또한 부모의 유전자 특성을 어느 정도 공유한다. 입양이나 위탁 양육 등의 경우에는 예외지만 가족은 자신의 의도나 선택과 무관하다. 내가 원해서 누구의 자녀가 된 것이 아니고, 누구의 부모가 된 것도 아니다. 자연적 선택으로 결정되는 것이다.

가족은 비(非)가역적이다. 한 번 맺어진 가족 내 관계는 바뀌지 않는다. 사회적 계약 관계에서는 갑과 을의 관계가 뒤바뀌거나 혹은 고용인과 피고용인, 사는 사람과 파는 사람의 관계 등이 가역적이지만, 가족 내 관계는 그렇지 않다. 그리고 평생 지속한다. 특히 부모와 자녀의 관계는 평생 지속한다. 부부는 이혼하면 관계가 종료되지만, 아버지 또는 어머니와 자녀의 관계는 그대로 남게 된다. 혈연 및 비혈연 관계의 복합체라고 할 수 있다.

부부는 혈연관계가 아니지만, 아버지와 자녀 그리고 어머니와 자녀는 혈연관계다. 가족은 동거 및 미동거 관계의 혼재 상태라고 할 수 있다. 시부모 또는 처부모와 함께 거주하지 않지만, 밀접한 관계를 맺는 경우가 많다. 또, 부모와 자녀는 대부분 함께 거주하지만, 가족 일부는 다른 곳에서 거주하는 경우도 자주 있다. 예컨대 해외 유학 중인 자녀와 보살펴주는 어머니, 지방의 기숙사 학교에서 거주하는 자녀, 지방이나 해외에서 일하는 아버지 등이다. 관계의 질이 가변적이다. 자녀의 발달 시기, 자녀의 행동 특성, 부모의 양육 태도, 부부 관계의 질, 경제적 수준의 변화, 다양한 생활사건 등의 영향을 매우 많이 받는다.

가족이란 일단 부부 등을 포함한 다양한 가족 구성원과 세대 간의 관계를 말한다. 성인이 되어서 결혼을 하게 되면 최초로 혈연관계가 아닌 다른 사람과 가족 관계를 맺게 된다. 그리고 아이에게 있어서는 최초로 경험하게 되는 조직 내 인간관계라고 할 수 있다. 가족관계는 사회적 대인관계와는 매우 다른 특성들을 지니고 있다. 정과 사랑으로 굳게 맺어진 관계라고 할 수 있다. 가족 관계의 특성에 대해서 보다 더 자세하게 살펴보자.

첫째, 매우 밀접하다. 어린 영·유아는 하루 종일 자신을 돌보는 엄마와 함께 있고, 아동 청소년도 방과 후 많은 시간을 부모와 함께 지내며, 부부는 저녁 시간 이후 및 주말에 거의 함께 지내는 등 매우 밀접한 특성이 있다.

둘째, 상당히 요구적인 특성이 있다. 아이는 부모에게 무엇인가를 해 주거나 사다 줄 것을 요구한다. 또한, 부모는 아이에게 부모의 지시를 잘 따르거나 주어진 과제를 충실하게 수행할 것을 요구한다. 부부 역시 서로에게 다양한 사항들을 요구한다. 사회적 대인 관계에서는 자신의 권리를 행사하면서 무엇인가를 요구하는 것이지만, 가족 관계에서는 서로 가족이라는 인식을 하고 있어서 자연스럽게 무엇인가를 요구한다.

셋째, 물질적 보상보다는 정신적 보상을 더 추구하는 경향이 있다. 비즈니스 관계에서는 거의 물질적 이득이나 보상을 추구하는 경향이 강하지만, 가족 관계에서는 애정, 인정, 사랑, 보살핌, 고마움, 배려, 헌신, 만족, 행복 등의 정신적 가치 실현 및 보상을 추구한다.

넷째, 강렬하고 깊은 감정 반응이 자주 일어난다. 여기에는 기쁨, 즐거움, 행복, 사랑 등의 긍정적 감정뿐만 아니라 슬픔, 분노, 실망, 미움, 혐오 등의 부정적 감정도 포함된다.

다섯째, 시간적 경과(주로 자녀의 발달과 성장에 따름)에 따라서 관계의 질이 변화된다. 예컨대 어릴 적에는 아빠와 아이의 관계가 매우 좋았는데, 사춘기 진입 후 아이와 아빠와의 관계가 급격히 악화하는 경우다. 그러다가 다시 아이가 사춘기를 벗어나서 아빠와의 관계가 더 좋아지기도 한다. 또는 아이는 어릴 적 부자간의 사이가 매우 좋았다가 아이가 중학생이 된 다음부터 급격하게 나빠지기도 한다.

여섯째, 상반되는 감정, 생각, 행동이 공존한다. 예컨대 아이는 엄마를 무척 좋아하지만, 엄마의 잔소리나 간섭에 대해서는 굉장히 싫어하고, 아빠를 존경하지만 술 마시는 모습에 대해서는 폄하를 하며, 가족을 위하는 행동을 보이면서도 한편으로는 제멋대로 하는 행동을 보이기도 한다.

가족 간에는 이른바 '양가감정(兩價感情, ambivalence)'이 자주 나타난다. 양가감정이란 좋음과 싫음, 사랑과 미움, 독립과 의존, 존경과 경멸 등 서로 반대되는 감정을 동일한 대상에 대해서 동시에 갖는 것을 말한다.

이러한 가족관계는 개인에게 여러 가지 영향을 미친다. 한 개인은 가정환경 및 가족 관계의 영향을 받을 수밖에 없다. 예컨대 어떠한 부모 밑에서 자라났는지 부모의 가치관이나 가정의 목표는 무엇이었는지 혹은 형제자매 관계는 어떠했는지에 따라서 개인의 삶의 방식이나 성격 등이 달라진다. 개인이 가진 문제 중 상당 부분이 가족 간의 잘못된 상호작용으로부터 기인한다. 즉 가족 구성원 간의 의사소통 방식, 규칙, 가치관, 갈등 해결 방법, 위계질서 등의 영향을 받는다.

가족의 친밀도, 화목도, 성숙도 등이 개인의 발달과 성장에 중요한 영향을 미친다. 다른 가족 구성원의 새로운 사고 또는 행동 방식이 가족 전체의 갈등을 야기하기도 하지만, 변화를 불러일으키기도 한다. 즉 개인은 가족 내 다른 개인으로부터 영향을 받기도 하고 주기도 한다.

부모-자녀와의 관계 스트레스에 대해서 살펴보자. 먼저 아이가 아빠를 싫어할 때다. 아빠를 무서워하거나 어려워하는 아이가 있다. 이는 아빠가 아이를 억압하고 지배하려는 성향 때문이다. 당연히 아이는 아빠를 무서워하거나 어려워할 수밖에 없다. 아빠는 늘 야단만 치고 칭찬에는 매우 인색하다. 자그마한 잘못에도 소리를 지르거나 때리는 아빠다. 아빠는 권위적이고 독재적인 모습을 버린다. 아이에게 무엇인가를 지시하는 말투보다는 항상 질문하는 말투로 바꾸어라. 그래야 아이의 생각, 바람, 감정 상태 등에 대해서 항상 물어봄으로써 아이에게 친근감을 심어줄 수 있다. 한 번에 많이 다가서는 것은 현실적으로 어렵다. 조금씩 아이와 가까워진다는 마음가짐을 가져라.

대화하거나 놀이를 할 때도 항상 주도권을 아이가 갖게끔 해 준다. 아빠를 싫어하고 거부하는 아이도 있다. 아빠는 아이를 좋아하지만, 도대체 어떻게 대해줘야 할지 잘 모르기 때문이다. 이러한 아빠는 어려서부터 아이와 놀 때 금세 아이를 울리곤 한다. 아이에게 몇 번 재미없다는 느낌을 전달하면 이제 아이는 아빠만 와도 도망치려고 할 수 있다. 엄마와 사이가 좋지 않은 아빠도 해당한다.

부모의 사이가 좋지 않을 때 엄마는 아이에게 자신의 감정을 그대로 전달하곤 한다. 따라서 엄마에게 동화된 아이는 엄마를 대신해서 아빠를 더욱 미워한다. 이 경우에는 대개 엄마와 아이가 한 편이 되고 아빠는 반대쪽 적군으로 자리매김한다. 또한, 아이와 원래 관계가 좋았으나 최근 들어서 아빠가 바쁘다는 핑계로 아이와의 대화나 시간 약속을 잘 지키지 못하거나 아이에게 소홀하게 대한다면, 아이는 아빠를 금세 싫어하게 될 수 있다.

아빠는 아이와의 대화 또는 놀이 방법에 대해서 연구하라. 즉 아이가 좋아할 만한 말과 행동을 익히는 것이다. 그것보다 먼저 해야 할 것은 아이가 싫어하는 기색을 보일 때 빨리 그러한 말과 행동을 멈추는 것이다. 예를 들어서 아들이 귀엽다고 아빠가 아들의 머리를 쓰다듬을 때 아들이 인상을 찌푸린다면, 곧바로 멈추고 "아빠가 미안해."라는 말을 해 준다. 아들과 축구 등을 운동할 때 더 재미있게 한다는 의도에서 과격한 동작을 할 때 아이가 두려워하는 표정을 지으면, 곧바로 강도를 낮추어야 한다. 아이의 기분을 좋게 유지하기 위해서 내가 어떠한 말과 행동을 보이는 것이 좋은가에 대한 생각을 충분하게 한다.

아내와의 사이가 좋아지는 것 역시 중요하다. 그 결과 엄마가 아빠에 대해서 좋은 표정과 말투를 아이 앞에서 보이게 되므로 아이도 아빠를 좋아하고 따르게 될 것이다.

아빠를 무시하는 아이도 있다. 이 경우 사실 아이에게 별로 관심이 없는 아빠다. 아빠는 어려서부터 아이가 무슨 장난감을 좋아하는지 또는 어떤 음식을 싫어하는지 잘 모른다. 이 경우 아이가 아빠에게 놀자는 신호를 보내도 알아차리지 못하고 무시해 버리기 일쑤이므로 아이 역시 아빠를 무시하게 된다. 이러한 성향의 아빠는 '육아는 전적으로 엄마의 책임'이라고 생각하고, 자신은 돈만 벌어오면 된다고 생각한다.

집에 와서 잠만 자고 아이의 얼굴을 볼 기회가 전혀 없는 아빠에게 아이는 낯선 느낌을 늘 받는다. 가끔 아빠를 접하게 되거나 아빠가 아이에게 다가서도 아이는 아빠의 존재 자체를 무시하곤 한다. 아빠는 아이와 함께 있는 시간을 늘리는 것이 최선의 방법이다. 내가 아빠라는 점만 앞세우지 말고, 아이의 말과 행동을 세밀하게 관찰하여 아이의 특성을 파악하는 것이 우선이다.

엄마의 존재를 필요로 하지 않는 아이도 있다. 이는 엄마가 아이에게 반응하지 않는 성향 때문이다. 아이가 힘들거나 놀고 싶을 때 엄마에게 신호를 보내면, 엄마는 그 신호를 받아서 아이를 돌봐 주거나 함께 놀곤 한다.

그러나 이러한 신호를 반복적으로 무시하는 엄마는 아이에 대한 민감도가 떨어진다거나 또는 엄마 자체의 심리적 어려움 때문에 아이를 돌볼 기력이 부족하다. 아이는 처음에 실망도 하고 저항도 보이지만, 그럼에도 불구하고 엄마가 달라지지 않는다면 결국 마음속으로 포기하게 되어서 엄마를 필요로 하지 않는 아이가 되어 가는 것이다. 이때는 엄마가 먼저 다가서야 한다. 비록 아이 스스로 판단하고 행동하는 것이라고 할지라도 "엄마가 뭐 도와줄 일 없니?" 라든지 "네가 무엇을 하는지 엄마는 알고 싶어. 네 생각을 엄마에게 말해 주겠니?"라고 관심 어린 질문을 던진다. 아이에게 반응을 보이기 전에 엄마가 먼저 아이의 반응을 끌어내는 것이다.

아이가 무슨 말을 하든지 간에 상관없이 항상 대답해 주거나 아이가 말을 하지 않으면서 어떠한 표정의 변화가 있다면 엄마가 아이의 마음을 읽어주려고 애를 쓴다. "엄마에게 뭐 할 말 있니?" 라든가 "기분이 안 좋아 보이는 데 무슨 일 있어?" 등의 말을 건넨다. 즉 아이의 사소한 변화에 엄마가 반응을 보이기 시작하면, 아이는 엄마의 존재를 다시 인식하기 시작할 것이다.

엄마를 무서워하는 아이도 있다. 감정적으로 흥분해서 심하게 소리를 지르거나 때리는 엄마라면, 아이는 당연히 엄마를 무서워하게 된다. 칭찬보다는 주로 야단을 치거나 아이에게 심한 비난을 많이 하는 엄마의 경우 아이는 엄마에게 트집을 잡히지 않기 위해 늘 눈치를 살피면서 무서워한다. 엄마가 아이에게 잘해 줄 때는 무척 잘해 주다가 또 어느 때는 무척 야단치는 등 감정의 기복이 심하여 비일관적인 양육 태도를 보일 때도 아이는 엄마가 언제 돌변할지 모른다는 불안 때문에 엄마를 무서워한다.

엄마는 이제부터 감정적으로 흥분해서 소리를 지른다거나 욕설을 한다든가 아이를 때리는 것을 절대 하지 않는다. 만일 아이가 나의 눈치를 살피거나 무서워하는 모습을 보인다면, 곧바로 웃으면서 아이 곁으로 다가서서 안아준다. 혹시 아이를 심하게 야단치거나 때렸다면, 나중에 아이에게 "엄마가 너무 심하게 야단쳐서 미안하다"는 말을 해 주는 것도 중요하다.

화목한 가정 만들기가 중요하다. 부모, 즉 부부가 먼저 화목해야 한다. 부모의 사이가 좋으면 아이들의 마음이 안정된다. 부모는 각자의 생각과 의견을 존중하고, 상대방과 늘 대화를 나누고 있어야 한다.

가족 간에 편 가르기 또한 피해야 한다. 아이들 앞에서 엄마나 아빠를 비난하거나 잘못을 지적하지 말자. 자녀들에게도 권위적이거나 억압하는 부모가 되지 말고, 또 그렇다고 해서 지나치게 허용적인 부모가 되지도 말고, 민주적이면서도 위계질서를 유지하는 부모가 된다.

다음은 부부 관계에서 기본적으로 기억해야 할 사항들이다.

1. 서로 존중하는 마음가짐을 갖는다.
2. 상대방과 나의 차이가 있음을 인정한다.
3. 절대로 내 생각을 강요하지 않는다.
4. 사이가 좋지 않을 때도 별거나 이혼 등의 극단적인 생각을 가능하면 버린다.
5. 대화를 자주 나누도록 노력한다.
6. 될 수 있으면 함께 있는 시간을 늘리도록 한다.
7. 가정 경제, 가사, 육아 등의 공동 책임자임과 동시에 동반자적 협력자임을 명심한다.
8. 배우자의 단점보다는 장점을 보려고 노력한다.
9. 배우자의 부족한 점을 억지로 고치려고 하기보다는 있는 그대로 인정하고 이해하려는 태도를 갖는다.
10. 폭력과 폭언을 절대 하지 않는다.

부부간의 대화에서도 다음의 5가지 원칙을 제안한다.

1. 상대방에 대한 비난이나 지적을 삼간다. 이 경우 대화가 원만하게 진행되기 어렵다. 자신이 비난받는다고 느끼는 순간 곧바로 방어적이 되거나 역공을 취하게 될 것이다.
2. 상대방이 얘기할 때는 말을 끊지 말고 끝까지 들어준다. 다른 사람의 말을 열심히 잘 들어주는 것이야말로 가장 고차원적이고도 중요한 대화기술이다. 말하는 사람은 듣는 사람으로부터 자신이 받아들여진다는 느낌을 받을 것이다.
3. 한 가지 주제를 얘기할 때 중간에 다른 주제로 돌리지 말라. 대화의 초점을 유지해야 효율적인 대화가 이루어지고, 비로소 서로 대화를 나눈다는 느낌이 들 것이다.
4. 다른 사람과 비교하지 말라. 옆집 아내는 어떻고 친구 남편은 어떻다는 데 식의 비교하는 말은 상대방의 자존심을 크게 다치게 한다. 누구나 다 비교당하는 것을 기분 나빠 한다는 것을 부부 사이에서 꼭 기억하자.
5. 상대방에게 반응을 보여라. 부부간의 갈등과 반목이 심해지면 점차 한 쪽은 상대방을 회피하게 된다. 그 결과 상대방이 말을 걸어도 못 들은 척 무시하거나 또는 대답을 하지 않는다. 이것은 결국 파국으로 치닫는 지름길이다.